HANKA
BIELICKA.
UMARŁAM
ZE ŚMIECHU

ZBIGNIEW
KORPOLEWSKI

HANKA BIELICKA. UMARŁAM ZE ŚMIECHU

WSPOMNIENIA, ANEGDOTY,
NIEPUBLIKOWANE
MONOLOGI

Prószyński i S-ka

Projekt okładki
Elżbieta Chojna

Zdjęcie na okładce
East News

Zdjęcia
Zbiory Instytutu Sztuki PAN, Warszawa
Archiwum Teatru Syrena
Archiwum prywatne Barbary i Stanisława Wudarskich
Archiwum prywatne Janusza Senta
Archiwum prywatne autora

Redaktor prowadzący
Konrad Nowacki

Redakcja
Ewa Witan

Korekta
Elżbieta Steglińska

Łamanie
Jolanta Kotas

Wydawca Prószyński Media Sp. z o.o. dołożył wszelkich starań, by dotrzeć do wszystkich
właścicieli i dysponentów praw autorskich do zdjęć zamieszczonych w niniejszej książce.
Ze względu na to, że do dnia oddania książki do druku nie udało się ustalić niektórych
autorów zdjęć i źródeł ich pochodzenia, wydawca zobowiązuje się do wypłacenia stosow-
nego wynagrodzenia osobom uprawnionym, których tożsamości nie udało się ustalić,
niezwłocznie po zgłoszeniu się ich do wydawcy.

ISBN 978-83-7648-826-4

Warszawa 2011

Wydawca
Prószyński Media Sp. z o.o.
02-654 Warszawa, ul. Garażowa 7
www.proszynski.pl

Druk i oprawa
Druk-Intro S.A.
88-100 Inowrocław, ul. Świętokrzyska 32

Epitafium

Tu, w tym miejscu, miała spocząć Hanka Bielicka – sługa boży,
ale nie daje się położyć.

Krzysztof Daukszewicz

Spis treści

JESZCZE POLSKA
czyli przedmowa silnie wstępna
i w miarę chaotyczna

„Jeszcze Polska nie zginęła, póki się śmiejemy" albo „...zawsze mieliśmy świetlaną przyszłość, heroiczną przeszłość, tylko z teraźniejszością jakoś nam nie wychodziło..." – to dwa cytaty Hanki Bielickiej, które ostatnio słyszałem. Drugi pochodził z mojego monologu napisanego przed laty dla Artystki, a co do pierwszego, nie jestem pewien, czy to z mojej twórczości, czy też z któregoś monologu Ryszarda Marka Grońskiego, bo w ostatnich latach głównie my dwaj byliśmy „dostarczycielami", czyli twórcami jej repertuaru. Cytowano te powiedzenia w dyskusjach radiowo-telewizyjnych dziennikarzy i polityków. Piszę o tym dlatego, że niezwykle rzadko się zdarza, aby w takich dysputach przywoływano aktora czy aktorkę w kilka lat po jego czy jej śmierci, a właśnie w tym roku przypada piąta rocznica zgonu Artystki i dziewięćdziesiąta szósta rocznica jej urodzin. Rzecz wydaje się o tyle niezwykła, że dotyczy osoby reprezentującej tak zwaną lekką muzę, czyli sferę – w mniemaniu wielu krytyków – mniej poważną. Jest to więc jeszcze jeden argument przeciwko owym mocno nadętym autorytetom, które nie doceniają sztuki estradowej czy kabaretowej i jej wpływu na życie społeczne, a nawet świadomość polityczną. Zabrzmiało to może patetycznie, ale przyznajmy rację rzeczywistości. W ostatnich latach odeszło wielu znakomitych artystów dramatu, którzy zachwycali swoimi wspaniałymi rolami-kreacjami, a których już po kilku tygodniach nikt nie cytuje, a wspominamy ich jedynie z okazji odtworzeń radiowych, telewizyjnych czy filmowych, jeżeli takie nagrania po nich zostały. O tych najwybitniejszych krążą oczywiście jeszcze pewne anegdoty czy wspomnienia, ale zazwyczaj wyłącznie o zasięgu środowiskowym. Teatr jest, czy chcemy, czy nie chcemy, sztuką żywą, lecz w warstwie aktorskiej dość szybko przemijającą, więc dla aktorów niewdzięczną. Inaczej ma się sprawa z estradą, głównie z kabaretem i jego najwybitniejszymi wykonawcami, a do takich należała niewątpliwie Hanka Bielicka, która była nie tylko wspaniałą artystką, ale też pewnym zjawiskiem socjologicznym godnym zauważenia i zbadania.

Czuję, że zawiodłem Państwa już na początku, bo pewnie powinno być śmiesznie i żartobliwie, a wyszło pompatycznie i uczenie, ale proszę o odrobinę cierpliwości, a dojdziemy do śmiechu i dowcipu bez przekraczania granicy śmieszności autora. Pamiętajcie, Czytelnicy moi kochani, Czytelniczki oczywiście też, że, jak powiedziała Hanka Bielicka, odbierając telewizyjnego Wiktora za całokształt czy coś tam innego – „Jeszcze Polska nie zginęła, póki się śmiejemy", co wcale nie znaczy, żeby od czasu do czasu o śmiechu nie porozmawiać poważnie, co zauważywszy, usprawiedliwiam trochę niniejsze ględzenie. Wiem, wiem, że to słowo niezbyt eleganckie czy subtelne, ale nasza współczesna literatura piękna roi się od wyrażeń brzydkich, więc niech i mnie wolno będzie od czasu do czasu użyć określeń popularnych dla uniknięcia (jak mawia nasza młodzież) intelektualnego obciachu. Dotąd nie wyznałem jednego, że książka, którą być może wzięli Państwo dosyć lekkomyślnie do ręki, jest moim debiutem pisarskim, a na ten wyczyn zdobyłem się w 76. roku życia, trudno mnie zatem uznać za cudowne dziecko literatury, pięknej zwłaszcza. Na swoje usprawiedliwienie mam tylko i wyłącznie to, że podobno w tej chwili znalazłoby się w Polsce więcej ludzi piszących niż czytających, a ja przez większość mojego życia należałem do tej ekskluzywnej grupy – czytelników. Nie jest to oczywiście cała prawda, bo jednak znaczną część mojej egzystencji opierałem na dochodach z pisania, gdyż, jak ktoś mądry powiedział – w Polsce można żyć z pisania, ale z literatury wyżyć trudno, chociaż i w tym przypadku są wyjątki: Sienkiewicz, Żeromski, Iwaszkiewicz, Grochola... No, może też niezupełnie – Iwaszkiewicz dorabiał walką o pokój i prezesurą, a Grochola *Tańcem z Gwiazdami*, ale niech im tam... Ja mimo wszystko uważam siebie za człowieka sukcesu i jako taki jestem najstarszym cudownym dzieckiem średniego pokolenia, jak mawiają nasi niektórzy mężusie stanu...

Jak się to wszystko ma do opowieści o Hance Bielickiej, wykażę za chwilę, jeżeli oczywiście do tego czasu nie wyrzucą Państwo tego dzieła za okno, co odradzam ze względów ekologicznych i ekonomicznych. W końcu zainwestowaliście w książkę, którą można w najgorszym razie oddać jakimś mniej lubianym znajomym w formie upominku imieninowego czy świątecznego, a zresztą bądźcie samodzielni – radźcie sobie sami. „Róbta, co chceta", jak mawia nasz arcyidol nie tylko młodzieżowy – Jerzy Owsiak. Teraz wróćmy do ad remu, jak mawiają niektórzy nasi prawie inteligenci – do rzeczy! Co do cudownych dzieci, to generalnie uważam, że każde dziecko w moim pokoleniu, które przeżyło wojnę bez szwanku na zdrowiu czy umyśle, może być uznane za dziecko cudowne. Według tej teorii – ja takowym jestem. A skoro bohaterka tej książki, Hanka Bielicka, przeżyła dwie wojny światowe, to możemy uznać, że była cudownym dzieckiem do kwadratu. Jeżeli ponadto stwierdzimy, że do końca swoich dni pozostała osobą radosną i w dodatku niosącą uśmiech innym, to trzeba stwierdzić, że była nie tylko cudownym dzieckiem, ale i osobowością, czy może raczej osobliwością wyróżniającą się niezwykle na tle naszego społeczeństwa dosyć smutnawego na co dzień. Zatrzymajmy się jednak na chwilę przy tym naszym smutku, czy raczej smucie narodowej; czy tak aby jest na pewno? Otóż nie jestem tak zupełnie pewien. Śmiem twierdzić, że choć pozornie silnie powszechnie zafrasowani, mamy jednak ogromne poczucie humoru, które nie zawsze ujawniamy w formie uśmiechu życzliwego dla bliźnich... Na co dzień bywamy ironiczni, ironicznie złośliwi, a nawet sarkastyczni – potrafimy się cieszyć z cudzego nieszczęścia, ale przyznajmy, że to też jest pewien rodzaj humoru, być może nie najlepszego, ale jest. Skoro więc nagle pojawia się wśród nas ktoś, kto uśmiecha się życzliwie i przyjaźnie, to i my potrafimy się zmienić. Nasze kiepskie poczucie humoru przemienia się w dobre, nasz złośliwy uśmiech staje się życzliwy i zaczynamy pogodnie, optymistycznie oglądać otaczający nas świat. Wszystko to dzieje się za sprawą osób obdarzonych pewną charyzmą radości i uśmiechu, potrafiących narzucić nam swoje poczucie humoru. Do takich osobowości należała Hanka Bielicka i dlatego jej właśnie chcę tę książkę poświęcić. O mojej bohaterce napisano już kilka książek za jej życia. Miały charakter biograficzno-anegdotyczny, były napisane ze swadą i talentem. Do napisania tej książki namawiała mnie pani Hanka na krótko przed śmiercią – niestety, nie zdążyłem. Być może dobrze się stało, że podjęte zobowiązanie realizuję dopiero teraz, w pięć lat po śmierci i w 96. rocznicę urodzin osoby, z którą łączyła mnie wieloletnia przyjaźń i współpraca zawodowa. Tak się złożyło, że pisałem dla niej, grałem z nią w wielu przedstawieniach teatralnych i estradowych, programach telewizyjnych i radiowych, z których kilkanaście reżyserowałem, byłem jej dyrektorem i kierownikiem artystycznym. Pożegnałem ją wraz z tysiącami warszawiaków pięć lat temu na stołecznych Powązkach. Takie tłumy żegnały w ostatnich latach jedynie Hankę Bielicką i Czesława Niemena. Nad grobem

11

Artystki w imieniu prezydenta RP przemawiała śp. pani prezydentowa Kaczyńska, w imieniu Związku Artystów Scen Polskich prezes Ignacy Gogolewski i ja – w imieniu własnym, przyjaciół, kolegów i publiczności. Były delegacje różnych miast z delegacją miasta Łomży na czele, a także delegacje różnych stowarzyszeń i organizacji, były wieńce, wiązanki i morze kwiatów przyniesionych przez tłumy, które z prawdziwym żalem żegnały swoją ulubioną Artystkę. Publiczność ją kochała i uwielbiała aż po kres jej pracowitego życia, poświęconego bez reszty teatrowi, estradzie i publiczności. Jak sama twierdziła – była całkowicie uzależniona od magii teatru, która stała się jeżeli nie jedynym, to w każdym razie głównym sensem jej życia. To wszystko skłania mnie do dalszych zawartych w tej książce wspomnień i wyznań. Przez te lata naszej artystycznej współpracy i prywatnej przyjaźni nauczyłem się od niej wiele, ale wiele też moich pomysłów i własnej twórczości oddałem do Jej dyspozycji z pełnym przekonaniem o naszym wspólnym sukcesie. Dzisiaj, po latach, mogę stwierdzić z całą pewnością, że była to dla mnie najlepsza lokata artystyczna. W moim długim życiu napisałem około dwóch i pół tysiąca utworów, tak zwanych małych form literackich, z tego około dwustu w formie monologów, skeczów czy dialogów wykonała sama – lub z partnerami – Hanka Bielicka. Były to wykonania najwyższej klasy, bo wszystko, co Artystka włączała do swojego repertuaru, nabierało odpowiedniego blasku, stawało się bardzo atrakcyjne artystycznie i gorąco przyjmowane przez publiczność. Jak wspomniałem na początku, uważam się za człowieka sukcesu i spróbuję to Państwu udowodnić. Otóż, jak już powiedziałem, napisałem w swoim życiu sporo i w dodatku nigdy nie pisałem „do szuflady", jak się zwykło mówić w naszym środowisku. Pisałem wyłącznie na zamówienie dla konkretnego wykonawcy, instytucji artystycznej czy redakcji. Miałem zaszczyt i sposobność pisania dla naszych największych gwiazd kabaretu, estrady i teatru, ale najczęściej i najchętniej pisałem dla pani Hani. Dlaczego właśnie dla niej? Pewnie dlatego, że doskonale się rozumieliśmy, a po wtóre dlatego, że sztuka pisania monologu, podobnie jak jego wykonanie, wymaga szczególnych predyspozycji. Widz nawet przez moment nie powinien mieć wątpliwości, że wygłaszany przez aktorkę czy aktora tekst został przez nich osobiście przed chwilą wymyślony i jest wypowiadany we własnym imieniu. Z tego wynikają dla autora konsekwencje mniej przyjemne, bowiem jego twórczość w tym zakresie jest anonimowa i chcąc nie chcąc, musi się z tym pogodzić „dla dobra sztuki". Dlatego więc autor będzie znosił mało pochlebne uwagi w rodzaju, „żeby pan był choć raz tak dowcipny jak ta Bielicka" albo „kudy panu z tą pańską pisaniną do monologów Bielickiej" itd., itd. Zapewniam Państwa, że to wszystko jest do zniesienia, pod warunkiem że autor jest odpowiednio honorowany i doceniany przez wykonawcę i środowisko, które oczywiście zna doskonale tajemnice warsztatu. Dzięki temu nasza próżność jest zaspokojona, a notowania zawodowe pną się systematycznie w górę. Oczywiście mówimy o sytuacji idealnej, kiedy istnieje pełne porozumienie autora z wykonawcą – osobą klasy Hanki Bielickiej, Ireny Kwiatkowskiej*, Aliny Janowskiej, Janiny Jaroszyńskiej czy Zofii Czerwińskiej. Z panów wymieniłbym nieżyjącego już niestety Kazimierza Brusikiewicza, a z żyjących – Piotra Fronczewskiego, Janusza Gajosa, Jana Kobuszewskiego, Romana Kłosowskiego czy jeszcze kilkoro zawodowych aktorów. Kabaretowców nie wymieniam, zwykle sami sobie piszą teksty, które zresztą najczęściej nadają się wyłącznie do ich własnego wykonania. Autorów nie wymieniam ze względów konkurencyjnych, ale mówiąc poważnie, z żyjących uważam za mistrzów gatunku Ryszarda Marka Grońskiego, Stanisława Tyma, Krzysztofa Jaroszyńskiego, Daniela Passenta (gdyby chciał) i jeszcze kilku innych z Januszem Głowackim na czele. Wiem, wiem, jest pewnie jeszcze wielu innych, których nie wymieniłem z powodu starczej pamięci – czy raczej niepamięci, bo pamięć starcza niby wystarcza, ale że starcza, to nie zawsze starcza na tyle, na ile starcza i nie wszystkim to wystarcza... Mam nadzieję, że wystarczająco to wyjaśniłem, zresztą na więcej sił mi nie starcza...

No ale rozszczebiotałem się mocno ponad miarę, więc co do tych sukcesów, to naprawdę uważam, że opatrzność obeszła się ze mną więcej niż łaskawie – pisałem dla największych, występowałem z najwspanialszymi, w miejscach najsłynniejszych w kraju – takich jak Teatr Wielki, Sala Kongresowa, Opera Leśna w Sopocie, za granicą w Sydney Opera House, Mc.Cormick Hall w Chicago, Teatrze Królewskim w Brukseli i wielu innych. Prowadziłem festiwale piosenki i jazzowe, pokazy mody i programy estradowe różnego gatunku i... klasy. Przedstawiałem polskiej publiczności Rolling Stonesów, Animalsów, Aznavoura i wiele innych gwiazd. Byłem współtwórcą i współwykonawcą telewizyjnej *Loży*, której oglądalność, a więc i popularność, dorównywała najpopularniejszym w tamtych czasach serialom brazylijskim. Dlaczego o tym piszę, dlaczego mówię tyle o sobie zamiast o Hance Bielickiej?

Otóż chcę wszystkich Państwa przekonać, że moja długoletnia współpraca z tą właśnie artystką i najwyższy podziw dla jej aktorskiego kunsztu nie wynikają z jakiegoś zakompleksienia czy niespełnienia, ale są moim świadomym wyborem i oceną fachowca, który dobrze zna prawie wszystkie

---

* Zmarła 3.03.2011 r. w trakcie powstawania tej książki – przyp. red.

tajniki sztuki estradowej. No więc teraz już powiedzmy sobie, kiedy i jak to się zaczęło. Żeby było zabawniej, zaczęło się to w czasie Narciarskich Mistrzostw Świata w 1962 roku, które odbywały się w Zakopanem. W tym samym czasie pani Hania i ja przebywaliśmy w sali koncertowej Grand Hotelu w Sopocie. Ja byłem już dosyć popularnym, znanym w Polsce konferansjerem, a zarazem kierownikiem artystycznym i reżyserem radiowego *Podwieczorku na Fali 230* w Gdańsku, którego próby i nagrania odbywały się w rzeczonym miejscu. Hanka Bielicka znalazła się tam jako zaproszona przeze mnie gwiazda z Warszawy. Była już wtedy artystką niezwykle znaną i popularną głównie za sprawą bardzo wówczas słuchanego warszawskiego *Podwieczorku przy mikrofonie*, który rozsławił ją jako Dziunię Pietrusińską, jedną ze stałych i bardzo charakterystycznych postaci tej popularnej audycji. W czasie próby starałem się przekonać jednego z miejscowych aktorów do wykonania mojego monologu *Fis-chałtura*. Trudność polegała na tym, że nie znaliśmy jeszcze wyniku jednego z pretendentów do tytułu mistrza świata, naszego skoczka Łaciaka. Finał miał się zakończyć na trzy godziny przed spektaklem i dopiero wówczas mogłem ewentualnie wpisać nazwisko naszego mistrza. Aktor twierdził, że nie zdąży nauczyć się tekstu i nie chciał się podjąć tego zadania. Przysłuchująca się sporowi pani Hania zaproponowała, że nauczy się tekstu i go wykona. Przyjąłem tę propozycję z niedowierzaniem, chociaż bardzo mi pochlebiała, bo wiedziałem, że Artystka ma zamknięte grono bardzo wówczas znanych autorów, wśród których prym wodził Bogdan Brzeziński z Krakowa, i bardzo trudno było namówić ją na jakiekolwiek zmiany w tym względzie. Widząc moje wahanie, pani Hania zapewniła mnie: „Nie martw się, piękny chłopcze (byłem podobno wówczas dosyć przystojny), dam sobie radę!". Oczywiście zgodziłem się z radością, a wynik przeszedł nasze najśmielsze oczekiwania. Zaskoczona publiczność, która przed chwilą usłyszała wynik – srebrny medal naszego skoczka – była świadkiem prawie natychmiastowego komentarza popularnej Hanki Bielickiej na ten temat.

Fis-chałtura

(Artystka wchodzi w czapeczce narciarskiej, w goglach, podpierając się kijkiem narciarskim – śpiewa na melodię góralską)

Oj fisie, oj fisie,
Popraw ze nam ty się
Oj, sprowadź nam turystów
Zamortyzuj ze się...
(*dalej proza*)

...No co?... Masz go... fisaka nie widzieli... Nie flisaka, tylko fisaka. Flisak spływa Wisłą w dół, a my spływamy z góry... w ramach fis-chałtury... to jest fis-kultury, chciałam powiedzieć... Że co? Że mylę chałturę z kulturą?... A kto to u nas odróżnia?... Same chałturtregery na pegeery... No, ale milcz, serce... Zabrałam trochę makulatury i jazda w góry... Co to jest makulatura?

Makulatura, to jest moneta gniotąca się, czyli banknot, a więc radość życia... Kto ma dużo gniecionej monety, tego bieda nie przygniata, pomyślałam sobie i wylądowałam w Zakopanem. Pani z panem w Zakopanem to jest państwo... i to niekoniecznie ludowe, tylko dziane, czyli jaśnie państwo ludowe na Krupówkach... Górne warstwy, czyli górskie, a więc górale z awansu społecznego – prywatna inicjatywa tatrzańska. Pełno turystów... dewizowych... dowieźli autokarami z Krakowa i Warszawy... Całe wycieczki wyciekały z Watry i Gongu... A z tym Fisem to też nieporozumienie... Przegraliśmy kombinację klasyczną... my..., bo u nas zamiast skakać do kombinacji, każdy kombinuje, jak podskoczyć... A najlepsi kombinatorzy wcale nie jeżdżą, tylko siedzą... albo chodzą po Gubałówce i wcale nie myślą o medalu złotym, tylko jak parę złotych trafić... Najlepiej wypadliśmy w skokach... No cóż, u nas każdy podskakuje, dopóki nie wyskoczy... ze stanowiska... Po cichu liczyłam jeszcze na slalom gikant..., właściwie nie tyle na slalom, ile na kanty... ta konkurencja nam wychodzi... gardłem... Mamy jeszcze szanse w zjazdach... Zjeżdżać i objeżdżać to my umiemy... się wzajemnie. W ogóle zjazdy, to nasze hobby...
(*śpiewa na melodię góralską*)
Hej, idę w las,
medal mi się migoce,
hej, idę w las,
jesce lepiej podskocę.
Kaj wywinę medalikiem,
całą Polskę poruse,
kaj poprawię swe wyniki,
O złoty się pokusę. Hej!

(*śpiewa dalej na melodię* z Halki)
Szumią jodły na gór szczycie,
szumią sobie w dal,
a nasz Łaciak pięknie skoczył
na srebrny medal.
Nie nawalił
i nie spalił
dzielny chłopak nasz.
Dzielny chłopak nasz!
Oj chłopaku,
oj Łaciaku,
tyś bohater nasz,
tyś bohater nasz. Cza-cza-cza!

(*schodzi z estrady, po chwili wraca, śpiewając*)
Oj Łaciaku,
oj chłopaku,
tyś bohater nasz!
Tyś bohater nasz. Cza-cza-cza!

Nastąpiła wielka owacja, co zachęciło artystkę do włączenia tego tekstu do swojego repertuaru na czas euforii po mistrzostwach, zwłaszcza że był to nasz wówczas jedyny medal. *Fis-chałtura* doczekała się nagrania w stołecznym – ogólnopolskim *Podwieczorku przy mikrofonie*, a mnie na stałe wprowadziła do grona autorów pani Hani i *Podwieczorku*, co było wówczas nieśmiałym marzeniem każdego młodego autora, a ja wtedy też byłem młody. Miałem na to nawet świadków, ale w większości pomarli (to taki żart, chociaż mało śmieszny). Tu pewna uwaga dla młodszych czytelników. W tym czasie telewizja była w powijakach, a o popularności aktorów czy autorów decydowało radio. Do najpopularniejszych wówczas audycji należały: *Podwieczorek przy mikrofonie*, *Zgaduj zgadula*, czy *Wesoły autobus*, no i oczywiście transmitowane na żywo festiwale piosenki, ale to już trochę inna specjalność, chociaż jak z moich wcześniejszych „zeznań" wynika, i ja w niej uczestniczyłem jako konferansjer. Jeszcze jedna uwaga. Pani Hania jako artystka i gwiazda w stylu przedwojennym przestrzegała obowiązujących wówczas kanonów. Uwielbiała mieć własnego fryzjera, własną kosmetyczkę, własną modystkę (bez kapelusza nigdy i pod żadnym pozorem nie wyszła na ulicę czy do kawiarni), własną projektantkę nie tylko kostiumów, ale i prywatnych sukienek (konfekcja była absolutnie wykluczona), no i buty wyłącznie na miarę od najlepszego szewca damskiego Warszawy – Kielmana. Miała też artystka własne, bardzo ograniczone grono autorów, do którego i ja się dostałem w dużej mierze za sprawą... wspaniałego skoku narciarskiego Łaciaka. Jak więc z tego widać, sport to nie tylko zdrowie, ale i możliwość awansu w tak zwanym szoł-biznesie jak zwykło się dzisiaj określać tę dziedzinę rozrywki. Ten stan faktyczny co prawda jest prawdziwy, ale żeby uznać go za decydujący o dalszej współpracy aktorki z autorem, trzeba mieć spore poczucie humoru, na którego posiadanie przez Państwa liczę.

Poczucie humoru ostatnich pokoleń Polaków w dużej mierze zawdzięczamy *Podwieczorkowi przy mikrofonie*. W okresie przedtelewizyjnym (telewizja była wówczas w powijakach) radio spełniało ogromną rolę kulturotwórczą. *Podwieczorek* był w tym czasie jedną z najpopularniejszych audycji rozrywkowych. W czasie jego emisji dosłownie zamierał ruch na ulicach, wszyscy nasłuchiwali w domach swoich dość prymitywnych odbiorników, a nawet głośników zbiorowych. Podwieczorek pełnił w tym czasie funkcję dzisiejszych seriali czy programów kabaretowych w telewizji. Miał swoje stałe pozycje do których należeli: *Cie choroba, czyli sołtys Kierdziołek rodem z Chlapkowic* (Jerzy Ofierski), Hanka Bielicka, *Rolska lub Marszelówna do tablicy* (Zenon Wiktorczyk), Andrzej Rumian, *Florczak i Malinowski* i wiele innych. Do podwieczorku pisywali najwybitniejsi w tym czasie satyrycy: Sławomir Mrożek, Janusz Osęka, Marian Załucki i wielu innych. Grała plejada najpopularniejszych wówczas, ale i wybitnych aktorów. Żeby zobaczyć na żywo *Podwieczorek*, zjeżdżały z całej Polski wycieczki, które w programie zwiedzania Warszawy miały zawsze *Podwieczorek* najpierw w Stolicy – kawiarni na placu Powstańców, a potem w kawiarni na ścianie wschodniej. Program nagrywany był z publicznością, więc robił wrażenie granego na żywo. Zanim więc tekst został nagrany, aktorzy wykonywali go kilka lub kilkanaście razy przed publicznością w kawiarni. Dawało to szansę „ogrania tekstu z publicznością", ale też wspomagało silnie kieszenie autorów i aktorów, no i dostarczało emocji wycieczkom z prowincji, jak również rodowitym warszawiakom, którym było najtrudniej zdobyć bilet czy wejściówkę na podwieczorek. Jeżeli do tego dodamy posiłek dość skromny, zwykle danie z kurczaka, które serwowano wycieczkom, to kto pamięta te czasy, zrozumie jak „atrakcyjna" była to impreza. Rzeczony już kurczak spełniał niekiedy w równym stopniu marzenia o wielkim świecie, co chęć obejrzenia gwiazd *Podwieczorku* na żywo... Było to więc zjawisko społeczne dosyć złożone z dzisiejszego punktu widzenia. Brzęk widelców o talerze zgłodniałych wycieczkowiczów często zagłuszał orkiestrę, ale nikomu to wtedy nie przeszkadzało. Poniżej przedstawiam jeden z moich pierwszych skeczów, które napisałem dla *Podwieczorku*, w którym grała Hanka Bielicka i bodajże Jarema Stępowski...

Ponura rozmowa,
czyli skecz upiorny bez odsłony, w świetle przyćmionym i warunkach nie z tej ziemi

Obsada: Ona – zbliżająca się chwiejnym krokiem
Duch – niedbale siedząca

Ona: Bardzo przepraszam! Pani tu długo siedzi?
Duch: Od północy...
Ona: A przedtem?
Duch: Przedtem leżałam...
Ona: Gdzie?
Duch: W tamtej mogiłce pod brzózką...
Ona: Długo?
Duch: Trzeci rok minie w grudniu...
Ona: To znaczy, że pan nieboszczyk?
Duch: Nie, księgowa...
Ona: Rozumiem... Dawno pani odkorkowała?
Duch: Mówiłam już... Trzy lata temu... Przy rocznym bilansie szlag mnie trafił.
Ona: Ładna śmierć... Na posterunku pracy...
Duch: No pewnie... Nekrologi miałam, przemówienia, kwiaty... Wszyscy mnie natychmiast polubili, nawet popiersie mieli stawiać...
Ona: I postawili?
Duch: Skąd. Kredytów im nie przyznali na inwestycje... Rada zakładowa zasiała tymczasowo głupiego jasia i tak już zostało...
Ona: To dlaczego pani tu siedzi, skoro pani tam leży?
Duch: Bo ja, proszę pani, straszę... o północy...
Ona: To się pani trochę spóźniła, bo już dnieje...
Duch: Ja wiem, ale nadgodziny lecą... z gołej pensji bym nie wyleżała...

Ona: No i jak pani leci?

Duch: Słabiutko... nikt się bać nie chce... Wczoraj na przykład idzie jakiś spóźniony przechodzień, ja mu się pojawiam, a on, proszę pani, nie reaguje... Mówię: „Panie, zmora jestem", a on na to: „Bardzo mi przyjemnie, ale mnie pani nie zastraszy...". I jak tu pracować w takich warunkach?...

Ona: Może pani ma kostium nieupiorny?

Duch: Niemożliwe, szyłam u najgorszej krawcowej... Za życia wszyscy mnie się bali... To postraszyłam przepisami, to brakiem funduszu osobowego, to PIT-em... Teraz, proszę pani, to łatwiej straszyć zza biurka niż zza grobu.

Ona: W tej sytuacji nie bardzo rozumiem, po co pani się po nocach włóczy, jeszcze pani się przeziębi albo nóżkę złamie...

Duch: Z poczucia obowiązku się włóczę i z przywiązania do pracy pozagrobowej... Zawsze lubiłam nocne życie... A pani tu dawno straszy?

Ona: Ja nie straszę, ja idę... na skróty...

Duch: Do grobu?

Ona: Nie, do domu...

Duch: Z cmentarza?

Ona: Skąd. Z kolacji...

Duch: To pani późno jada...

Ona: Nie. Ja tak późno pijam...

Duch: Dawno?

Ona: Od rana...

Duch: To pani pijaczka – uzależniona?

Ona: Nie. Solenizantka...

Duch: Winszuję... A jak pani ma na imię?

Ona: Barbara...

Duch: To przecież ma pani imieniny w grudniu...

Ona: Wiem, ale ja nie lubię niczego odkładać na ostatnią chwilę... Taka już jestem obowiązkowa...

Duch: Miła z pani kobitka, dobrze mi się z panią rozmawia. Wpadnij pani jutro o północy, to panią po znajomości za darmo postraszę...

Ona: Bardzo dziękuję, ale nie mogę – boję się...

Duch: Upiorów?

Ona: Jakich upiorów? Męża się boję... Bardzo nie lubi, gdy późno wracam.

Duch: No dzisiaj też już jest po północy...

Ona: Dlatego idę na skróty, żeby być rano w domu... Sama pani rozumie – kto rano wstaje...

Duch: ...tego głowa boli...

Ona: Z rana?

Duch: Skąd. Z przepicia...

Ona: Zapali pani?

Duch: Dziękuję, na służbie nie palę... zresztą w czasie przedstawienia nie wypada...

Ona: Jakiego przedstawienia?

Duch: No tu... (wymienia miasto)

Ona: To po co ta cała nocna scena na cmentarzu?

Duch: Ze względów ekonomicznych... Stawka plenerowa plus dodatek nocny, a zresztą upiory nie płacą podatków...

Ona: Na szczęście...

Duch: Nie. Na razie... Duchy mają fundusz bezosobowy...

Bohaterce tej książki w jakimś stopniu „Bóg powierzył humor Polaków", a ona godnie to realizowała w myśl zasady: „widz, humor i... dulszczyzna", czego najlepszym dowodem Pani Dulska, którą to teatralną rolę kilkakrotnie w swojej karierze kreowała, chociaż, jak sama twierdziła, zawsze marzyła o zagraniu Juliasiewiczowej, ale nigdy żadnego reżysera nie udało jej się nakłonić, by ją w tej roli obsadził.

Myślę, że głównym powodem tego była kasa, a nie brak wyobraźni reżyserów. Otóż Hanka Bielicka była tak zwanym nazwiskiem kasowym, to znaczy przyciągającym widza, a takie nazwisko powinno być obsadzane w rolach tytułowych, a tytułowa była Dulska, a nie Juliasiewiczowa. Niestety, takie są teatralne reguły gry i nic na to nie poradzimy. Wróćmy jednak do incydentu sopockiego, który zapoczątkował moją wieloletnią współpracę z panią Hanią. Trwała ona ponad czterdzieści lat i gdyby nie przedwczesne zejście artystki ze sceny życia, trwałaby pewnie do dzisiaj. Ja miałem wtedy dwadzieścia osiem lat, a ona czterdzieści siedem. Była artystką u szczytu sławy i popularności, po dokonaniu najważniejszego dla niej wyboru. Zrozumiała po latach wątpliwości, że co prawda w teatrze można odnosić większe lub mniejsze sukcesy, ale jej prawdziwym przeznaczeniem jest estrada, gdzie była, i pewnie w pamięci ludzkiej pozostanie, jedną z największych i najdoskonalszych gwiazd tego gatunku. Dodajmy, bardzo trudnego i dającego prawdziwą szansę tylko nielicznym wybrańcom losu, obdarzonym wielkim niepowtarzalnym talentem – do takich właśnie należała, co wreszcie zrozumiała... Chociaż do końca jej życia na drzwiach wejściowych warszawskiego mieszkania pani Hanki wisiała metalowa tabliczka z wygrawerowaną informacją: „Hanka Bielicka – artystka dramatyczna".

No cóż, tęsknoty artystyczne kroczą dziwnymi drogami, z reguły wielkie aktorki komediowe marzą o rolach dramatycznych, a dramatyczne o komediowych. Na tym między innymi polega tajemnicza magia teatru, więc niech już tak pozostanie. Tak się złożyło, że po wielu latach, już jako dyrektor Teatru Syrena, prowadziłem kolejny jubileusz Hanki Bielickiej, do której zwróciłem się przed finałem przedstawienia słowami:

Wielce Szanowna Jubilatko! Kochana Haniu!
Jak wszyscy wiemy, opatrzność powierzyła Ci humor Polaków... i to na przełomie dwóch wieków.
Coraz trudniej doliczyć się Twoich benefisów, jubileuszy i... kapeluszy. W tej sytuacji życzenie Ci stu lat byłoby ograniczeniem Twojego temperamentu, żywotności i wyroków opatrzności... Więc jeżeli już, to życzę Ci stu lat, ale z dwudziestopięcioprocentowym VAT-em...
Przypominaj nam nadal młodość i pozwól zapomnieć o starości. Sprawuj rząd dusz w naszej rzeczpospolitej humorystycznej..., co zauważywszy, dedykuję Ci Twoją ulubioną piosenkę *Młodym być*.

Było, jak to zwykle w Syrenie, barwnie, tłumnie, tanecznie, wesoło i uroczyście. Były kwiaty i przemówienia. Potem polecieliśmy z tym przedstawieniem do Polonii amerykańskiej i kanadyjskiej, ale o tych sukcesach i... ekscesach opowiem później.

Na koniec tych długawych rozważań wstępnych chciałbym się wytłumaczyć, dlaczego mając praktycznie do dyspozycji całą czołówkę polskiej estrady i kabaretu, dla której zresztą sporadycznie pisywałem, wybrałem właśnie Hankę Bielicką i z nią tyle lat współpracowałem, powierzając jej znaczną część mojej, za przeproszeniem, twórczości (oczywiście przez duże „tfu", jak mawiają złośliwi). Otóż tak się złożyło, że w prowadzonym przeze mnie przez blisko osiem lat warszawskim Teatrze Syrena udało się zgromadzić trzy największe gwiazdy monologu, a więc najtrudniejszego gatunku estradowego. Mam na myśli Hankę Bielicką, Alinę Janowską i niedawno zmarłą Irenę Kwiatkowską. Zacznę od tej ostatniej: otóż Irena Kwiatkowska była jedną z najwybitniejszych i najdoskonalszych aktorek estradowych, kabaretowych i teatralnych nie tylko swojego pokolenia, ale moim zdaniem znajdzie trwałe i zasłużone miejsce w całej historii teatru polskiego, a w każdym razie jego lżejszej części. Ta obfitość talentu i wspaniała technika aktorska – niezwykle wszechstronna, połączona z mrówczą pracą – powodowały ciągłe poszukiwanie przez artystkę nowych ról, nowych zadań aktorskich, nowych form. W przeciwieństwie do Bielickiej, Kwiatkowska korzystała ciągle z innych współczesnych lub z wielu klasycznych autorów, z których twórczością próbowała skutecznie się zmierzyć. Obie wspaniałe aktorki należały do tego samego pokolenia, obydwie były absolwentkami przedwojennego PIST-u (Państwowy Instytut Sztuki Teatralnej w Warszawie). Jedną i drugą odkrył wielki Zelwer, czyli Aleksander Zelwerowicz, twórca i szef tej wielce cenionej instytucji, z której dyplomami rozpoczęły swoją aktorską wędrówkę. Miały więc podobnych mistrzów i podobne wykształcenie. Gwoli prawdy trzeba stwierdzić, że Hanka Bielicka była trochę wszechstronniej wyedukowana, jako że równolegle studiowała romanistykę na Uniwersytecie Warszawskim, którą w dodatku ukończyła. Obie panie łączyła wielka miłość do teatru i przywiązanie do autorytetów, no i jeszcze jedno – ciągła i wiecznie niezaspokojona tęsknota za teatrem przez duże T i rolami dramatycznymi przez duże R. Te zupełnie niepotrzebne słabostki czy kompleksy obu artystek były absolutnie nieuzasadnione, każda z nich bowiem realizowała się doskonale w gatunku, który uprawiały. Myślę, że nieco wcześniej wyzwoliła się z owych niepotrzebnych tęsknot Hanka Bielicka, a to głównie za sprawą większego poczucia niezależności, jak też większego zawierzenia własnym ocenom niż opinii tak zwanych autorytetów, czyli warszawki.

Powiedzmy sobie jasno: o ile Kwiatkowska zawsze wyżej ceniła opinię „autorytetów", czyli „salonu", o tyle dla Bielickiej najwyższym autorytetem była publiczność. Obie panie miały charaktery silne, czyli jak to się dzisiaj mówi, charyzmę, obie też silnie ze sobą konkurowały, nie okazując sobie zbytniej wylewności czy serdeczności. Przez kilkadziesiąt lat pracy w tym samym teatrze zawsze mówiły do siebie per pani, co nie przeszkadzało im bardzo się wzajemnie cenić i szanować. Ich wieloletnia rywalizacja wychodziła na dobre zarówno dyrekcji, zespołowi teatru, jak i publiczności, która każdą z nich darzyła najczulszą sympatią, a nawet miłością, czego dowody składała w postaci bitych kompletów na przedstawieniach obu gwiazd razem czy osobno. Dlaczego więc dokonałem jako autor wyboru na korzyść Bielickiej? Ano dlatego że jej oceny wydawały mi się bliższe własnym gustom artystki – były samodzielne i szczere. Irena Kwiatkowska oceniała wartość tekstu poprzez opinie innych, głównie zresztą swojego męża – wielkiego erudyty i poligloty, którego znałem osobiście i bardzo ceniłem. Pan Bolesław Kielski był świetnym spikerem Polskiego Radia, dziennikarzem i jako się rzekło, człowiekiem oczytanym. Spotykaliśmy się dosyć regularnie na różnych zagranicznych urlopach – zwłaszcza na dostępnych nam wówczas plażach Rumunii czy Bułgarii. Był zawsze uprzejmy, elegancki i czarujący pod każdym względem. Różniliśmy się jednak poczuciem humoru; chociaż obaj lubiliśmy żarty abstrakcyjne, to on jednak zawierzał wyłącznie twórcom sprawdzonym, z autorytetem, najchętniej zagranicznym. Ja bardzo ceniłem i podziwiałem autorów uznanych, ale wierzyłem w swój własny talent i skuteczność własnych pomysłów. Rozpierała mnie energia i... młodzieńcza pewność siebie.

Postanowiłem więc przedstawić Państwu jeszcze jeden skecz z tego okresu napisany dla *Podwieczorku* i pani Hani. Był on potem wielokrotnie wykonywany w różnych programach estradowych i kabaretowych zarówno w kraju, jak i za granicą i jak nieskromnie pozwalam sobie zauważyć, niewiele stracił do dzisiaj ze swojej aktualności.

W dzień emancypantek

Ona – lekarz ubezpieczeniowy
On – pacjent wdzięczny wielce

On: Dzień dobry, czy to pani doktór Kawska?
Ona: A co to pana obchodzi?
On: Pytam, bo właśnie...
Ona: Od pytań to ja tu jestem... Pacjent jest u lekarza rejonowego, a nie z wizytą prywatną...
On: Kiedy ja tylko...
Ona: Każdy tylko, a chorzy czekają... Kartę zdrowia ma?
On: Kto?
Ona: No pacjent oczywiście... Chyba wyraźnie mówię...
On: (*trochę speszony*) Mam... Tylko nie wyjąłem...
Ona: Jak nie wyjął, to nie może pokazać, a ja nie mogę przyjąć...
On: Czego?
Ona: Nie czego, tylko kogo... Pacjenta oczywiście... Następny proszę!
On: Ale ja nie w tej sprawie... Ja tylko chciałem...
Ona: Wiem, wiem, zwolnienie z pracy... Wszyscy chcą to samo...
On: Ale ja nie w sprawie zwolnienia...
Ona: Jak nie chce zwolnienia, to po co innym miejsce zajmuje?
On: Ja wcale nie jestem chory...

Ona: To już jest bezczelność – zdrowy i chce zwolnienie...

On: Ja już mówiłem, że nie chcę... Ja chcę...

Ona: Więc w końcu chce czy nie chce?

On: Chcę, ale ...

Ona: Więc jednak chce... Książeczkę ubezpieczeniową ma?

On: (*zdenerwowany, z przekąsem*): Ma, ale nie zabrał...

Ona: Więc książeczki też nie ma, to jak tu w ogóle wszedł?

On: (*wściekły*) Drzwiami!

Ona: Nie dosyć, że nie ma książeczki, to jeszcze bezczelny... Ja pytam, czy wszedł w kolejności?

On: (*z desperacją*) Wszedł...

Ona: Dawno?

On: Przeszło dwie godziny...

Ona: Dwie godziny chorował i już do lekarza. Coraz lepiej...

On: Ja nie dwie godziny chorowałem, tylko stałem... w kolejce do pani doktór...

Ona: Aha, rozumiem... Gorączkę ma?

On: Ma, ale czuje się coraz lepiej...

Ona: Jak się czuje lepiej, to po co przyszedł...

On: On nie przyszedł, bo leży... tak jak pani doktór kazała...

Ona: Kto?

On: No, brat, który mnie do pani przysłał... Ja właśnie z różyczką...

Ona: Z różyczką to nie do mnie, to do skórnego...

On: Kiedy właśnie brat mnie skierował do pani...

Ona: A brat lekarz?

On: Przeciwnie – pacjent...

Ona: Jeszcze by tego brakowało, żeby pacjenci dawali skierowania...

On: Ale niech już pani doktór pozwoli mi skończyć...

Ona: O co to, to nie. Skończy pacjent w szpitalu, nie u mnie w gabinecie... zaraz wezwę pogotowie... (*chwyta telefon*)

On: (*chwyta stanowczo za rękę*) Nikogo pani nie wezwie... (*woła gwałtownie*) Ja nie jestem pacjentem, nie jestem chory, nie mam różyczki... to jest mam różyczkę wręczyć pani od mojego brata i podziękować za wspaniałą opiekę lekarską (*wciska jej kwiatek*) oraz złożyć życzenia z okazji Dnia Kobiet...

Ona: (*z uśmiechem*) Bardzo dziękuję... Ale trochę pan się spóźnił, przecież to już czerwiec...

On: Ja byłem punktualnie w marcu, ale numerek dostałem na czerwiec.

Ona: (*zmieszana*) Rozumiem... A co z bratem?

On: Leży od trzech miesięcy...

Ona: W domu?

On: Nie. Na cmentarzu...

Ona: Bardzo mi przykro... ale po co te kwiaty?

On: Nie mam pojęcia. Taka była ostatnia wola pacjenta...

Kierownictwo warszawskiego *Podwieczorku przy mikrofonie* zaproponowało mi po kilku udanych tekstach, które napisałem dla Hanki Bielickiej, Jaremy Stępowskiego, Wieńczysława Glińskiego i innych, żebym napisał monolog dla Ireny Kwiatkowskiej. Bardzo mi to zaimponowało, mocno się więc przyłożyłem i napisałem moim zdaniem monolog dosyć zabawny. Wręczyłem go artystce, która ledwo rzuciła nań okiem i powiedziała, że musi się zapoznać z tekstem na spokojnie w domu i da mi za kilka dni odpowiedź. Po kilku dniach spotkała się ze mną, oznajmiając, że monolog przyjmuje, po wprowadzonych przez pana Bolesława poprawkach. Z przerażeniem przeczytałem tekst, z którego zniknęły moim zdaniem najlepsze puenty, zastąpione dosyć ogranymi, znanymi mi dowcipami. Byłem wściekły, przeprosiłem panią Irenę, stwierdzając, że na takie poprawki się nie zgadzam i jeżeli tekst jej nie odpowiada, to trudno, muszę go wycofać, a jeśli pozwoli, to przy okazji zaproponuję jej inny. Pani Irena była zaskoczona taką reakcją i pewnie uznała mnie za młodego, zarozumiałego autora. Ja, będąc pewien wartości tego monologu, zaproponowałem go początkującej wówczas w *Podwieczorku* aktorce Janinie Jaroszyńskiej, która przyjęła tekst z entuzjazmem, bez jakichkolwiek poprawek. Na najbliższym *Podwieczorku* wykonała go przy ogromnym aplauzie publiczności, a potem włączyła na kilka lat do swojego stałego repertuaru.

Pani Irena, czekając na swoje wyjście na estradę, usłyszała reakcję publiczności w czasie monologu Jaroszyńskiej i owację zgotowaną jej po zakończeniu występu. Zapytała, kto jest autorem tego tekstu. Kiedy się dowiedziała, że ja, kilka dni później zagadnęła mnie w kuluarach *Podwieczorku*: „No proszę, proszę, Jaroszyńskiej to umiał pan napisać monolog, tylko dla mnie jakoś nie wyszło". Kiedy tryumfalnie oświadczyłem, że był to ten sam tekst, bez żadnych poprawek, który kilka dni wcześniej odrzuciła, była bardzo speszona i przez pewien czas boczyła się na mnie, a potem wszystko wróciło do normy, bo była to pani ogromnej klasy. Po wielu latach zostałem dyrektorem Teatru Syrena; pani Irena pracowała wtedy w Teatrze Nowym u dyrektora Adama Hanuszkiewicza. Zaraz po objęciu dyrekcji zaproponowałem jej powrót do Syreny – spojrzała mi głęboko w oczy i postawiła tylko jeden warunek, że do najbliższego przedstawienia napiszę dla niej monolog. Oczywiście propozycję entuzjastycznie przyjąłem, monolog napisałem, ale był to tylko jeden z kilku monologów, które dla tej wspaniałej artystki „popełniłem", gdyż „nadawaliśmy na innych częstotliwościach". Trzecią wielką damą monologu, a także estrady w ogóle, była i jest Alina Janowska – młodsza od dwóch poprzednio wymienionych. Debiutowała po wojnie w Teatrze Syrena i to jeszcze w Łodzi, gdzie początkowo Syrena występowała. Alina jest niezwykle utalentowana. Stwórca dał jej talent wszechstronny. Zaczynała od tańca, znakomicie interpretowała piosenki, grała w filmie, w kabarecie, na estradzie. Była wysportowana, świetnie jeździła na nartach, miała dużą rodzinę, pracowała społecznie, pełniła wiele funkcji, dostawała zawsze zbyt wiele propozycji, którym przy całym jej wielkim talencie nie była w stanie sprostać. Tak więc zdarzało się, że tekst opanowywała dopiero po kilku przedstawieniach i wtedy była niepowtarzalna, ale do tego czasu wymagała bardzo wiele cierpliwości ze strony autora i reżysera. Przyznaję, że cierpliwości mi zabrakło, czego do dzisiaj żałuję..., a może i nie. Dla Aliny jedynym autorytetem, wydaje mi się, był Zenon Wiktorczyk. Był też autorem wielu wykonywanych przez nią tekstów. Znał doskonale wszystkie tajemnice radia, estrady i kabaretu, jak również wszystkie możliwości wielkiego talentu Aliny. Alina Janowska to jedyna aktorka zawodowa, która umie mówić tekst Mariana Załuckiego, ale jest też jedyną artystką, dla której on specjalnie monolog napisał.

Mam nadzieję, że teraz już wytłumaczyłem, dlaczego tak sobie ceniłem współpracę z Hanką Bielicką, czemu ta współpraca trwała tak wiele lat i dlaczego oboje tak ceniliśmy się wzajemnie. Ona wierzyła w moje pomysły i w wartość tego, co napisałem. Ja wiedziałem, że jeżeli jakiś fragment tekstu jej nie odpowiada, jak to nazywaliśmy: „nie leży jej na języku", to muszę go poprawić. Na szczęście z biegiem lat znaliśmy się coraz lepiej, a więc tych poprawek trafiało się niewiele. Pamiętam jeden taki incydent, kiedy pani Hani bardzo się nowy monolog podobał i postanowiła go powiedzieć w kilka dni po napisaniu. Tekst miała słabo opanowany, więc improwizowała, wypełniała luki pamięciowe swoimi typowymi powiedzeniami z dawnych monologów. Powodzenie miała średnie, publiczność nagrodziła ostatnią puentę dosyć formalnymi brawami. Artystka zeszła z estrady zdegustowana i wściekła. Pierwszą osobą, którą spotkała za kulisami, byłem ja, bo z ciekawością nasłuchiwałem premierowego wykonania. Artystka natarła na mnie z furią: „No i co? Klapa! Trzeba ten monolog poprawić albo napisać nowy". Zdenerwowany odpaliłem: „Trzeba się go nauczyć". „To nic nie da, jest po prostu mało śmieszny". „Mój jest śmieszny, pani powiedziała swój i za ten nie odpowiadam". Pani Hania żachnęła się i oświadczyła: „No spróbujemy jeszcze jutro". Następnego dnia nauczyła się monologu na blachę i przyjęcie było znakomite. Kiedy zeszła w kulisy, mijając mnie, rzuciła: „No dzisiaj zupełnie inna publiczność". „Monolog też", mruknąłem pod nosem. Uśmiechnęła się szelmowsko i powiedziała: „Odwal się"! Tak kończyły się zwykle nasze drobne nieporozumienia. Do większych awantur nigdy nie dochodziło, bo po pierwsze, nie było powodu, po drugie, pani Hanka co prawda uwielbiała grać prostaczkę ćwierćinteligentkę ze swoich tekstów, ale przecież w rzeczywistości była osobą niezwykle taktowną, dobrze wychowaną i wykształconą. Znała doskonale wszystkie tajemnice wykonywanego zawodu, na temat teatru czy estrady wiedziała prawie wszystko, a o publiczności jeszcze więcej. Zespół, w którym pracowała, zwykle ją uwielbiał, na ogół zresztą z wzajemnością, bo była osobą przyjazną ludziom, no może z małymi wyjątkami... Nie cierpiała ludzi bez talentu, chociaż starała się ich traktować z wyrozumiałością i pewnym współczuciem. Zdolną młodzież wyczuwała natychmiast i starała się jej pomóc, nie szczędząc sił i czasu. Miała wielkie zdolności pedagogiczne, a i pewne doświadczenia w tej dziedzinie. Przez kilka lat wykładała w Państwowej Wyższej Szkole Teatralnej w Warszawie na Wydziale Estradowym, którego dziekanem był niezapomniany Kazimierz Rudzki. Koledzy, którzy kończyli ten wydział, do dzisiaj z rozrzewnieniem wspominają dwie profesorki: Hankę Bielicką i Irenę Kwiatkowską (nawet tam ze sobą konkurowały – dla dobra młodzieży oczywiście).

Miało być krótko, miało być zwięźle, miała być przedmowa, a wyszła przemowa. Na swoje usprawiedliwienie mam tylko jedno – otóż bohaterka moich rozważań też do milczków nie należała i to nas pewnie łączyło, bo co jak co, ale pogadać tośmy sobie lubili, zarówno publicznie jak i prywatnie, co zauważywszy, życzę Państwu dalszej miłej lektury.

Rodowita warszawianka
z Łomży

Tak zawsze sama o sobie mówiła, chociaż była to tak zwana półprawda. Hanka Bielicka naprawdę urodziła się w Kononówce na Ukrainie 9 listopada 1915 roku. Zawędrowali tam jej rodzice i starsza siostra w czasie pierwszej wojny światowej i tu znowu mamy do czynienia z informacją niepełną, bo pod Połtawę trafili jako tak zwani bieżeńcy, czyli uciekinierzy. Jechali furmanką, jako carscy poddani ewakuujący się z zaboru austriackiego, w którym przed wojną mieszkali w majątku Boguchwała, położonym między Krakowem a Rzeszowem. Pracował tam w charakterze koniuszego ojciec pani Hani. Tak więc poczęta pod zaborem austriackim, na świat przyszła pod zaborem rosyjskim, jako poddana dwóch cesarzy. Pomimo patronatu aż dwóch cesarzy poród odbył się bez cesarskiego cięcia, po zeskoku z furmanki mamusi przyszłej gwiazdy teatru i estrady. Tym niebanalnym przyjściem na świat tłumaczyła pani Hania swoje przywiązanie do podróży w dorosłym życiu, związane z wykonywaniem jej ukochanego zawodu. Pojawienie się nowego członka rodziny zmusiło państwa Bielickich do przerwy w podróży i zatrudnienia się w mająteczku Kononówka. Ojciec znalazł zajęcie w administracji majątku, a mama pracowała jako garderobiana, co, jak sama artystka twierdziła, dało malutkiej Hani szansę bliskiego kontaktu z wytwornymi sukniami i pięknymi damskimi kapeluszami, do których przywiązała się na całe swoje dorosłe życie. Jeżeli chodzi o nakrycia głowy, to pani Hania urodziła się w trzech czepkach, jak zawsze twierdziła, które zgodnie z tradycją zostały spalone dopiero w szóstym roku jej życia. Trzy czepki to podobno dobra wróżba – jeden jest na szczęście, drugi na talent, a trzeci na długowieczność. Pani Hania całe życie to powtarzała i święcie w to wierzyła, z dobrym zresztą skutkiem. Po wybuchu rewolucji splądrowano i spalono Kononówkę, z której rodzinie Bielickich w popłochu udało się uciec i wrócić do Łomży, gdzie mieszkali rodzice pani Hani. Mama pochodziła ze średnio zamożnej mieszczańskiej rodziny Czerwonków. Nic więc dziwnego, że po wojennej poniewierce rodzina Bielickich zatrzymała się u babci Władysławy Czerwonko, która w swojej kamienicy w centrum miasta umieściła „tymczasowo" w trzypokojowym mieszkaniu córkę z mężem i wnuczkami. Tam do wybuchu drugiej wojny światowej mieszkała „tymczasowo" rodzina Bielickich. Kamienica babci Czerwonkowej była jedną z większych w Łomży i z łatwością mieściła nie tylko kilka skoligaconych z babcią rodzin, ale również paru lokatorów, a ci swoimi czynszami zasilali babciny budżet. Głową rodziny Bielickich był pan Romuald Jan, jak twierdziła pani Hania, mężczyzna bardzo przystojny i elegancki, od najmłodszych lat silnie zaangażowany w działalność społeczną i polityczną. Już jako uczeń znanej szkoły rolniczej w Puławach działał wraz z kolegami w założonej przez nich tajnej organizacji patriotycznej, co skończyło się dlań osadzeniem w 1911 roku w łomżyńskim więzieniu, skąd uciekł do Krakowa. Ściągnął swoją narzeczoną, z którą się ożenił i osiadł w rzeczonej już wyżej Boguchwale. Tam na świat przyszła córeczka Marysia, tam też poczęto młodszą córeczkę Hanię, ale o tym pisałem wyżej. Hanię ochrzczono już po wojnie w wieku trzech lat, więc już podobno w czasie tej uroczystości okazała się osóbką mocno gadatliwą i krzykliwą. Kiedy ksiądz położył jej sól na języku, stanowczo powiedziała: „prose jesce"... Uznano, że dziecko będzie zawsze chciało czegoś więcej i nigdy nie będzie miało dosyć. Tym tłumaczyła pani Hania swoją „zachłanność" artystyczną. Jak twierdziła, ciągle było jej za mało występów, za mało powodzenia, za mało sukcesów. Mówiła, że zawsze zazdrościła innym ról filmowych czy teatralnych, ale nigdy nie przenosiła tej zazdrości na sprawy prywatne. Nigdy nie zazdrościła nikomu majątku, samochodów czy nawet mężów lub... kochanków (cytuję dosłownie). Ale wróćmy do ojca rodziny, który dla pani Hani był zawsze wzorem prawdziwego mężczyzny, idealnego męża i ojca. Otóż po powrocie do Łomży pan Bielicki rzucił się w wir zajęć społecznych i założył kasę komunalną, której został dyrektorem. Był bardzo znanym i popularnym działaczem społecznym i politycznym. Walczył w wojnie bolszewickiej w 1920 roku. Był działaczem Akcji Katolickiej, z ramienia endecji został posłem na Sejm Rzeczypospolitej Polskiej w latach 1925–1927. Otrzymał wiele odznaczeń państwowych. Przyjaźnił się z Romanem Dmowskim, z którym uczęszczał do szkoły powszechnej. Po przewrocie majowym wycofał się z działalności politycznej, ale nadal czynnie działał w samorządzie. W 1939 roku po wkroczeniu Armii Czerwonej został aresztowany przez NKWD i wywieziony w głąb Związku Radzieckiego, gdzie został zamordowany. Resztę rodziny Bielickich wywieziono do Kazachstanu. Tam zmarła babcia Czerwonko, a mama i siostra pani Hani wróciły do Polski po siedmiu latach głodu i poniewierki.

Hankę Bielicką wojna zastała w Wilnie, gdzie jako młoda, pełna entuzjazmu i temperamentu aktorka debiutowała w Teatrze Miejskim na Pohulance zaraz po ukończeniu słynnego warszawskiego PIST-u, którego dyplom otrzymała tuż przed wybuchem wojny.

Zanim jednak doszło do tych wydarzeń, wróćmy jeszcze na trochę do Łomży, gdzie siostry Bielickie najpierw ukończyły szkoły i zdały maturę, a jeszcze wcześniej wraz z rodzicami odbywały uroczyste spacery, pobierały lekcje języków obcych, uczyły się grać na fortepianie, przeżywały swoje pierwsze flirty i miłości, oczywiście pod surowym okiem taty i czułym spojrzeniem mamy. Hania, zawsze otoczona gronem chłopaków, rozkrzyczana i rozśpiewana, brała udział w różnych przedstawieniach, akademiach i rautach. Podobno swoje zdolności artystyczne odziedziczyła po ojcu, który mimo nawału pracy zawodowej i społecznej chętnie i z wielkim powodzeniem występował w różnych przedstawieniach amatorskich, wyróżniając się pięknym głosem i aparycją. Po zdaniu matury w Łomży Hania udała się do Warszawy, gdzie zaczęła studiować romanistykę. Równolegle, w pełnej konspiracji przed ojcem, zdała egzamin na Wydział Aktorski PIST-u. W komisji egzaminacyjnej zasiadali najwięksi artyści polskiego teatru, prowadzący zajęcia na tej znakomitej uczelni, a więc Aleksander Zelwerowicz, Stanisława Wysocka, Irena Solska, Jerzy Leszczyński, Leon Schiller czy Edmund Wierciński. Spośród tej plejady znakomitości dla pani Hani największymi autorytetami pozostali do końca życia Stanisława Wysocka i Aleksander Zelwerowicz – chętnie ich cytowała i zawsze się na nich powoływała. Podziwiała kunszt aktorski obojga, ale w równym stopniu wielkie umiejętności pedagogiczne. Sądzę, że nie przypadkowo PIST uważany był w owym czasie za jedną z najlepszych szkół tego typu w Europie.

Na pierwszy rok przyjmowano zazwyczaj około piętnastu kandydatów (tak było w roczniku pani Hani), dyplomy otrzymywało zaledwie kilka osób. Selekcja następowała po każdym roku. Tak więc z Hanką Bielicką ukończyły studia jeszcze cztery osoby: Irena Brzezińska, Danuta Szaflarska, Jerzy Duszyński i Czesław Kulak. Całą piątkę zaangażował do Wilna dyrektor Leopold Kielanowski. Zgodnie z ówczesnym zwyczajem szlify aktorskie zdobywano na prowincji, gdzie grało się dużo, często zmieniając repertuar. Wilno uważane było w tym czasie za jeden z silniejszych ośrodków teatralnych, a Pohulanka miała świetną artystyczną renomę. Niestety, wybuch wojny nieco skomplikował zawodowe losy wymienionych artystów. Nie wszyscy dożyli końca wojny, ale ci, którzy ją przetrwali, stanowili znakomitą czołówkę powojennego aktorstwa, a wspaniałe aktorstwo Danuty Szaflarskiej podziwiamy do dzisiaj.

Największą rolę w życiu Hanki Bielickiej odegrał oczywiście Jerzy Duszyński. W 1940 roku został jej mężem i śmiem twierdzić, że był jedynym mężczyzną, którego naprawdę kochała i z którym mimo rozwodu uczuciowo nigdy się nie rozstała, ale o tym napiszę w innym miejscu, do czego mnie zresztą przed śmiercią zobowiązała. Jurek Duszyński, moim zdaniem jeden z największych amantów kina polskiego, był uroczym kolegą i czarującym człowiekiem. Gdyby nie wojna, niewątpliwie zrobiłby zawrotną karierę.

Spróbuję teraz Państwa na chwilę oderwać od tych rozważań biograficznych, proponując *Poradnik*, który napisałem dla pani Hani w latach późniejszych – chyba siedemdziesiątych. Był to fragment cyklu pisanego dla *Podwieczorku*, który był wykonywany z równym powodzeniem także w innych programach estradowych.

Poradnik pani Hanki

W związku z okresem urlopowym otrzymałam wiele listów od słuchaczy, proszących mnie o różne porady. Niestety, z braku czasu nie mogę na wszystkie odpowiedzieć, ale postaram się przynajmniej w kilku najważniejszych zająć stanowisko zgodne z moim życiowym doświadczeniem:

„Kochana Pani Hanko – pisze do mnie moja imienniczka. – Byłam na wczasach nad morzem, bardzo się opaliłam i mam piegi, w których zresztą jest mi bardzo do twarzy, ale mąż ich nie znosi. Powiedział, że jak wrócę do domu z piegami, to się ze mną rozwiedzie. Czy mam pozbyć się opalenizny i jak to zrobić?".
Droga Imienniczko. W naszym klimacie łatwiej o męża niż o dobrą opaleniznę. Opalenizny się nie pozbywać, raczej pozbyć się męża.

Pisze do mnie „znudzona Ula" – „Jestem na urlopie w górach z mężem. Pogoda fatalna, mąż gra w brydża, a ja się nudzę. Jak temu zaradzić?".
No cóż, niech pani gra w brydża, a niech mąż się nudzi.

A oto kolejny list: „Poznaliśmy się na wczasach. Było cudownie, ale urlop się kończy, a ja mam męża. Jak mu to powiedzieć, żeby się nie załamał?".
Nie mówić. On pewnie też ma żonę, tylko nie ma skrupułów. Już ja ich znam, to męskie mimozy urlopowe. Nie załamie się biedaczek, to pewne.

„Żona wróciła z wczasów – pisze do mnie pewien pan. – Wygląda cudownie. Opaliła się i odmłodniała, ale mówi do mnie per Stefan, chociaż mam na imię Władysław. Co mam o tym sądzić?".
Nie reagować. Musiała pana z kimś pomylić. Kobiety bywają roztargnione.

„Mieliśmy z mężem jechać na Mazury. Jest zapalonym wędkarzem, a ja nie znoszę jezior i komarów. On pojechał na Mazury, a ja do Zakopanego. Poznałam pewnego młodego człowieka i martwię się teraz bardzo, bo męża pewnie gryzą komary, a mnie wyrzuty sumienia. Nie wyobrażam sobie, jak będzie po powrocie do domu".
Jak dawniej będziecie się gryźć wzajemnie. Takie jest życie.

„Byłam sama na wczasach – pisze do mnie Strapiona. – Poznałam go i pokochaliśmy się od pierwszego wejrzenia, ale ja mam męża i dwoje dzieci. Urlop się kończy, a ja nie wyobrażam sobie życia bez niego, mimo że jest w wieku mojego syna. Co robić?".
Namówić męża, żeby go adoptował – będzie wam raźniej. Dzieciom też.

„Jest smukły, przystojny, bardzo męski – pisze do mnie Zakochana. – Jest najpiękniejszym ratownikiem, jakiego w życiu widziałam. Pokochałam go. Co z tego, skoro on mnie nie zauważa zupełnie. Całymi dniami stoi, patrząc w morze. Jak zwrócić na siebie uwagę?".
Droga Zakochana – nie ma pani innego wyjścia, jak rzucić się do morza i tonąć. Jako wzorowy ratownik pewnie natychmiast zacznie panią ratować. Niech pani nie odzyskuje przytomności przy tradycyjnym sztucznym oddychaniu. Zareagować dopiero przy systemie usta usta. To bywa skuteczne, jak mnie uczy własne doświadczenie. Gdyby jednak i to nie odniosło skutku, to machnąć na niego ręką. Niech się skupi wyłącznie na ratowaniu – niewart zachodu.

„Jesteśmy ze sobą już czwarty tydzień. Bardzo się kochamy i po urlopie postanowiliśmy się pobrać. Co z tego, kiedy on ma pewną wadę – ja mówię do niego całymi dniami, a on się wcale nie odzywa" – pisze do mnie Alicja.

Kochana pani Alicjo – to nie wada, to zaleta. Mężczyzna powinien milczeć i słuchać. Od mówienia to my jesteśmy.

„Od razu go zauważyłam – pisze do mnie Stroskana. – Co z tego, kiedy jego interesuje wyłącznie brydż, a ja nie umiem grać w karty. Jak zwrócić na siebie jego uwagę?".
Przy najbliższej okazji usiąść z nim do brydża. Już w czasie pierwszej pani odzywki na pewno panią zauważy. Swoją licytacją z pewnością go pani ożywi...

„Widziałam na plaży pana Klemesa – pisze do mnie Rozkochana. W kąpie-lówkach jest mu jeszcze ładniej niż w ubraniu. Jak mu o tym powiedzieć?".
Nie mówić. Niech żyje w niepewności.

Pani Hania zawsze twierdziła, że na jej losach zaważyło kilka osób i byli to wyłącznie... mężczyźni. Dlatego pewnie też przez całe życie w sprawach zawodowych miała większe zaufanie do porad męskich niż kobiecych i sądząc z efektów, nieźle na tym wychodziła. Pierwszym mężem opatrznościowym według pani Hani był skromny wizytator łomżyńskiego liceum, pan Rzędowski, który mimo dwói z matematyki dopuścił delikwentkę do matury, uznając, że skoro z przedmiotów humanistycznych ma same piątki, a wybiera się na romanistykę i do konserwatorium muzycznego (marzeniem ojca było, by została pianistką), to bez matematyki da sobie radę. „Wziął uczennicę na swoją odpowiedzialność", bo w tych czasach wizytator miał takie uprawnienie, a więc jemu w znacznym stopniu zawdzięczamy późniejszą gwiazdę teatru i estrady. Artystka próbowała go po latach odszukać i podziękować mu osobiście, ale mimo starań nigdy to się nie udało. „Jeżeli będziesz kiedykolwiek o mnie pisał, to musisz napisać o Jurku Duszyńskim i o tym Rzędowskim". W tej sytuacji nie miałem wyboru – musiałem spełnić polecenie. Słuchając wielokrotnie różnych wspomnień artystki, doszedłem do wniosku, że jednym z najważniejszych doradców w jej życiu był Aleksander Zelwerowicz, nazywany w środowisku aktorskim Zelwerem. To on pierwszy uświadomił Hance Bielickiej, że aktora tworzą nie tylko umiejętność wczuwania się w inną osobę, wrażliwość i talent dramatyczny, ale również warunki zewnętrzne – twarz, głos, sposób poruszania się, sylwetka. Jednym słowem uświadomił jej, że niekoniecznie trzeba grać dramatyczne heroiny wbrew własnym warunkom, ale można zostać również wielką aktorką komediową, wykorzystując warunki, które nam dała natura. Od początku odkrył w niej wielki talent komediowy i powoli zdołał ją do tego przekonać. Nie było to łatwe, bo pani Hania jako studentka marzyła oczywiście o wielkich romantycznych rolach, nie zdając sobie sprawy z bogactwa charakterystycznych cech urody, którą ją opatrzność obdarzyła. Na szczęście trafiła do wielkiego pedagoga i znawcy, jakim był Zelwer, który swoim cierpliwym „kochana pani Bielicko", czy „moja droga Bielicko" potrafił ją we właściwym kierunku poprowadzić. Zelwerowiczowi w pierwszej kolejności zawdzięczamy odkrycie wielkiego talentu charakte-rystycznego Hanki Bielickiej i jej późniejsze sukcesy w tej dziedzinie. Nie byłoby jednak tych sukcesów, gdyby nie decyzja ojca pani Hani, który po-godził się w końcu z tym, że córka zamiast pianistką została aktorką, a jego wielkoduszność posunęła się tak daleko, że kiedy w sierpniu 1939 roku miał zdecydować, czy powinna skorzystać z uniwersyteckiego stypendium i poje-chać do Paryża, czy też przyjąć angaż teatralny w Wilnie, wybrał Wilno, czym przesądził o dalszych losach pani Hanki. Telegram, który nadszedł z Łomży, brzmiał: „Pakuj manatki i jedź do Wilna. Wojny nie będzie". Sam pewnie w to nie wierzył, ale wolał mieć swoją ukochaną córkę bliżej siebie, jako że z Łomży bliżej było do Wilna niż do Paryża. Ojca już pani Hania nigdy nie zobaczyła, bo jak wcześniej pisałem, zginął w Związku Radzieckim, najpew-niej zamordowany przez NKWD, które go aresztowało i tam wywiozło, ale córkę ochronił przed koszmarem wywiezienia do Kazachstanu, który to los spotkał jej matkę i siostrę.

Jak z opisanych wyżej okoliczności wynika, w przeddzień wybuchu wojny, bo w ostatnich dniach sierpnia 1939 roku, cała PIST-owska piątka absol-wentów i absolwentek znalazła się w Wilnie, gdzie 8 października odbyła się premiera *Świętoszka* Moliera, w którym rolą Doryny zadebiutowała Hanka Bielicka. Zapowiadana wcześniej premiera *Obrony Ksantypy*, w której miała zadebiutować artystka, nie odbyła się z powodu wkroczenia do Wilna Armii Czerwonej. Wybuch wojny radykalnie zmienił sytuację teatru Kielanowskiego Na Pohulance. Zespół został zmuszony do opuszczenia swojej dotychczaso-wej siedziby, w której zainstalowały się litewski balet i opera. Teatr po krót-kiej wędrówce po różnych wynajmowanych doraźnie salach osiadł wreszcie w przerobionej na jego potrzeby dawnej siedzibie kina Helios. W tych dosyć skromnych warunkach przetrwał do czasu wkroczenia do Wilna armii nie-mieckiej, kiedy to ostatecznie został zamknięty, a pozbawieni zajęcia aktorzy musieli szukać pracy w innych zawodach.

Zanim to jednak nastąpiło, teatr grał repertuar raczej lekki – komedie Cwojdzińskiego i Sardou, farsy Flersa i Caillaveta, ale grano też *Wieczór Trzech Króli* czy *Madame Sans-Gene* z samą Hanką Ordonówną, której kunsztem aktorskim i piosenkarskim zachwycała się Hanka Bielicka przez całe życie.

Ordonka zjawiła się w Wilnie na początku wojny z całą rzeszą znakomitości aktorskich uciekających przez Niemcami z Generalnej Guberni.

Wilno i Lwów stały się miejscami ucieczki wielu artystów i inteligentów z Warszawy, Krakowa i innych miast. Nie zdawali sobie oni sprawy, że trafiali z deszczu pod rynnę, bo uciekając przed gestapo, wpadali w ręce NKWD. Jednak okupacja w Wilnie była w tym czasie dużo łagodniejsza niż we Lwowie i mało porównywalna z okupacją niemiecką, która w końcu, w wyniku wybuchu wojny hitlerowsko-sowieckiej, ogarnęła również wschodnie połacie II Rzeczpospolitej.

W tym momencie zakończyły swoją działalność teatry polskie na tych ziemiach, a aktorzy, podobnie jak większość ich koleżanek i kolegów z Generalnej Guberni, zamienili swój zawód na profesję kelnera i w tej roli pozostawali na ogół do końca wojny. Podobny los spotkał panią Hanię i jej niedawno poślubionego męża Jerzego Duszyńskiego. Ona podawała w kawiarni, on w wileńskim Grand Hotelu. Zanim to jednak nastąpiło, jako się rzekło, wzięli ślub, zamieszkali razem w wynajętym pokoju i połączyli swoje dwustupięćdziesięciozłotowe gaże teatralne we wspólny skromny małżeński budżet, uzupełniany okazyjnie odkupowanymi z teatru zgranymi kostiumami lub jakimiś drobnymi chałturkami. Z czasem te zarobki przeliczono im na litewskie lity, a później na sowieckie ruble, ale wysokość apanaży nie ulegała zmianie. Potem stałą gażę zamieniono na tak zwane działówki, czyli dzielono wpływy z biletów między cały zespół, oczywiście po odliczeniu kosztów technicznych i administracyjnych.

Mimo tej skromnej, a może i mniej niż skromnej, egzystencji okres wileński bardzo sobie pani Hania ceniła pod względem artystycznym. Tam bowiem po raz pierwszy zetknęła się praktycznie nie tylko z wielką dramaturgią czy klasyczną komedią, ale tam również miała po raz pierwszy w życiu szansę grania u boku znanych i wybitnych aktorów, których wojna rzuciła do Wilna. Nawet jeżeli nie grała, to w każdym razie miała okazję podglądać i podziwiać całą plejadę największych gwiazd teatru polskiego. W tym czasie znaleźli się tam Stanisława Perzanowska, Zygmunt Chmielewski, Michał Melina, Jan Kurnakowicz czy wspomniana już wcześniej Hanka Ordonówna – najpierw sama, a potem z mężem hrabią Tyszkiewiczem, którego na pewien czas wyszarpała z rąk NKWD przed ponownym aresztowaniem. Z autorów znanych przed wojną znaleźli się tam między innymi Światopełk Karpiński i Janusz Minkiewicz, którzy natychmiast założyli kabaret Ksantypa. Stanowił on wielką konkurencję dla Miniatur wcześniej tam przybyłego Ludwika Sempolińskiego, kolejnego mężczyzny odgrywającego wielką rolę w późniejszej karierze Hanki

Bielickiej. Dzisiaj już trudno będzie ustalić, czy pani Hania najpierw wystąpiła w Ksantypie z tekstami Gałczyńskiego, czy wcześniej została „wypożyczona" przez Ludwika Sempolińskiego do tworzonej przez niego rewii. Faktem jest, że zobaczył ją po raz pierwszy we *Freuda teorii snów* Cwojdzińskiego, gdzie grała z Michałem Meliną. Po przedstawieniu rozentuzjazmowany „Sempoła" (bo tak go w środowisku nazywano) zwrócił się do dyrektora Kielanowskiego z prośbą o „wypożyczenie" Hanki Bielickiej do organizowanej przez niego rewii. Podobno Kielanowski zwrócił mu uwagę, że jest to młodziutka aktorka tuż po szkole i wątpi, żeby dała sobie radę w rewii, o której przecież nie ma pojęcia. Na co Sempoliński miał oświadczyć, że jeżeli przeżyją wojnę, to gwarantuje, że Bielicka nie będzie aktorką teatralną, a wielką gwiazdą kabaretu i estrady.

Targu dobito, artystkę „wypożyczono", a Sempoliński dał jej świetny monolog Jerzego Jurandota *Nie przeproszę*, który stał się później jednym z żelaznych punktów stałego repertuaru Bielickiej. Po raz pierwszy wykonała go w recitalu Ludwika Sempolińskiego w 1940 roku, a potem towarzyszył jej przez prawie całe zawodowe życie. Jak twierdził w swoich pamiętnikach Ludwik Sempoliński, artystka początkowo „stawiała opór" i nie chciała występować w Miniaturach, więc był zmuszony „zmiękczyć" ją zawrotną jak na owe czasy i jej zarobki kwotą stu litów.

Miniatury, jak już wspomniałem, w założeniu miały być rewią, a nie kabaretem. Gwiazdą zespołu była Maria Żejmówna, która wyemigrowała później do Stanów Zjednoczonych, gdzie osiedliła się na stałe. W czasach powojennych występów Hanki Bielickiej w Stanach zazwyczaj bywała na przedstawieniach i odwiedzała panią Hanię za kulisami – byłem kiedyś świadkiem takiego spotkania.

Wybiegłem daleko w przyszłość, wróćmy więc jeszcze na trochę do czasów wileńskich, znanych mi z opowiadań profesora Sempolińskiego, którego po latach poznałem osobiście, z którym wiele razy występowałem, a nawet pijałem kawę w Kawiarni Europejskiej w Warszawie, wsłuchany w jego cudowne gawędy. Znam też te czasy z relacji osobistych pani Hani, pokrywających się w znacznym stopniu z opowiadaniami profesora. Konferansjer w Miniaturach, Antoni Jaksztas, po wojnie należał do najpopularniejszych prezenterów. Z nim i z jego bratem Jerzym pani Hania związana była później przez wiele lat.

Ludwik Sempoliński, jak się okazało, angażując Hankę Bielicką, stał się nie tylko odkrywcą tego wielkiego talentu estradowego, ale trafnie przewidział jej późniejsze sukcesy w tej dziedzinie. Nic więc dziwnego, że po wojnie wiele razy występowała z nim wspólnie, ale też zawsze liczyła się z jego zdaniem i ufała ocenom profesora. Był jej wielkim artystycznym admiratorem, a także życzliwym krytykiem, którego uwagi przyjmowała zawsze z największym szacunkiem. Profesor był nie tylko znakomitym pedagogiem, ale i doskonałym obserwatorem życia estradowego i kabaretowego. Do dzisiaj jego wychowankowie należą do największych gwiazd polskiej estrady, a on sam uważany był za niekwestionowany autorytet w tej dziedzinie. Jego pozorny konserwatyzm i przywiązanie do tradycji opierały się na perfekcyjnym rzemiośle aktorskim, którego zasady potrafił doskonale przekazywać młodszym adeptom estrady. W Ksantypie, jak już wspomniałem, pani Hania wykonywała nie tylko Gałczyńskiego, ale i autentyczną balladę podwórkową *Aniele mój*, pochodzącą z amatorskich występów łomżyńskich, której nauczyła się od ojca. Utwór ten prezentowała potem do późnej starości, był bowiem stałym punktem repertuaru recitalowego i jubileuszowego artystki. Była niezrównaną wykonawczynią ballad podwórkowych, czy tak zwanych dziadowskich, które w latach późniejszych pisał dla niej najczęściej niezrównany Jerzy Jurandot, lecz żadna z nich nie dorównywała autentycznej *Aniele mój*. Na stałe utrwaliła balladę uliczną w *Zakazanych piosenkach* Buczkowskiego – pierwszym polskim powojennym filmie, w którym wystąpiła obok głównych bohaterów: Danuty Szaflarskiej i Jerzego Duszyńskiego. Ten gatunek artystka kontynuowała później w kabarecie Szpak Zenona Wiktorczyka, który dostarczył jej kolejną autentyczną balladę, jak i w Teatrze Syrena, do którego zaangażował ją wspomniany już wcześniej pierwszy dyrektor tego teatru Jerzy Jurandot. Zanim jednak została po wojnie gwiazdą Syreny, musiała jeszcze przeżyć okupację niemiecką w Wilnie, z epizodem kelnerskim i koszmarną ówczesną biedą, którą bardzo niechętnie wspominała.

Po wejściu do Wilna Niemców, co nastąpiło w 1941 roku, wszystkie polskie teatry i kabarety zamknięto. Hanka Bielicka początkowo zarabiała jako pianistka, grając w kawiarni (przydały się wreszcie łomżyńskie lekcje muzyki), a potem w niej kelnerując, o czym już pisałem. Część zespołu aktorskiego z dyrektorem Kielanowskim i jego żoną przedostała się ciężarówką do Warszawy po przekupieniu jakiegoś niemieckiego żołnierza. Tam przeżyli okupację i powstanie. Pasażerami wspomnianej ciężarówki byli oprócz pary dyrektorskiej: Danuta Szaflarska, Stanisława Perzanowska z mężem, Irena Brzezińska, która po wojnie wylądowała w Londynie, i... Jerzy Duszyński, młody małżonek Hanki Bielickiej. Nie pomogła pomoc rodziców i próby różnych „handlowych" zajęć w Warszawie; po niespełna roku Duszyński powrócił do Wilna i kelnerowania w Grand Hotelu, gdzie pracował w doborowym towarzystwie Igora

Śmiałowskiego, Mieczysława Wojnickiego czy wspomnianego już przeze mnie wcześniej Bolesława Kielskiego – męża Ireny Kwiatkowskiej. Szatniarzem był tam jeden z największych polskich aktorów Jan Kurnakowicz. Miała też w tym czasie Hanka Bielicka swój epizod piosenkarski w jednej z wileńskich kawiarni, gdzie wówczas śpiewała, podobno pięknym sopranem, repertuar dostarczany jej po kryjomu przez ukrywającego się przed Niemcami Ludwika Sempolińskiego.

Sempolińskiego przez całą okupację poszukiwało gestapo za wykonaną tuż przed wybuchem wojny piosenkę *Ten wąsik, ach ten wąsik,* w której, parodiując Chaplina, rozprawiał się z Adolfem Hitlerem. Jak się okazało, było to iganie z ogniem i aktor o mało nie przypłacił życiem swojej świetnej roli – takie to były tragiczne, okrutne czasy.

Mimo całego okupacyjnego koszmaru przez pierwsze pół roku okresu wileńskiego pani Hance udało się odbyć bardzo intensywną i skuteczną praktykę aktorską w towarzystwie najlepszych w tym zawodzie. Zdobyte wtedy, zaraz po ukończeniu studiów, doświadczenie, stało się wielkim dorobkiem artystycznym w dalszej powojennej pracy zawodowej. Tak więc paradoksalnie nie był to czas stracony, a wręcz przeciwnie, okazał się wielkim przyspieszeniem w jej dalszej artystycznej karierze.

Aleksander Zelwerowicz dawał swoim wychowankom czas na „wejście w zawód", czyli stanie się prawdziwym aktorem – osiem lat. Aktorki jego zdaniem dojrzewały nieco wcześniej, bo jak twierdził, miały w sobie wrodzony ekshibicjonizm, a więc skłonność do obnażania się psychicznego i... fizycznego. Uważał, że aktora trzeba najpierw zobaczyć, później poznać, a następnie polubić i zacząć na niego chodzić.

W warunkach „wojennego" Wilna ten okres został wyraźnie skrócony i przyspieszony. Sądząc po nazwiskach aktorskich, które się tam wtedy ukształtowały, należy wyciągnąć wniosek, że przyspieszona i bardziej skondensowana praktyka wyszła artystom na dobre i w najmniejszym stopniu nie zaszkodziła ich powojennym karierom, o czym świadczą dobitnie wcześniej wymienione przeze mnie postacie. A przecież z Wilna wywodził się Kęstowicz, Brusikiewicz czy światowej sławy śpiewak Bernard Ładysz. Cała ta plejada znakomitych talentów na skutek tragicznych losów powojennego Wilna i utraty przez Polskę ziem wschodnich runęła do centralnej Polski, by zasilić nowo powstające zespoły teatralne i tworzyć kolejne sceny i teatry. Wśród nich znalazła się Hanka Bielicka z Jerzym Duszyńskim u boku.

Wyprzedzając trochę czas, przypominam teraz monolog, który zrobił wielką furorę i był wykonywany przez panią Hanię przez wiele lat zarówno w kraju, jak i za granicą w różnych programach estradowych. Pani Hania mówiła go ubrana w specjalny kostium (fartuch woźnej szkolnej). Mogę nie bez dumy powiedzieć, że monolog ten można śmiało zaliczyć do klasyki tego gatunku.

Woźna

(wchodzi, dzwoniąc dzwonkiem)

Koniec przerwy! Do klasy! Do klasy! Każde do swojej... bo społeczeństwo budujemy bezklasowe, ale póki co, to z klasy do klasy przechodzić trzeba... Nie pchać się... Dzieci... dzieci... Dzie ci się tak śpieszy, Malinowski?... Jeszcze swoją dwóję zdążysz dostać... Dla wszystkich starczy... To nawet zdolne dziecko, tylko trochę konfliktowe... Ledwo nauczyciel do klasy wejdzie, to on już za drzwi wylatuje... i to nie za złe zachowanie, tylko za zadawanie trudnych pytań... A u nas wiadomo – dzisiaj pytanie – jutro odpowiedź. Co on się na tych korytarzach wystoi... Przyda mu się to, jak dorośnie... żadnej kolejki nie przepuści – wystoi... co trzeba... i doniesie, co się da... jak dostanie, oczywiście.

Zenek, co się tak oglądasz? Nie słyszałeś dzwonka? Też zdolne dziecko – nigdy się nie śpieszy... Zawsze niby ostatni, a jak nauczyciel do klasy wchodzi, to zawsze się o niego w drzwiach potknie – urodzony polityk... Znam się trochę na tym, bo ja już w tej szkole z czterdzieści lat dzwonię... z tygodniową przerwą, kiedy w ramach reformy oświaty zainstalowali dzwonek elektryczny... Już mieli mnie przenieść na wcześniejszą emeryturę, ale kiedy samorząd szkolny zwinął kabel i zainstalował z niego podsłuch do pokoju nauczycielskiego, dyrektor zadecydował, że wracamy do metod tradycyjnych *(dzwoni)*, bo to i oszczędność energii elektrycznej, i etat się nie zmarnuje... Dyrektor to u nas tęga głowa – dwa razy starał się na medycynę, trzy razy na polonistykę, a jak się nigdzie nie dostał, to został nauczycielem... z powołania... Z powołania do wojska się w ten sposób wyreklamował. Teraz pewnie żałuje – mógł mieć kartę powołania, a ma tylko kartę nauczyciela, a jako człowiek z niepełnym wyższym wykształceniem – kieruje szkołą... Zdolności organizacyjne ma takie, że tylko patrzeć, jak inspektorem zostanie. Dzieci go bardzo lubią, bo z jakiego by przedmiotu lekcji nie prowadził, zawsze coś śmiesznego powie... A młodzież u nas pośmiać się lubi...

Chociaż zdarzają się też uczniowie poważniejsi – Rembiszewski na przykład – poważny, buźka okrąglutka, uszka duże, odstające – od razu widać, że wysoko zajdzie, albo na ministra, albo na rzecznika prasowego... O, minister jeden to też do nas kiedyś chodził... przed laty, jak były klasy dla dorosłych, uzupełniał wykształcenie... kończył siódmą... Ciężko mu to szło, chociaż bardzo przyjemny człowiek i niezwykle skromny... nigdy się nie wyrywał do odpowiedzi, a nawet jak go nauczyciel do tablicy poprosił, to też się nie odzywał... Raz się tylko zdenerwował, jak mu sekretarka pracę domową sknociła i dwóję dostał... Pani mu nawet chciała wpisać uwagę w dzienniczku, ale przeprosił i przyrzekł poprawę, więc mu za dobre sprawowanie darowała, a on jej darował następnego dnia talon na samochód... Jak się rada pedagogiczna o tym dowiedziała, to każdy mu się chciał do dzienniczka wpisywać, ale nic z tego nie wyszło, bo zgubił dzienniczek i... przestał być ministrem, przeszedł do pracy naukowej, a jako docent już nie musiał naszej szkoły kończyć... Potem zlikwidował te kursy, bo nie było chętnych, czy też zmienił się etap, dość że teraz zamiast „szkoły dla wszystkich" – wszyscy dostają szkołę. Ja osobiście bardzo żałuję, bo to otarł się człowiek o znanych ludzi – było dla kogo dzwonić... A dzisiaj?... Dzień dobry, pani profesor... To nasza matematyczka... Na pierwszy rzut oka wygląda, jakby do trzech nie umiała zliczyć, a liczy zadania z trzema niewiadomymi... – dwie niewiadome w zadaniu, a trzecia w wyniku... Raz, jak jej się udało rozwiązać zadanie prawidłowo, to nagrodę na Dzień Kobiet dostała... Eksperyment oświatowy... Dodatkowo prowadzi wychowanie muzyczne, bo ma najładniejszy głos z całego ciała... pedagogicznego... Aż szkoda, że tego nie usłyszy, bo trochę głucha... Dzieci ją ubóstwiają, bo każdemu stawia piątkę... jeżeli umie usta otworzyć...

Słuch to ma nasz polonista, ale on ma chroniczne zapalenie gardła... więc tylko on jeden słyszy, co mówi... może to i lepiej, bo chociaż wiedzę ma solidną, to bywa roztargniony... Myli często Żeromskiego z Machejkiem... raz to mu się zdarzyło pomylić *Ogniem i mieczem* z *Łunami w Bieszczadach*... co to dzieci się namęczyły, żeby mu wyjaśnić różnicę. Ten mały blondynek w okularach – to nasz prymus, co chwilę paluszek podnosi... jak jaki wicepremier... Tęga głowa i to ze wszystkich przedmiotów... tylko fizycznie słaby... Kwaśniewski to mu kiedyś tak dołożył, że wyglądał jak ten facet, co w telewizji prowadzi *Rozmowy o rolnictwie*... Ten Kwaśniewski uczy się słabiej, ale bije najmocniej w całej szkole – pewnie jak dorośnie, będzie pracował w pogotowiu albo w izbie wytrzeźwień... Oj, napatrzy się człowiek w tej szkole, napatrzy... Ile to ja już tych pokoleń przeżyłam? A tych reform oświaty...? Jak dobrze policzyć, to w tej naszej szkole było więcej reform jak przedmiotów nauczania...

Ja myślę, że wszystko przez to, że poziom nauczania nie nadąża za poziomem wiedzy ucznia... A młodzież do wiedzy się garnie, zwłaszcza z tych nowych przedmiotów. Jak wprowadzili u nas wychowanie seksualne, to dzieci tak pilnie odrabiały zadania domowe, że teraz w szkole prawie dziewczynek nie widać – część jest na urlopach macierzyńskich, a część na wychowawczych... Na przerwach widać tylko te najbrzydsze – pewnie jak dorosną, będą w telewizji dziennik czytać... Wychowanie obywatelskie też ma u nas powodzenie – już po kilku lekcjach dzieci założyły samorząd uczniowski i ogłosiły konkurs na stanowisko dyrektora... Dyrektor się sprzeciwił, bo jak wynikało z pierwszych sondaży opinii publicznej, największe szanse... miałam ja... bo to i najdłuższy staż pracy, i największe doświadczenie pedagogiczne, a i popularność wśród młodzieży.

Bo nasza młodzież kocha naukę, jest zdolna i pracowita, ale najbardziej uwielbia... przerwy... Jest to bowiem jedyna część naszej edukacji narodowej, która nie była reformowana, a historia uczy, że nie było jeszcze u nas takiej reformy, która by nam nie wyszła... bokiem. A młodzież, chociaż lekkomyślna, ale swój rozum ma i historii się uczy... A dzwonek na przerwę uratował niejednego ucznia przed odpowiedzią, ale i nauczyciela przed kłopotliwym pytaniem..., bo w naszych czasach coraz więcej pytań pozostaje bez odpowiedzi... albo dzwonek musi zastąpić odpowiedź... w gruncie rzeczy wszystko zależy tylko od tego, w którym uchu dzwoni... na przerwę (*dzwoni*), na przerwę (dzwoni), na przerwę oczywiście (*wychodzi ze sceny*).

Teatr – Estrada – Kabaret
czyli *Hej, kto Polak, na kabarety!*

To hasło wymyślił bodajże Zenon Wiktorczyk w kabarecie Szpak i oddaje ono świetnie to, co działo się w Polsce zaraz po wojnie. Otóż wędrujące ze wschodu na zachód i z zachodu na wschód w poszukiwaniu zajęcia grupy aktorów, śpiewaków, tancerzy i literatów tworzyły spontanicznie różnego poziomu i gatunku sceny, scenki, podscenki i nadscenki. Teatry, teatrzyki, rewie i rewietki różnego gatunku i poziomu powstawały jak grzyby po deszczu i to zarówno w Polsce, jak i na emigracji. Niektóre z nich przetrwały do dzisiaj, chociaż większość miała żywot krótki, zdarzało się, że ograniczony do jednego czy kilku przedstawień. Następowało coś w rodzaju naturalnej selekcji i kategoryzacji tych placówek. Zespoły aktorskie zaczęły się łączyć według pewnych programów artystycznych, klasy aktorskiej, „przywództwa", a może raczej charyzmy literatów czy reżyserów, którzy dosyć samozwańczo stawali na czele tworzonych placówek lub zespołów. Nie bez znaczenia były też dawne przyjaźnie czy więzi koleżeńskie. Często o charakterze teatru bądź kabaretu decydował zastany, a czasem „wyszabrowany" magazyn kostiumowy albo też materiał repertuarowy, którym dysponowano lub który udało się zdobyć. Była to wielka szansa dla ludzi przedsiębiorczych, lepiej czy gorzej (bywało, że gorzej) uzdolnionych artystycznie. W znacznym stopniu decydowała siła przebicia, a bywało i... hucpa samozwańczego szefa. Odnalezienia się w tych odmętach różnych personalnych i artystycznych porozumień i nieporozumień było osobną sztuką i obfitowało często w momenty tragikomiczne.

Na ten silnie rozchwiany rynek teatralno-estradowy spłynęła z Wilna ekipa aktorska w składzie: Mieczysław Dowmunt z żoną, Mieczysław Wojnicki, pianista Stanisław Dzięgielewski z żoną (podobno świetną śpiewaczką), Igor Śmiałowski z narzeczoną, Zygmunt Kęstowicz, Hanka Bielicka z mężem Jerzym Duszyńskim i wreszcie Michał Melina, jako szef tego zespołu. Cała ta grupa, oczywiście w wagonach towarowych (po mące i po węglu, co podkreślała pani Hania) wylądowała w Białymstoku, gdzie na polecenie Stefana Jędrychowskiego, rodowitego wilnianina, który przybył z Lublina jako przedstawiciel nowej ludowej władzy, organizowano teatr.

Zespół wysiadł podobno na dworcu w Białymstoku w charakterze pierwszego w Polsce „Black and White", jako że część artystów jechała w wagonach po węglu, a część po mące. Tę kontrastowo kolorową grupę podzielili między siebie mieszkańcy Białegostoku, przygarniając wszystkich do swoich mieszkanek, w których aktorzy koczowali na jakichś materacach gospodarzy i własnych walizkach blisko rok. Grali dużo, zaspokajając okupacyjny głód występowania przed publicznością. Małżeństwo Duszyńskich dzieliło w tym względzie los innych.

Jak wspomniała pani Hania, w Białymstoku zagrała dwie znaczące role – Narzeczonej w *Ożenku* Gogola i Córki w sztuce Maurice'a Maeterlincka. Obie sztuki miały podobno powodzenie, a grała w nich u boku Igora Śmiałowskiego i samego Michała Meliny. Grała też Hanię u boku Duszyńskiego w *Głupim Jakubie* Rittnera. Później powtórzono ten spektakl w tej samej obsadzie w Łodzi, dokąd po roku ściągnął ich Ludwik Sempoliński przy pomocy Miry Zimińskiej.

Z Łodzią związała swoje losy pani Hania do roku 1949. W tym czasie Łódź obok Krakowa stanowiła największe centrum teatralne, nic więc dziwnego, że aktorskie małżeństwo Duszyńskich spędziło tam aż cztery lata. Najpierw grali w Teatrze Bagatela, a później w Teatrze Kameralnym Domu Wojska Polskiego, którego szefem artystycznym był Erwin Axer. Po przeniesieniu teatru do Warszawy w 1949 roku Axer przemianował go na Teatr Współczesny, działający do dzisiaj i uważany za jedną z najlepszych i najambitniejszych polskich scen.

W tym samym czasie w Łodzi był jeszcze Teatr Wojska Polskiego pod dyrekcją Władysława Krasnowieckiego. W zespole tym grali między innymi Ryszarda Hanin, Zofia Mrozowska i Andrzej Łapicki. Przez Łódź przeszła znaczna liczba przedwojennych i powojennych aktorów warszawskich, którzy w miarę odbudowy stolicy przenosili się wraz z teatrami do wymarzonej Warszawy. Zanim to jednak nastąpiło, pani Hania zagrała w szopce wojskowej Anioła, a bardzo popularny piosenkarz Julian Sztatler (z którym też wiele razy występowałem) śpiewał kolędy.

Pobyt w Łodzi wspominała pani Hania jako okres świetnych przedstawień teatralnych, w których brała udział, odnosząc spore sukcesy. Do takich zaliczała *Żołnierza i bohatera* Bernarda Shawa, *Starą Cegielnię* Jarosława Iwaszkiewicza z Jerzym Duszyńskim w roli głównej, czy *Seans* Cowarda, gdzie grała z Danuta Szaflarską i Ludwikiem Tatarskim. Występowała też z Jerzym Duszyńskim w dwuosobowej komedii Romana Niewiarowicza, poprzednio granej także w Białymstoku.

W czasach łódzkich zaczęły się pierwsze koncerty estradowe, w których coraz częściej występowała Hanka Bielicka. Jej monologi czy ballady podwórzowe, o których już wcześniej wspomniałem, przyjmowano owacyjnie. Sale wypełnione były po brzegi, a publiczność, zmęczona szarością okupacyjną i spragniona polskiego żywego słowa, reagowała żywiołowo.

Takie reakcje jak na koncertach nigdy nie zdarzały się w tradycyjnym teatrze, gdzie zawsze jednak obowiązywała pewna powściągliwość wynikająca z zasad dobrego wychowania. Te konwenanse nie dotyczyły występów estradowych i tak pozostało do dzisiaj.

W Łodzi po raz pierwszy doszło do spotkania z Mirą Zimińską w czasie prób sztuki *Ich czworo*. Zimińska zagrała Żonę, Bielicka – Mańkę, potem pani Hania odziedziczyła po Zimińskiej Żonę. Tak stało się też później, bo w roku 1955 w Syrenie, z rolą Kamilki w *Żołnierzu królowej Madagaskaru*, ale tam już zagrała ze swoim mistrzem Ludwikiem Sempolińskim – jako Mazurkiewiczem, Kazia grała bardzo utalentowana Zofia Grabińska, a kelnerem był sam wielki Tadeusz Olsza (znakomity aktor charakterystyczny i świetny interpretator piosenek). Był to podobno wielki sukces, który pani Hania wspominała zawsze z wielkim wzruszeniem i westchnieniem „gdzie te czasy?".

Mira Zimińska należała do osób, pod których wrażeniem Bielicka pozostawała przez całe życie. Była, jak twierdziła pani Hania, nie tylko znakomitą aktorką, ale też osobą niezwykle inteligentną i dowcipną, co zresztą mówiła większość jej współczesnych (Zimińskiej oczywiście). Późniejsza szefowa Mazowsza, żona Tadeusza Sygietyńskiego, który Mazowsze założył i do swojej śmierci nim kierował, imponowała wszystkim ogromnym poczuciem humoru, również na swój temat. Pozostawiła po sobie wiele anegdot i powiedzonek, do których między innymi należał apel do koleżanek aktorek wracających do zrujnowanej Warszawy: „Fotografujcie się, bo na tle ruin każdy młodo wygląda".

Mira Zimińska rzuciła aktorstwo u szczytu sławy na rzecz dyrektorowania w Karolinie. Wielu wielbicieli miało jej to za złe, ale ta wielka artystka była mądra i inteligentna; wiedziała, co robi – gwiazda powinna odejść u szczytu formy, tylko wtedy bowiem pozostaje na długo w legendzie i pamięci publiczności.

W Łodzi miało miejsce jeszcze jedno pamiętne i wzruszające zdarzenie. Otóż w roku 1947 zjawiła się tu po powrocie z Kazachstanu mama pani Hani z jej siostrą Marysią. Wychudzone, zaniedbane, ale cudem uratowane, zostały natychmiast przez stęsknioną córkę i siostrę przygarnięte. Najpierw w skromnych łódzkich warunkach, a potem w lepszych warszawskich, przeżyły jeszcze wiele lat, tworząc jedną wspólnie mieszkającą rodzinę. Cudownie odnaleziona mama żyła jeszcze dwadzieścia pięć lat u boku swojej ukochanej Hani.

Rok 1947 był dla pani Hani rokiem szczególnym, a nawet zaryzykuję twierdzenie – rokiem szczególnie szczęśliwym, chociaż z pewnym epizodem pechowym, który w znacznym stopniu zaciążył na jej dalszych losach artystycznych. Mam na myśli fatalne przeziębienie gardła, które spowodowało komplikacje głosowe, chroniczną chrypę, a ta w dalszej kolejności wyeliminowała artystkę z grona wokalistek, ale też z czasem popchnęła ją szczęśliwie w kierunku monologu, z konieczności zastępującego piosenkę. Z czasem zastosowanie i opanowanie pewnej techniki wokalnej pozwoliło jej na zachowanie jedynie marginesu repertuaru śpiewanego w postaci omawianych wyżej ballad, w których artystka się wyspecjalizowała i w interpretacji których nie miała sobie równych.

Do szczęśliwych wydarzeń 1947 roku należy też zaliczyć ponowne pojawienie się Ludwika Sempolińskiego i wspólne z nim występy w najlepszym wówczas i do dzisiaj wysoko cenionym krakowskim kabarecie Siedem Kotów.

Kabaret Siedem Kotów powstał przy redakcji „Przekroju". Na widowni gromadził całą przed- i powojenną śmietankę inteligencko-towarzyską. Siedem Kotów współtworzyli Konstanty Ildefons Gałczyński i Jerzy Waldorf, który sprawował kierownictwo artystyczne i prowadził konferansjerkę. Autorami tekstów byli między innymi Jerzy Jurandot i Janusz Minkiewicz. Główna gwiazda tego kabaretu, Irena Kwiatkowska, poczuła się trochę zagrożona gościnnymi występami Hanki Bielickiej i od tego czasu datowała się wzajemna niechęć obu pań wobec siebie. Tak się składało, że na dosyć ciasnym polskim rynku kabaretowo-estradowym drogi artystyczne obu znakomitych artystek często się siłą rzeczy krzyżowały i były źródłem drobnych konfliktów, powodowanych rywalizacją tych wspaniałych gwiazd, zwłaszcza gdy Irena Kwiatkowska przeniosła się do warszawskiej Syreny. Obie panie były ozdobą i główną atrakcją tej popularnej sceny.

W krakowskim kabarecie występowało wówczas obok takich tuzów jak Ludwik Sempoliński wielu młodych aktorów, jak Rudolf Gołębiowski czy Jerzy Bielenia, którzy później przeszli do stołecznej Syreny.

Hanka Bielicka w tym czasie swoje występy estradowe czy kabaretowe traktowała jako coś w rodzaju przygody artystycznej bądź źródło dodatkowych zarobków. Swoje plany artystyczne wiązała wyłącznie z teatrem dramatycznym i jedynie ten traktowała serio. Po latach wspominała, jak w przerwach między występami kabaretowymi wkuwała swoje role teatralne.

Kraków stanowił dla niej jedynie miejsce gościnnych występów, prawdziwe życie teatralne i prywatne toczyło się w Łodzi, gdzie chodziło się do Klubu Aktora czy Pickwicka (Klubu Literatów), gdzie spotykało się największe ówczesne sławy teatralne czy pisarskie. O ile ówczesna krakowska elita przypominała czasy przedwojenne, o tyle elity łódzkie reprezentowały współczesność i przyszłość, warszawską oczywiście, bo wszyscy traktowali Łódź jako miasto „przejściowe", stanowiące najprostszą i najbliższą odskocznię do wymarzonej stolicy.

Tak więc Kraków był miejscem pierwszych wielkich sukcesów estradowych Bielickiej, Łódź była zarezerwowana dla sukcesów teatralnych. W Krakowie poznała przyszłego autora Dziuni Pietrusińskiej – Bogdana Brzezińskiego, który później przez wiele lat pisał dla niej monologi do *Podwieczorku przy Mikrofonie*. W Łodzi, podobnie jak poprzednio w Białymstoku, pracowała pod dyrekcją Michała Meliny i nieco później pod kierownictwem artystycznym Erwina Axera. Pod tym kierownictwem wraz z całym teatrem przeniosła się do Warszawy, o czym już wcześniej wspomniałem. Był rok 1949 kiedy panie Bielickie (mama i dwie siostry) wraz z Jerzym Duszyńskim wylądowali w stolicy.

Hanka Bielicka była już wtedy uznaną aktorką teatralną (głównie komediową) oraz bardzo dobrze zapowiadającą się aktorką estradową, której specjalnością były tak zwane „pyskówki" i ballady podwórkowe. Miała też za sobą swój pierwszy znaczący epizod filmowy w *Zakazanych piosenkach*.

Jerzy Duszyński, uznany aktor teatralny, był też bardzo popularnym aktorem filmowym, odniósł wielki sukces główną rolą męską w *Zakazanych piosenkach*, stając się na kilka lat uosobieniem akowca. Stracił tę pozycję dopiero po premierze *Popiołu i diamentu* – Andrzeja Wajdy – na rzecz Zbyszka Cybulskiego, który na wiele lat stał się bożyszczem młodzieży jako typowy akowiec. Jak z tego wynika, początkowo pozycja małżeństwa Bielicka–Duszyński w warszawskim Teatrze Współczesnym, bo taką nazwę przyjął teatr wkrótce po przeniesieniu się do Warszawy, wydawała się świetna, jednak zarobki w teatrze bywały wówczas dosyć skromne. Aktorzy pracowali na tak zwane działy, czyli gaża zależała od wpływów do kasy. Upaństwowienie teatrów dopiero się zaczynało (proces ten zakończył się w połowie lat pięćdziesiątych), więc artyści dorabiali występami estradowymi w dniach wolnych w teatrze lub chętnie korzystali z zastępstw.

Hanka Bielicka odnosiła coraz większe sukcesy na estradzie. Rosła jej popularność i uznanie publiczności dla ulubionej „estradówki". Erwin Axer, wspaniały reżyser i inscenizator, delikatnie mówiąc nie przepadał jednak za estradą i kabaretem. Tak więc konflikt między dyrektorem a aktorką stale

narastał. On wytykał jej zbyt częste stosowanie w teatrze warsztatu estradowego, zbytnią krzykliwość i nadmiar bardzo dynamicznych środków wyrazu,
ona zarzucała mu konserwatyzm i dogmatyzm (chociaż po cichu bardzo podziwiała i ceniła jego talent reżyserski).

Prawdę powiedziawszy, artystka była przez dyrekcję doceniana i... obsadzana.
Za rolę Żony w *Ich czworo* Zapolskiej, zagranej u boku Andrzeja Łapickiego,
otrzymała nawet Złoty Krzyż Zasługi. Jednak kryzys, który wybuchł w sezonie
1950/51, stale narastał, aż w roku 1952 na dwa tygodnie przed kolejną pre-
mierą (miała to być *Karoca* Merimeego), aktorka przyjęła propozycję Jerzego
Jurandota, jako że ten od dawna zabiegał o jej przejście do Teatru Syrena,
którego był dyrektorem. Wydaje się, że ta decyzja dojrzewała od dawna;
wreszcie Hanka Bielicka zrozumiała, że jej prawdziwym powołaniem i przeznaczeniem jest estrada. Po latach zawsze wyrażała zadowolenie z tej decyzji,
która przyniosła jej nie tylko sukcesy krajowe i zagraniczne, wielkie uznanie
i popularność, ale też prawdziwą satysfakcję artystyczną i zadowolenie z tego,
co robiła najlepiej i w czym się sprawdzała każdego dnia.

Dialogi z *Lampy Aladyna* zostały napisane dla cyklicznego programu telewizyjnej dwójki. Byłem nie tylko autorem, ale i współwykonawcą. Był to cykl quizowy,
który komentowaliśmy za pomocą absurdalnych dialogów. Czy nam się to udało,
oceńcie Państwo sami. Ten cykl powstał i został nagrany w latach osiemdziesiątych ubiegłego wieku. Pochodzi więc ze znacznie późniejszego okresu niż ten
opisywany wyżej. Daje jednak znakomite świadectwo „skoku repertuarowego"
i zmiany stylu, jakiego dokonała artystka, rozstając się z dramatem, czy nawet
klasyczną komedią na rzecz kabaretu i rewii, gdzie królował humor abstrakcyjny
na zmianę z dowcipem obyczajowym czy politycznym – często na pograniczu
nonsensu. Tak więc tym razem z pełnym rozmysłem uprzedzam fakty.

Lampa Aladyna – odcinek 3

Ona – H. Bielicka
On – Z. Korpolewski

H.B.: O, jest pan?
Z.K.: Jestem.
H.B.: No przecież widzę.

Z.K.: To po co pani pyta?

H.B.: Bo chciałam się upewnić. Dzisiaj to nic nie wiadomo. Człowiek jest, jest i raptem go nie ma.

Z.K.: Znika?

H.B.: Kto?

Z.K.: No ten człowiek, o którym pani mówiła...

H.B.: Ja mówiłam o jakimś człowieku?

Z.K.: No o tym, który zniknął.

H.B.: Gdzie?

Z.K.: Nie mam pojęcia, to pani mówiła, że zniknął człowiek.

H.B.: Niech pan nie robi plotek. Co pan mi tu próbuje imponować?

Z.K.: Chyba imputować.

H.B.: Znowu pan się sprzecza, jakie imputować? Imponować... Chyba wiem, co mówię. Jak się mówi imputent czy impotent?

Z.K.: Impotent.

H.B.: No widzi pan.

Z.K.: Nie widzę.

H.B.: To niech pan założy okulary. Niby nic nie widzi, a samotną kobietę zaczepia. Co za ludzie, jak Boga kocham...

***

Z.K.: Wie pani co?

H.B.: Nie wiem.

Z.K.: To ja pani powiem.

H.B.: Dlaczego?

Z.K.: No żeby pani wiedziała.

H.B.: A skąd pan wie, że ja nie wiem?

Z.K.: Sama pani mówiła.

H.B.: Jak mówiłam, to znaczy, że wiedziałam. Ja, proszę pana, jak nie wiem, to nie mówię.

Z.K.: No dobrze, niech pani słucha.

H.B.: Z jakiego powodu? Co ja jestem pana żoną czy córką, żebym pana słuchała? Ledwo się przysiadł, a już słuchać każe. Sam pan sobie słuchaj.

Z.K.: To ja już nic nie powiem.

H.B.: A to dlaczego? Miał pan mówić, to niech pan mówi.

Z.K.: No więc jeden facet zadzwonił do straży ogniowej i powiedział, że pali się.

H.B.: No i co?

Z.K.: Dostał dwa miliony...

H.B.: Nagrody?

Z.K.: Jakiej nagrody? Kary.

H.B.: Za co?

Z.K.: Za reklamę papierosów. Nie wolno publicznie mówić: „pali się".
Sejm to uchwalił.

***

H.B.: Jednak reklama to potęga.

Z.K.: No oczywiście. Mój sąsiad wczoraj cały wieczór prał bez namoczenia.

H.B.: W pralce?

Z.K.: Nie tylko. Gdzie popadnie prał... żonę.

H.B.: To okropne. No i co teraz?

Z.K.: Suszy go.

H.B.: Dlaczego?

Z.K.: No bo prał bez namoczenia.

Lampa Aladyna – odcinek 4

Ona – Hanka Bielicka
On – Zbigniew Korpolewski

H.B.: – Czy ja panu czasem nie przeszkadzam?

Z.K.: – Nie przeszkadza pani.

H.B.: – A nie zasłaniam panu kapeluszem?

Z.K.: – Nie zasłania pani.

H.B.: – To dlaczego pan się do mnie nie odzywa?

Z.K.: – Bo ja, proszę pani, oglądam.

H.B.: – Oglądam. Oglądam! A co tu jest do oglądania?

Z.K.: – No chociażby te tancerki.

H.B.: – Też mi widowisko... Gołe i z zimna przebierają nogami.

Z.K.: – One tańczą.

H.B.: – Z kim?

Z.K.: – Jak to z kim? Ze sobą tańczą.

H.B.: – Czyli że nie mają powodzenia. Ja to, proszę pana, jak szłam na bal, to karnecik mi się nie domykał. Kawalerowie wpisywali się już na przyszły karnawał... na listę oczekujących. Do głowy by mi nie przyszło, żeby tańczyć z dziewczynami. Suknię miałam długą, z tronem.

Z.K.: – Chyba z trenem.

H.B.: – A właśnie że z tronem, bo nad ranem wybierali mnie królową balu.

Z.K.: – A koronę pani ma?

H.B.: – Oczywiście. Do dzisiaj ją noszę.

Z.K.: – Gdzie?

H.B.: – Pod kapeluszem.

Z.K.: – Dlaczego?

H.B.: – Żeby mi jej nie ukradli.

***

Z.K.: – Przepraszam, czy pani się urodziła w Warszawie?

H.B.: – Nie. W Łomży.

Z.K.: – To ma pani szczęście.

H.B.: – Dlaczego?

Z.K.: – Bo gdyby się pani urodziła w Warszawie, to musiałaby pani zapłacić odszkodowanie za użycie nazwy Warszawa w metryce urodzenia.

H.B.: – Co pan takie rzeczy opowiada?

Z.K.: – Ja wiem, co mówię, Rada Warszawy tak uchwaliła. W Warszawie to nawet straż pożarna jedzie do pożaru po cichu.

H.B.: – Z jakiego powodu?

Z.K.: – Żeby nie używać syreny... Teraz, jak pani głośno powie „Warszawa" albo „syrena", to już pani musi zapłacić.

H.B.: – To jak teraz mówić o syrenie?

Z.K.: – Normalnie – babaryba.

H.B.: – Sam pan to wymyślił?

Z.K.: – Nie sam – z radnymi.

***

Z.K.: – Dlaczego pani mi się tak przygląda?

H.B.: – Bo pan mi przypomina Włocha.

Z.K.: – Z powodu włosów?

H.B.: – Raczej z powodu braku włosów.

Z.K.: – Ja zawsze wiedziałem, że Włosi mają czarne czupryny.

H.B.: – Nie ma pan racji. Typowy Włoch był zawsze łysy. Juliusz Cezar,
Mussolini... Jeżeli chodzi o włoski, to u nich tylko makaron i język.

Z.K.: – A mafia?

H.B.: – Z tą mafią włoską to przesada. Jeżeli chodzi o przestępczość,
to u nas jest dużo gorzej. Sama w telewizji słyszałam, jak jeden
z wicemarszałków Sejmu powiedział, że nosi przy sobie narzędzie
zbrodni.

Z.K: – Widziała pani?

H.B: – Nie widziałam, bo nie chciał pokazać. Zresztą wyglądał tak
sympatycznie, że nie wierzę, żeby go używał.

Po latach artystka mówiła, że w teatrze dramatycznym spędziła w sumie
dwanaście lat, a w Teatrze Syrena ponad pięćdziesiąt. Przez cały ten czas
była jedną z najjaśniejszych gwiazd tej sceny. Jej nazwisko przyciągało tłumy,
ale największą popularność dał jej *Podwieczorek przy mikrofonie*, a później
niezliczone występy estradowe w kraju i za granicą, które firmowała swoim
nazwiskiem. Występowała też w wielu programach kabaretowych – w słynnym
Szpaku, we własnym kabarecie Pod Gwiazdami i wielu innych.

Nie będę tu opisywał ról czy postaci, które Hanka Bielicka grała w Syrenie, bo wymagałoby to osobnej książki, podobnie jak jej biografia. Tu chcę
tylko pomieścić moje osobiste wspomnienia o wszechstronnej i wieloletniej
współpracy i przyjaźni z artystką, którą wysoko ceniłem i od której wiele się
nauczyłem. Prywatnie Hanka Bielicka była osobą pełną uroku, wspaniałą
gawędziarką, miała nieprawdopodobną pamięć do zdarzeń, gorzej bywało
z datami (ta dwója z matematyki, o której wspomniałem wcześniej), dużo
czytała, była zawsze na bieżąco z otaczającym ją światem. Kolegów, z którymi
grała, obserwowała uważnie i świetnie się orientowała w ich możliwościach
aktorskich. W zawodzie była perfekcjonistką i wymagała też solidnej pracy
od tych, którzy z nią współpracowali.

Jak już wspomniałem, napisałem dla niej ponad dwieście tekstów. W większości były to monologi. Niektóre z nich przypominam Państwu w tej książce.
Mam nadzieję, że dzięki nim przypomną sobie Państwo ich wykonawczynię
i czasy, o których mówiła, a które ja opisywałem. Niektóre z nich zamieszczam w kilku wersjach „krajowej", „zagranicznej" (dla Polonii), „dla cenzury"
„ocenzurowanej" „nieocenzurowanej". Proszę to potraktować jako rodzaj

intelektualnej zabawy, którą w czasach PRL-u uprawialiśmy z naszą publicznością, wyprowadzając w pole cenzorów.

Metro

Metro budujemy w Warszawie... Właściwie nie wiadomo, dlaczego to się ma u nas nazywać metro, bo tak nazywa się w Paryżu i w Moskwie, a w Londynie underground... W Berlinie U-ban, więc u nas mogłoby się nazywać Ur-ban. Na razie mamy pół metra, bo całe jeszcze niezbudowane... Mamy prototyp, a to nic dobrego nie wróży... Prototyp dobrobytu mieliśmy już na początku lat siedemdziesiątych, a produkcja masowa do dzisiaj nie ruszyła... Podobno model się nie sprawdził i nie mogli wdrożyć... to znaczy drożeć, to drożeje, tylko dobrobytu nie widać... widoczność słaba – widać tylko kolejki... Dlatego póki co postanowili je przenieść do podziemia, żeby nie sterczały przed sklepami, zwłaszcza że sklepy u nas najlepiej zaopatrzone w ceny...

Można powiedzieć, że towary mamy wyłącznie cenne i dlatego zaopatrzenie będzie w drugim obiegu – jeden patrzy za towarem, drugi biega za pieniędzmi... Taka biegunka gospodarcza, czyli wyścig w reformach – wieloetapowy... Etap mamy dopiero drugi, a reformy już się zdarły na pierwszym... głównie od mówienia. Ostatnio w sejmie przemawiał profesor Baka – prezes Narodowego Banku Polskiego. Kiedyś tabaka była w rogu, a teraz w banku i dlatego mamy ponadtrzystumiliardowy deficyt budżetowy... Prawie taki jak Stany Zjednoczone, z tym że oni mają w dolarach, a my w dolarach mamy tylko zadłużenie i dlatego musimy uzyskać równowagę gospodarczą... stopniowo... Według mnie powinno to nastąpić w połowie dwudziestego pierwszego wieku..., kiedy zrównamy deficyt budżetowy z zadłużeniem..., a zadłużenie mamy dopiero w wysokości trzydziestu pięciu miliardów dolarów, więc jeszcze jest sporo przed nami. A ponieważ przemysł krajowy nie nadąża z drukiem pieniędzy, więc gotówkę musimy sprowadzać z zagranicy, bo płace mamy według potrzeb, a produkcję według możliwości... A możliwości mamy niewielkie – praca do trzynastej, a potem wolność!... Wolne soboty, wolne niedziele i wolno wracamy do siebie w poniedziałki... Kiedyś był taki przesąd, że żadna praca nie hańbi, ale to się u nas nie przyjęło... za ambitni jesteśmy.

Było też takie porzekadło, że kto nie pracuje, ten nie je, a teraz odwrotnie – kto pracuje, ten je... nienormalny. U nas obowiązuje „normalka" – wszyscy równo – równi z równiarzami i dlatego równo mamy. Więc było, jak było, jest, jak jest, a będzie, jak będzie. Na szczęście ostatnio coś u nas znowu drgnęło... Zmienia się... Musimy uzyskać przyspieszenie, chociaż wolniejsze... zgodnie z wolą społeczeństwa, które się wypowiedziało... i dzięki temu budżet na rok bieżący mamy pod koniec marca... Na szczęście zima się u nas opóźniła, dzięki czemu rury będą pękać dopiero pod koniec pierwszego kwartału... Kiedy tak na to patrzę, to zastanawiam się, czy nie warto by u nas na stałe skrócić rok... Powiedzmy – sylwester w marcu, koniec pierwszego kwartału w lipcu, Gwiazdka niechby została w tym samym miejscu w grudniu, a potem wszyscy na urlop bezpłatny... Przeciętna zarobków by wzrosła, plany produkcyjne byłyby mniejsze, a do marca to nawet budowlani by plan wykonali... za pierwsze półrocze... roku ubiegłego...

Tylko gdzie spędzić ten trzymiesięczny urlop?... Najlepiej za granicą. Zgodnie z nowymi przepisami paszportowymi: paszporty w domu, a naród przez zieloną granicę... bo legalnie już nie chcą nam dawać wiz... Boją się, że możemy spowodować przeludnienie Europy w krajach kapitalistycznych..., a tak to każdy się gdzieś zahaczy na dziko... i po trzech miesiącach niech każdy obywatel przywiezie tylko po tysiąc dolarów, to całe zadłużenie odrobimy w czasie jednego urlopu i jeszcze resztę będziemy mogli wydać w Peweksie... i to będzie nasz cud gospodarczy. Staniemy się kwitnącym mocarstwem gospodarczym, a jak urodzaj dopisze, to bez nawozów sztucznych, bez maszyn i ulepszeń będziemy samowystarczalni – samorządy i... samosiejka.

A pośrodku nasza ukochana stolica, Warszawa, największa metropolia europejska – na dole metro, na górze polia... To z rosyjskiego... od nich można się wiele nauczyć... zwłaszcza teraz... U nich pieriestrojka, a u nas pierepałki gospodarcze i polityczne... w ramach drugiego etapu reformy... Ale państwo pewnie nie wiedzą, co to jest drugi etap reformy – po angielsku to się nazywa sience fiction... W polityce też zmiany – rząd ma się już wkrótce składać wyłącznie z trzech ministrów: zdrowia, szczęścia i pomyślności.

Metropolia

Witam! Witam...! Nie wiem, jak państwo, ale ja wysiadłam... z metra, a właściwie z półmetra, bo całe jeszcze niezbudowane. Na razie mamy prototyp, a to nic dobrego nie wróży. Prototyp dobrobytu mieliśmy już na początku lat siedemdziesiątych, a produkcja masowa do dzisiaj nie ruszyła... Mówią, że model się nie sprawdził i nie mogli wdrożyć. To znaczy drożeć, to drożeje, tylko dobrobytu nie widać... widoczność słaba – widać tylko kolejki. Dlatego póki co postanowili je przenieść do podziemia, żeby nie sterczały przed sklepami, zwłaszcza że sklepy najlepiej zaopatrzone są w ceny...

Można powiedzieć, że towary mamy wyłącznie cenne i dlatego zaopatrzenie będzie w drugim obiegu – jeden patrzy za towarem, drugi biega za pieniędzmi... Taka biegunka gospodarcza, czyli wyścig w reformach – wieloetapowy... Etap mamy dopiero drugi, a reformy już się zdarły na pierwszym – głównie od mówienia. Ostatnio w Sejmie mówił profesor Baka – prezes Narodowego Banku, kiedyś tabaka była w rogu, a teraz w banku i dlatego mamy ponadtrzystumiliardowy deficyt budżetowy. Prawie taki jak Stany Zjednoczone, z tym, że oni mają w dolarach, a my w dolarach mamy tylko zadłużenie i dlatego musimy uzyskać równowagę gospodarczą... stopniowo... Według mnie powinno to nastąpić w połowie dwudziestego pierwszego wieku... kiedy zrównamy deficyt budżetowy z zadłużeniem... a zadłużenie mamy dopiero w wysokości trzydziestu pięciu miliardów dolarów, więc jeszcze jest sporo przed nami.

A ponieważ przemysł krajowy nie nadąża z... drukiem pieniędzy, więc gotówkę musimy sprowadzać z zagranicy, bo płace mamy według potrzeb, a produkcję według możliwości... A możliwości mamy niewielkie – praca do trzynastej, a potem wolność!... Wolne soboty, wolne niedziele i wolno wracamy... do siebie w poniedziałki. Kiedyś był taki przesąd, że żadna praca nie hańbi, ale to się u nas nie przyjęło... za ambitni jesteśmy. Było też takie porzekadło, że kto nie pracuje, ten nie je, a teraz odwrotnie – kto pracuje, ten je... nienormalny. U nas obowiązuje „normalka" – wszyscy równo – równi z równiarzami i dlatego równo mamy... Nikt nie ma mniej, nikt więcej... Wszyscy mamy mniej więcej... Więc było, jak było, jest, jak jest, a będzie, jak będzie.

Na szczęście ostatnio coś u nas znowu drgnęło... Zmienia się... Musimy uzyskać przyspieszenie, chociaż wolniejsze... zgodnie z wolą społeczeństwa, które się wypowiedziało... i dzięki temu budżet na rok bieżący mamy pod koniec stycznia, szampana na sylwestra w połowie lutego, opał na zimę pod koniec marca... Na szczęście zima się opóźniła, dzięki czemu rury będą pękać dopiero pod koniec pierwszego kwartału... Kiedy tak na to patrzę, to zastanawiam się, czy nie warto by u nas na stałe skrócić rok... Powiedzmy – sylwester w marcu, koniec pierwszego kwartału w lipcu, Gwiazdka niechby została w grudniu, a potem wszyscy na urlop bezpłatny... Przeciętna zarobków by wzrosła, plany produkcyjne byłyby mniejsze, a do marca to nawet budowlani by plan wykonali... za pierwsze półrocze roku ubiegłego...

Tylko gdzie spędzić ten trzymiesięczny urlop?... Najlepiej za granicą. Zgodnie z nowymi przepisami paszportowymi – paszporty w domu, a naród przez zieloną granicę... bo legalnie już nie chcą nam dawać wiz... Boją się, że możemy spowodować przeludnienie Europy w ich krajach, a tak to każdy się gdzieś zahaczy na dziko i po trzech miesiącach niech każdy obywatel przywiezie tylko po tysiąc dolarów, to całe zadłużenie odrobimy w czasie jednego urlopu i jeszcze resztę będziemy mogli wydać w Peweksie... i to będzie nasz cud gospodarczy. Staniemy się kwitnącym mocarstwem gospodarczym, a jak urodzaj dopisze, to bez nawozów sztucznych, bez maszyn i ulepszeń będziemy samowystarczalni – samorządy i... samosiejka. Ekologia najważniejsza! A pośrodku nasza ukochana stolica – Warszawa – największa europejska metropolia – na dole metro, na górze polia... A więc póki co kupujcie bilety na przedpłaty!... Tylko u mnie!... Tylko u mnie!... Do metra!... Do metra!... Metro w kierunku lepszej przyszłości odjedzie z toru przy peronie!... Proszę wsiadać, drzwi zamykać! Odjazd!!!

Kochani – na koniec jeszcze jedno: w czasie jazdy nie wychylać się... Pod żadnym pozorem i na żadnym etapie. Tego wymaga bezpieczeństwo i higiena podróży. Czau!

W tym czasie ważne były aluzje autorskie i aktorskie, które bardzo wówczas inteligentna publiczność doskonale odczytywała. Dzisiaj mamy publiczność znacznie „mniej muzykalną", mniej uwrażliwioną na niedomówienia i dwuznaczniki, co jest „zasługą" naszej żenującej telewizji, traktującej swoich widzów jak niepełnosprawnych intelektualnie. Mam nadzieję, że nie dadzą się Państwo zwariować mimo zabiegów środków masowego przekazu i różnych głupawych tabloidów, z którymi mamy niestety do czynienia. Z moich dosyć licznych wędrówek po świecie i znajomości różnych zagranicznych widowni, nadal uważam polską publiczność, obok brytyjskiej i francuskiej, za jedną z inteligentniejszych na świecie.

I jeszcze jedno – nie dajcie sobie wmówić, że nie macie Państwo poczucia humoru. Jeżeli was czasem rozrywka telewizyjna nie śmieszy, to zwykle świadczy to wyłącznie źle o tej rozrywce, a wasza reakcja jest prawidłowa. Nie mylmy śmiechu z rechotem, bo w dziedzinie satyry czy humoru abstrakcyjnego zwykle dawaliśmy sobie doskonale radę i niech tak zostanie.

Ja tu się rozgadałem na tematy ogólne, a mamy przecież rozmawiać o konkretnej artystce i to nie byle jakiej, bo mojej ukochanej Hance Bielickiej.

Jak z wyżej opisanych faktów wynika, konflikt, który wybuchł na linii Axer – Bielicka zakończył się happy endem. Jednak konflikt między teatrem a estradą tkwi dosyć głęboko w głowach niektórych teatromanów dogmatyków, którzy nie tolerują nawet wzmianki o estradzie, traktując ją jako podgatunek niewart poważnego omówienia czy głębszej krytyki. Te uprzedzenia występują na ogół u ludzi, którzy nigdy nie widzieli dobrego widowiska estradowego czy kabaretowego i swoje poglądy kształtują na podstawie marnych programów, które widzieli przypadkowo, albo na podstawie opinii innych zacietrzewieńców.

Ta grupa przeciwników estrady uważa ją za karykaturę teatru, za coś gorszego czy wręcz gorszącego. Jest to oczywista bzdura i nieprofesjonalne podejście do różnych gatunków scenicznych. Zdaniem Hanki Bielickiej sztuka ma rozmaite barwy i gatunki, a każdy z nich może być dobry i akceptowany przez publiczność, jeżeli będzie realizowany profesjonalnie i poparty talentem.

Na estradzie potrzebne są umiejętności aktorskie nie mniejsze niż w teatrze. Ważne są aparycja, dykcja, sposób poruszania się, jednym słowem to wszystko, co jest niezbędne na scenie teatralnej. W teatrze dramatycznym aktor musi czasem całymi latami czekać na odpowiednią rolę, podczas kiedy na estradzie utalentowany aktor może się odpowiednio do swojego temperamentu „wygrać do syta". Tak więc początkowe nieśmiałe próby pani Hanki przejścia z teatru dramatycznego do estradowego, najpierw gościnnie, żeby zagrać w *Żołnierzu królowej Madagaskaru*, przeszły łagodnie w stały angaż do Syreny.

Podobno jeszcze w szkole teatralnej Zelwerowicz upominał swoją uczennicę: „Jeżeli kiedykolwiek będzie pani na afiszu Hanką, jak ta Ordonówna, to nie chcę pani znać". Mówił to na serio, więc przez dwanaście lat swojej dramatycznej kariery Bielicka na afiszach figurowała jako Anna lub Hanna. Po przejściu do Syreny trzydziestoparoletnia Bielicka pojawiła się na afiszach jako Hanka. Piszę o tym dlatego, żeby Państwu uświadomić, jaki mur do niedawna oddzielał teatr od estrady czy kabaretu i jakiej odwagi trzeba było, żeby zrezygnować z teatru dramatycznego na rzecz estrady. Były to zupełnie odrębne dziedziny. Jak wspominała Hanka Bielicka, przed wojną w szkole teatralnej na dwanaście wejściówek do teatrów dramatycznych najwyżej dwie przypadały na Cyrulika czy Qui Pro Quo.

Obie te scenki były wówczas u szczytu sławy, występowała w nich Mira Zimińska, wielkie sukcesy odnosili Hanka Ordonówna czy Kazimierz Krukowski, popis tańca dawały siostry Halama, zachwyt budził Adolf Dymsza, ale w szkole nie miało to żadnego znaczenia – nigdy nie omawiano przedstawień kabaretowych w przeciwieństwie do dramatycznych, które były dogłębnie analizowane.

Hanka Bielicka, 1940

Żeglarz J. Szaniawskiego,
reż. S. Perzanowska, Teatr Miejski
na Pohulance w Wilnie, 1940

Z Ireną Brzezińską w *Żeglarzu* J. Szaniawskiego, reż. S. Perzanowska, Teatr Miejski
na Pohulance w Wilnie, 1940

Z Michałem Meliną we *Freuda teorii snów* A. Cwojdzińskiego, reż. M. Melina, Teatr Miejski na Pohulance w Wilnie, 1940

Z Danutą Szaflarską w *Tak było* A.J. Brusztejn i B.W. Zona, reż. Z. Karpiński, Teatr Polski „Pohulanka" w Wilnie, 1940

W *Świętoszku* Moliera, reż. S. Perzanowska,
Teatr Polski „Pohulanka" w Wilnie, 1941

Hanka Bielicka, Łódź, 1948

Michał Melina i Hanka Bielicka w *Wieczorze Trzech Króli* W. Szekspira, reż. E. Axer,
Teatr Współczesny w Warszawie, 1950

Hanka Bielicka, Jerzy Pietraszkiewicz
i Jerzy Duszyński w *Scenkach małżeńskich*
S. Grodzieńskiej

Hanka Bielicka w jednym z pierwszych
koncertów estradowych

Żołnierz królowej Madagaskaru J. Tuwima wg S. Dobrzańskiego, reż. J. Warnecki, Teatr Syrena
w Warszawie, 1954

Fot. E. Hartwig

Z Wacławem Jankowskim w *Żołnierzu królowej Madagaskaru* J. Tuwima wg S. Dobrzańskiego, reż. J. Warnecki, Teatr Syrena w Warszawie, 1954

Hanka Bielicka w jednym z monologów

W programie składanym *Diabli nadali*, reż. S. Perzanowska, Teatr Syrena w Warszawie, 1955

Rym-cym-cym J. Tuwima, reż. A. Dymsza, Teatr Syrena w Warszawie, 1956

Hanka Bielicka jako Nella.
Karykatura L. Jeśmanowicza

„DLACZEGO ZARAZ TRAGEDIA"

p. A. BIELICKA

Recenzja przedstawienia *Dlaczego zaraz tragedia?*
R. Niewiarowicza, „Gazeta Codzienna", 12 XII 1939

Teatr Miejski na Pohulance

DLACZEGO ZARAZ TRAGEDJA?
Komedja w 3 aktach Romana
Niewiarowicza

Szanujący się bokser, mający ambicje zdobycia laurów na ringu, musi prowadzić żywot nad wyraz wstrzemięźliwy. Nawet jednorazowe ulegnięcie pokusie uosobionej przez piękną i ponętną kobietę może wpłynąć zabójczo na przebieg jego karjery sportowej. Dlatego też profesor Dorocki po krótkim wstrząsie, jaki przeżył ujrzawszy małżonkę w objęciach mistrza wagi średniej, Florjana Groma, szybko dochodzi do równowagi i obmyśla sprytną intrygę, mającą uratować jego zagrożone szczęście rodzinne.

Jak często się zdarza w sztuce, a rzadziej w życiu, wszystko daje się pomyślne odrobić; ponieważ nie doszło do fizycznego aktu zdrady dzięki wspomnianej wyżej trosce mistrza Groma o kondycję sportową, profesor odzyskuje uczucia żony a w osobie boksera odnajduje doskonałego sprzymierzeńca i przyjaciela.

Nie chodzi zresztą o streszczenie błahej, ale bardzo zgrabnie napisanej, bardzo scenicznej komedji Niewiarowicza. Fabuła jej jest może naciągnięta, lecz wesoła i śmieszna. Autor włożył w usta zabawnie obmyślanych postaci zabawny i żywy dialog, który skrzy się dowcipami i ciętemi bon-mots, troszkę dziś zdezaktualizowanemi, ale zawsze wywołującemi miłą reakcję. Wykonawcy stanęli na wysokim poziomie; powszechną wesołość i zachwyt wzbudzała doskonała w rolach charakterystycznych **Anna Bielicka**, mając za partnera również śmiesznego **Stanisława Milskiego**. Czołowe trio — **Łodziński Alexandrowicz** i **Wasilewski** jak zawsze bardzo dobrzy, **Ziemowit Karpiński** w epizodycznej roli francuskiego profesora śmieszny i świetnie ucharakteryzowany.

Dekoracje w pomysłowy sposób zrobione z niczego przez **W. Makojnika**, reżyserja **Kielanowskiego** staranna. **T. Bujnicki.**

Gazeta Codzienna 12. XII 39

Po latach swoje przejście do Teatru Syrena Hanka Bielicka uważała za jedną z najmądrzejszych decyzji, jakie w życiu podjęła. W tym czasie do Syreny, jak to się mówi, waliły tłumy. Cała Warszawa nuciła piosenki i powtarzała dowcipy z kolejnych rewii, które ten teatr wystawiał; jako główny nurt repertuarowy grano farsy. W tych latach Syrena grała codziennie, a w soboty i niedziele dawała po dwa przedstawienia.

W listopadzie 1958 roku na jubileuszu dziesięciolecia teatru zagrano *Madame Sans-Gene* Sardou w przeróbce Gozdawy i Stępnia. Hanka Bielicka wystąpiła w tytułowej roli u boku Kazimierza Rudzkiego, Kazimierza Brusikiewicza, Jerzego Duszyńskiego i Ludwika Sempolińskiego. Reżyserował Andrzej Łapicki, do piosenek Gozdawy i Stępnia muzykę skomponował Stefan Kisielewski. W przedstawieniu tym debiutował Piotr Fronczewski jako dziesięcioletni chłopiec (był synem inspicjenta teatru). Jerzy Jurandot był twórcą wielkich sukcesów teatru, którego był założycielem i dyrektorem.

Był to wspaniały okres tej sceny, każdy kolejny program grało się zwykle rok, czyli około dwustu–trzystu spektakli. Później, po kilku krótkich, często jednosezonowych, mało udanych dyrekcjach, nastąpił dobry czas dyrekcji Gozdawy i Stępnia. Dla teatru Syrena teksty pisali wtedy: Stefania Grodzieńska, Marian Załucki, Antoni Marianowicz, Janusz Minkiewicz, Andrzej Jarecki, Jerzy Jurandot, Stefan Wiechecki-Wiech, Zbigniew Korpolewski, Wojciech Młynarski, Jeremi Przybora, Ryszard Marek Groński, Jan Pietrzak i inni. Jak twierdziła Hanka Bielicka, Syrenę przez długie lata tworzył zespół trzypokoleniowy. Z Londynu na gościnne występy przylatywała Loda Halama. Według pani Hani starsze pokolenie reprezentowali: Ludwik Sempoliński, Kazimierz Krukowski „Lopek”, Adolf Dymsza „Dodek”, Tadeusz Olsza, Stefania Górska, Stefan Witas, Jadwiga Bukojemska i Helena Grossówna.

Do średniego pokolenia aktorów zaliczała: Kazimierza Brusikiewicza, Józefinę Pellegrini, Lidię Korsakównę, Irenę Kwiatkowską, Edwarda Dziewońskiego, Leopolda Sadurskiego, Stefanię Grodzieńską, Kazimierza Pawłowskiego, Alinę Janowską i... Hankę Bielicką.

Najmłodsi to: Teresa Belczyńska, Barbara Prośniewska, Bogdan Łazuka, Emilia Radziejowska, Adrianna Godlewska. Ci młodzi byli studentami pani Hanki na Wydziale Estradowym szkoły aktorskiej.

Jako były wieloletni dyrektor teatru Syrena sądzę, że do tych wyliczonych i wymienionych przez panią Hanię należałoby dodać kolejne dwa, trzy pokolenia, które dzisiaj nie należałyby do najmłodszych. Osobiście mógłbym też wymienić dwa pokolenia moich następców i wówczas niewątpliwie zauważyliby Państwo, że autor niniejszych rozważań jest dosyć wyraźnym „wybrykiem statystycznym", który pozostaje w gronie żyjących, stanowi wyraźny wybryk natury silnie psujący przeciętną statystyczną, co zauważywszy, śpieszę zacytować kilka plotek zasłyszanych od pani Hanki, a dotyczących jej ówczesnych koleżanek i kolegów.

Wielu z nich znałem osobiście, więc niektóre ploteczki spróbuję uzupełnić własnymi spostrzeżeniami. Ponieważ większość z ich obiektów już dawno nie żyje, uwagi mogą mieć charakter wyłącznie życzliwy.

Tadeusz Olsza, zdaniem pani Hani dosyć oschły w życiu osobistym, był niepowtarzalnym wykonawcą nieco kabotyńskich przedwojennych piosenek. Śpiewał je moim zdaniem genialnie. Gdy kończył śpiewać *Wando* czy *Panterę*, albo niezapomniany *Dymek z papierosa*, zawsze zapadała długa chwila ciszy. Były sugestywne i zarazem intymne.

Miał też pan Tadeusz pewną słabość, otóż w żaden sposób nie chciał się przyznać do wyraźnej łysiny, którą tuszował (dosłownie), smarując swoją „bosą" czaszkę czarnym szuwaksem. Wyglądało to dosyć zabawnie i na ogół wzbudzało porozumiewawcze uśmiechy otoczenia. Rzecz przedstawiała się groźniej w czasie podróży wagonem sypialnym, bo malowana czupryna pozostawiała czarna plamę na poduszce, co budziło każdorazowo protest konduktorów. Po kilku awanturach Olsza zaopatrzył się w czarny jasiek, z którym stale podróżował, budząc wesołość współpasażerów.

Kazimierz Krukowski „Lopek" powrócił do Polski z Argentyny w latach pięćdziesiątych i był speszony reakcją publiczności na jego szmoncesy żydowskie, które przed wojną cieszyły się ogromnym powodzeniem, zwłaszcza że były pisane przez znakomitych satyryków. Po wojnie mówił je w Argentynie dla Polonii i tam jak dawniej przyjmowano je entuzjastycznie, ale w kraju, gdzie w czasie wojny zginęło kilka milionów Żydów, szmoncesy przyjmowano w ciszy, podejrzewając biednego Lopka o prowokację. Pan Kazimierz był niepocieszony i dopiero po kilku latach wszystko wróciło do normy, a Krukowski jako kolejny dyrektor teatru Syrena mógł powrócić do swoich przedwojennych monologów.

Oddzielnym zjawiskiem był Adolf Dymsza, który w dowcipy robione kolegom za kulisami wkładał więcej energii niż w te opowiadane na scenie. Był kopalnią pomysłów i psikusów, doskonałym naśladowcą głosów ludzkich i zwierzęcych. Celował w dowcipach sytuacyjnych i mimo postępującej głuchoty uważany był przez kolegów za „wujka szybkiej riposty". Jego żarty słabo się nadają do relacji pisemnej. Rywalizował z nim skutecznie Kazimierz Brusikiewicz – niepowtarzalny komik o śmiesznej, charakterystycznej dziecięcej twarzy i bardzo zabawnym głosie. Cały czas kombinował, jak rozśmieszyć kolegów. Często z jego żartów wynikały sytuacje, które ratowało wyłącznie opuszczenie kurtyny, bo rozśmieszeni przez Kazia koledzy nie byli w stanie wypowiedzieć swoich kwestii. Z publicznością Kazio robił, co chciał, owijał ją sobie dosłownie dookoła palca, rozśmieszając widzów do łez.

Za sceną robił to samo. Pani Hania wspominała, że kilka razy musiała prosić inspicjenta o opóźnienie wyjścia z monologiem, bo „ugotowana" przez Kazia umierała ze śmiechu w kulisie. Brusikiewicz, podobnie jak pani Hania, zdobył ogromną popularność poprzez *Podwieczorek przy mikrofonie*, w którym grał Malinowskiego w dialogu z Florczakiem. Doszło do tego, że ponieważ na antenie radiowej występował jako Malinowski, znaczna część publiczności znała go wyłącznie pod tym nazwiskiem. Jako Brusikiewicz był dla wielu artystą nieznanym, a w każdym razie artystą mniej popularnym. Zdarzały się sytuacje, że gdy organizator występu przywoził do jakiejś miejscowości afisze z nazwiskiem Kazimierza Brusikiewicza, pytano, kto to taki. Kiedy wyjaśniał, że to ten aktor, który gra w *Podwieczorku* Malinowskiego, mówiono mu: na Malinowskiego toby przyszli! Doszło do tego, że organizatorzy umieszczali często obok nazwiska „Brusikiewicz" – w nawiasach „Malinowski". Jest to najlepszy dowód, jak bardzo postać estradowa działa na wyobraźnię widowni i zdobywa popularność wśród publiczności. To samo odnosi się dzisiaj do ról serialowych w telewizji.

Po przeczytaniu tego, co tu napisałem, dochodzę do wniosku, że większość środowiskowych anegdot czy dowcipów sytuacyjnych słabo znosi konfrontację z papierem i powinna być dla powtórzenia odegrana na żywo.

Dlatego teatr, estrada czy kabaret nie nadają się do opisu i opowieści; trzeba je oglądać „żywym okiem", uczestniczyć w przedstawieniu osobiście, a więc z tego miejsca apeluję do Państwa – kochajcie teatr, miłujcie kabaret, smakujcie estradę, ale róbcie to koniecznie bez znieczulenia – na żywca! Taka jest podstawowa zasada konsumowania tych dziedzin sztuki, które budzą wielkie emocje, ale też szybko przemijają, pozostając tylko na pewien czas w ludzkiej pamięci i wspomnieniach współczesnych. Świadkowie tych artystycznych wydarzeń odchodzą zazwyczaj krótko po odejściu ich bohaterów. Nie wszystko, co piękne, jest nieprzemijające. To jest mocna i słaba strona magii teatru, estrady czy kabaretu, a więc kochajcie aktorów i aktorki też – oczywiście zresztą!

Zanim to nastąpi, zanim uda mi się namówić was do skonsumowania tej miłości, zapraszam do sali sądowej, w którą zamieniła się przed laty scena przy ulicy Litewskiej w Warszawie. Wszystko to za sprawą ulubieńca publiczności – aktora tego teatru, a wówczas dostojnego jubilata. Był to kolejny popis Hanki Bielickiej, tym razem jako „biegłej sądowej".

Monolog Biegłej pochodzi ze sztuki *Sprawa Romana K.* napisanej przeze mnie dla Teatru Syrena w Warszawie z okazji jubileuszu Romana Kłosowskiego, dla którego napisałem sporo monologów i dialogów, z którym wiele razy występowałem na estradzie i który należy ciągle do moich ulubionych aktorów. To z całą pewnością jeden z naszych najwybitniejszych komików filmowych, teatralnych i estradowych. Pani Hania, podobnie jak publiczność i koledzy sceniczni aktora, ceniła jego talent i chętnie z nim występowała w różnych konfiguracjach. Jubilat do dzisiaj uwielbiany jest przez swoich fanów za rolę Maliniaka i za… całokształt.

Sprawa Romana K. – Monolog biegłej

Sędzia: Proszę wezwać na salę biegłą!
Woźny: Pani biegła!
(*wchodzi na scenę Hanka Bielicka*)

Nie biegła, nie biegła, tylko przyjechała... tramwajem... Bo teraz aktorce ledwo na tramwaj wystarcza... Tramwaj kosztuje tyle, ile kiedyś taksówka, a taksówka tyle, ile dawniej rata za samochód... miesięczna... Tak, tak, były takie czasy, kiedy samochód był na raty, a teraz z rad są tylko pracownicze i narodowe... czyli samorząd terytorialny... Taki organ gadający, który nie ma nic do gadania... Ja wiem, że wysoki sąd chciałby, żebym do rzeczy...

Ja też bym chciała, ale kto u nas mówi do rzeczy? Zawód aktora z samej rzeczy jest niedorzeczny... No niech wysoki niezawisły trybunał się zastanowi, żeby przez całe życie udawać kogoś innego i w dodatku nazywać to pracą...? Chociaż u nas w pracy prawie wszyscy udają, że pracują i też biorą za to pieniądze... Ja wiem, niezawisła instancjo, że mój głos ma mieć znaczenie dla przebiegu tego procesu, ale ja głosu już nie mam, bo swój głos oddałam w wyborach... Wołali: „oddaj swój głos", to oddałam... i dlatego jestem zachrypnięta... Nie ja jedna... Tyle głosów wrzucono do urny, że nawet w operze to już teraz zostały wyłącznie głosy nieważne... i dlatego na premierze w Teatrze Wielkim słychać tylko solistów zagranicznych... U nas nawet opera musi mieć wsad dewizowy... Tylko patrzeć, jak *Halka* pójdzie z play-backu, a dyrektor

Satanowski urządzi w foyer Teatru Wielkiego dyskotekę ze striptizem Marii Fołtyn, żeby ratować *Pierścień Nibelungów* i budżet...

Teraz każdy dorabia na boku – Andrzej Wajda reżyseruje filmy, gażę bierze w Teatrze Powszechnym w Warszawie, a dorabia w Suwałkach... jako senator... W teatrze też nie lepiej... Aktorzy głównie występują w sejmie i senacie... Każdy chce grać albo posła, albo senatora... Jak tak dalej poleci, to Hamleta w telewizji będzie musiał kreować osobiście prezes Urban..., a teatry będą wyłącznie wystawiać *Powrót posła* albo *Odprawę posłów greckich*, a publicz-. ność będzie musiała udawać Greka... I to jest nawet dosyć logiczne, bo najpierw władza wzięła się za aktorów, to teraz aktorzy wzięli się za władzę... Zresztą bardzo słusznie, bo skoro ekonomiści doprowadzili do takiej sytuacji gospodarczej, to teraz aktorzy będą musieli grać dobrobyt... Budownictwo już bardzo ruszyło do przodu – parlament dostał dwie izby, a prezydent czeka na przydział, żeby nie rezydować w kuchni i zerkać, co parlament spitrasi... U nas te zmiany konstytucyjne były konieczne, bo sejm uchwalał trzy ustawy dziennie, więc nawet jeżeli senat co drugą tylko zatwierdzi, to i tak ustaw będziemy mieli tyle, że możemy nimi całą Europę obsłużyć... i to jest poważna szansa dla naszego eksportu i... gospodarki... Bo gdyby w takim EWG zastosowali tylko połowę naszych przepisów, to i tak ich gospodarka musiałaby runąć... i na tym tle my byśmy się stali potęgą gospodarczą Europy... Ale dosyć tych rozważań –

Cudze chwalicie,

swego nie znacie,

sami nie wiecie,

kto siedzi w senacie...

Nasze ostatnie wybory zakończyły się ogromnym zwycięstwem lewicy, co było do przewidzenia, bo już przed wyborami wszystko było wyłącznie na lewo... Jest takie przysłowie – „nie wie lewica, gdzie zarabia prawica"... i władza z czasem przeszła z rączki do rączki... bo najpierw władza miała być reglamentowana... Z rozdzielnika... Opozycja trzydzieści pięć procent, a wyborowa czterdzieści pięć... i to jest uzasadnione, bo jak dotąd popyt na alkohol jest większy niż na władzę..., a wyborowa ma jeszcze większe powodzenie niż wybory...

Ale mówią, że teraz świadomość społeczna zatacza coraz szersze kręgi... i to widać nawet na ulicy, gdzie znaczna część społeczeństwa się zatacza...

Jeżeli o mnie chodzi, to w rządzie nic bym nie zmieniała... Gabinet mieliśmy reprezentacyjny – premier przystojny, a i ministrom niczego nie brakowało – chłop w chłopa postawni. Minister Wilczek, minister Krawczuk – prawie dwa metry... wspólnie... Gdybym już miała grymasić, to wicepremier Sekuła trochę półgębkiem mówi, ale i tak go podziwiam, że przy naszej sytuacji gospodarczej jeszcze mu się chce usta otwierać...

Ja wiem, że wysoki sąd chciałby, żebym do rzeczy, to znaczy na temat oskarżonego, któremu zarzuca się, że grał role niestosowne, na wyrost... Niech więc wysoki sąd rzuci okiem na oskarżonego, toż przy jego posturze każda rola musiała być na wyrost..., a czasy były takie, że niejeden Maliniak chciał być Królem Ryszardem, a dopiero dzisiaj niejeden Król Ryszard woli być Maliniakiem, ze względu na uposażenie... A więc, reasumując, jeżeli oskarżony wytrzymał trzydzieści pięć lat w teatrze, to świadczy o tym, że jest recydywistą wybitnym i ambitnym! Przy dzisiejszych gażach niejednemu aktorowi nie tylko korona z głowy, ale i halabarda z ręki z głodu wypada i dlatego w sprawach sztuki aktorskiej nie ferujmy zbyt pochopnych wyroków...

W naszej sytuacji, w której polityka staje się komedią, gospodarka – tragedią, a społeczeństwo ma pod dostatkiem własnych dramatów, bierzmy przykład z Romana K., bawmy się, śmiejmy się – nie liczmy na koalicję, nie liczmy na opozycję, liczmy na siebie i nasze wrodzone poczucie humoru, które nie opuszczało nas od księcia Mazowieckiego do premiera Mazowieckiego. Tego życzy wszystkim tu obecnym – wasza zaprzysiężona biegła – Hanka Bielicka!

Teatr Syrena, w którym znalazła się pani Hania po przejściu z Teatru Współczesnego, był jak każdy teatr rewiowy teatrem gwiazd, pulsującym wesołym życiem towarzyskim również za kulisami. Prześcigała się w tym głównie męska część zespołu, w której, jak wspomniałem, przodowali Adolf Dymsza i Kazimierz Brusikiewicz. Z czasem dostosowała się do tej konwencji również młodsza część zespołu, tworząc pewną specyficzną atmosferę za kulisami, na scenie, a w końcu i na widowni. Teatr ten miał stałą publiczność, która kochała swoje gwiazdy, czyhała na zakulisowe plotki i zakamuflowane przed cenzurą współczesne aluzje polityczne i obyczajowe. W tym względzie Syrena różniła się zasadniczo od innych stołecznych scen, konkurując mniej lub bardziej skutecznie z różnymi powstającymi później kabaretami, dla których ze względu na objętość sali cenzura bywała łagodniejsza, tworząc pewnie za cichym przyzwoleniem ówczesnych władz tak zwane wentyle. Podejrzewałem zawsze, że odpowiednie służby bacznie obserwujące reakcję widowni informowały władzę o prawdziwych nastrojach społecznych.

Abstrahując od pobudek, wiadomo że cenzura była znacznie łagodniejsza dla kabaretu w małej salce niż dla teatru rewiowego czy satyrycznego, nie mówiąc już o programach radiowych lub telewizyjnych, gdzie kryteria oceny były znacznie surowsze. Tak więc ostrość satyry, jej celność i skuteczność zależała w dużym stopniu od autorów, wykonawców i widowni, a właściwie od ich inteligencji, ale ten temat wymaga osobnego omówienia, co zrobię w innym miejscu.

Wróćmy więc jeszcze na chwilę do Syreny i jej specyficznego zakulisowego życia towarzyskiego. Teatr jest dla każdego aktora drugim, a często bywa że i pierwszym domem. Tu przecież spędza większość swojego życia, bo jest to szczególne miejsce pracy w stosunku do innych, w których wykonuje się różne zawody. Czas pracy aktora rozkłada się praktycznie zupełnie inaczej niż w innych profesjach. Po pierwsze, jest podzielony na różne pory dnia i często nocy. Po drugie, jest znacznie dłuższy od dnia pracy w innym zawodzie. Po trzecie, odbywa się zwykle w innych terminach i porach, niż bywa to w pozostałych dziedzinach. Po czwarte, zajęcia są wyjątkowo stresujące i wymagają dobrej kondycji psychicznej oraz fizycznej.

Zajęcia odbywają się w tempie zmiennym, bo z jednej strony, aktor musi w stosunkowo krótkim czasie opanować pamięciowo tekst, zjawić się w ściśle określonym czasie do przymiarki kostiumu, a z drugiej strony, oczekuje niekiedy całymi godzinami na swoje wyjście w przedstawieniu, zgodnie ze scenariuszem i dyspozycją reżysera. Równolegle do przygotowywanego spektaklu występuje w bieżącym repertuarze w godzinach przedstawień. Jak z tego wynika, w teatrze są też różne miejsca pracy, w których przebywa aktor, wykonując swoje zawodowe zadania, a więc: sala prób, garderoba, warsztaty rzemieślnicze, scena i... bufet. W tym ostatnim aktorzy spędzają zazwyczaj najwięcej czasu i to nie ze względu na wrodzone łakomstwo. Bufet jest miejscem prawdziwej integracji. Tam najczęściej rodzą się pomysły, plotki i intrygi, tam kształtuje się nastrój zespołu i jego prawdziwe oblicze. Brzmi to może trochę irracjonalnie, ale każdy, kto zna teatr od strony kulis, przyzna mi rację. Opinia „bufetu" często decyduje o prawdziwej pozycji i autorytecie aktora, reżysera, czy nawet dyrektora. Tam kształtują się przyjaźnie i wrogość, tam zaczynają animozje, a czasem drobne flirty, zaloty, a bywa, że i trwalsze związki miłosne, powodujące niekiedy różne roszady małżeńskie. Osoba prowadząca bufet bywa często powiernikiem różnych tajemnic finansowych i rodzinnych, a jej kadencja (jeżeli jest kompetentna i zaprzyjaźniona z zespołem) obejmuje często kilka kadencji dyrektorskich. W tym skromnym zazwyczaj pomieszczeniu bije prawdziwy puls teatru. Jeżeli w teatrze dzieje się dobrze, w bufecie jest gwarno i wesoło, jeżeli w teatrze dzieje się źle, w bufecie bywa ponuro, a rozmowy zazwyczaj są prowadzone szeptem. Jeżeli w gwarnym i wesołym bufecie pojawienie się reżysera czy dyrektora nie powoduje nagłej ciszy, to jest najlepszy dowód akceptacji wymienionych osób przez zespół. To samo dotyczy gwiazd zespołu – tak więc pojawienie się Hanki Bielickiej nigdy nie powodowało kłopotliwej ciszy w bufecie – a wręcz przeciwnie, wzmagało wrzawę i wesołość, świadcząc w sposób oczywisty o pozycji artystycznej i sile przebicia gwiazdy. W tym, jak już napisałem, teatrze gwiazd niełatwo było się przebić przybyszowi z innej sceny, zwłaszcza dramatycznej. Bywało, że bardzo znane i cenione w teatrze dramatycznym nazwiska aktorskie w Teatrze Syrena nie potrafiły się znaleźć na dłużej i zwykle rezygnowały po jednym lub kilku sezonach, a bywało, że i po jednej sztuce, do której zostały zaangażowane. To samo dotyczyło często uznanych reżyserów, którzy w rewii okazywali się bezradni. Jeżeli chodzi o dyrekcje tego teatru, to na ogół najlepiej sprawdzali się dyrektorzy-autorzy. Z innymi bywało różnie. Widać w tym pewną logikę, bo teatr ten ze względu na swój unikalny repertuarowo charakter wymagał często bieżącej interwencji czy poprawki literackiej tekstów, które składały się zwykle na poszczególne przedstawienia – najczęściej o profilu składankowym zgodnym z konwencją rewiowo-kabaretową.

Takim typowym przedstawieniem Teatru Syrena za mojej dyrekcji była *Poczekalnia*. Przedstawienie o tyle interesujące, że grane było bez przerwy przez kilka sezonów z wielkim powodzeniem. Był to utwór satyryczny, a więc w czasie kilkuletniego grania wymagał okresowych aktualizacji. Był to więc zabieg dosyć nowatorski, niezwykle rzadko stosowany w spektaklach stałych. W Syrenie bardzo się sprawdzał i miał, jak już wspomniałem, wielkie powodzenie u publiczności, która niekiedy oglądała ten spektakl po kilka razy.

Monolog sprzątaczki

No coście tak oniemieli? Ktoś tu przecież porządek zrobić musi... Gabinet uporządkowałam, to teraz się za resztę zabiorę... Bo ja tu jestem gospodarz domu... Co pani mówi?... Że gospodyni?... Gospodyni to jest na wsi, a ja jestem gospodarz... Bo teraz jest demokracja i pluralizm i gospodarz może mieć taką płeć, na jaką ma ochotę albo na jaką zasługuje... Uprawnienia to ja mam te same co przed wojną, tylko obowiązki się zmieniły... Znaczy obowiązki to teraz mają lokatorzy... a ja tylko pilnuję, czy dobrze je wypełniają... No niech mi któryś z sąsiadów nie pozamiata albo, za przeproszeniem, w windzie nabrudzi, to już lekkiego życia ze mną mieć nie będzie...

W tej poczekalni to ja sprzątam na pół etatu, więc może za czysto to tu nie jest, bo ja na sprzątanie czasu nie mam, ja tylko dorabiam, a dorobić to się u nas można złodziejstwem albo spekulacją, a ja na to za uczciwa jestem... Początkowo próbowali się na mnie skarżyć... A to do samorządu osiedlowego, a to do administracji... Ale raz się tylko poskarżyli... ostatni... Samorząd się zebrał i mówi, że skargi wpłynęły... W związku z tym udzielamy obywatelce – niby mnie – upomnienia... za niesprzątanie klatki schodowej, nieporządki w poczekalni i używanie słów nieparlamentarnych wobec lokatorów i klientów, bo to jest łamanie norm współżycia społecznego... Wysłuchałam tego spokojnie i mówię sobie: „Dziunia, nie denerwuj się, nie daj się sprowokować" i chociaż krew mnie nagła zalała, poprosiłam o głos i kulturalnie powiedziałam:

„Po pierwsze, to ja dla szanownego za przeproszeniem samorządu nie jestem żadna obywatelka, tylko pani gospodarz domu, kochana nomenklaturo postkomunistyczna! Po drugie, kto to mnie uwagę zwraca i od różnych norm wymyśla? Pan Kowalski, przewodniczący, co to go na przedwczesną emeryturę na własne żądanie na zbity pysk wylali? Czy może pani Przepiórkowska kochana wychowywać mnie raczy, a sama ma tyle dodatkowych punktów za pochodzenie, że jakby za socjalizmu na studia zdawała, toby bez egzaminów z miejsca rektorem została... Czy może szanowna pani Mrówczyńska, co to niezbadaną cielęciną po czterdzieści tysięcy złotych za kilo z łóżeczka pod Domami Centrum handluje i żywnościową równowagę rynku rolnego zakłóca?

Czy ja panu Kowalskiemu zaglądam do wanny i skarżę, że mu przecier bąbelkuje, aż szyby na klatce schodowej brzęczą? A pani Przepiórkowskiej wypominam, że żyje z tym inżynierkiem spod szóstego i na dodatek za moim Władziem się łakomie ogląda? Czy ja choć raz mówiłam o pani Mrówczyńskiej, że jest aferzystką, chociaż żeberka jako kulkę cielęcą bez kości liczy? Niech więc szanowny samorząd osiedlowy do mnie się nie wtrąca, bo mogę zaraz na tej sali zrobić taką akcję protestacyjną, że żadne siły porządkowe nie pomogą... a pani administratorka niech mnie nie uspokaja i na mnie nie mruga, bo też może parę słów prawdy o sobie usłyszeć...".

Cisza zaległa na sali... Samorząd się w trymiga rozwiązał, a nowe wybory się nie odbyły z powodu braku kandydatów na te kierownicze stanowiska...

Lokatorzy i klienci koło mnie teraz na palcach chodzą... Kłaniają się, uprzejmości różne świadczą, a to mnie ktoś nie potrąci, a to doniesie, kto żarówkę z windy ukradł... Jednym słowem atmosfera się w całej kamienicy poprawiła i duch Porozumienia Centrum zapanował na wszystkich piętrach... Kowalski tylko na mnie bykiem patrzy. Z ostrożności zacier z wanny wypuścił i... przeszedł na metody przemysłowe – w automatycznej pralce pędzi... Ja udaję, że o niczym nie wiem, chociaż pralka dudni przez całą dobę, na balkonie ani jedna sztuka bielizny się nie suszy... Za to Kowalskiego suszy od rana... Tak więc w naszej kamiennicy życie zaczęło się toczyć spokojnie, ale jak się potem okazało, był to spokój przed burzą...

Bo nagle zaczęło działać u nas jakieś podziemie gospodarcze – a to ktoś mi wiadro ze szmatą podwędził, a to pod szesnastką wycieraczkę ktoś ukradł... a to znowu ktoś butelki do zsypu na śmieci wyrzucił... O tym jak mój Władek się dowiedział, to jakby piorun w niego strzelił. Poderwał się na równe nogi i krzyknął, że on nie pozwoli, żeby to, co z takim trudem zbudowaliśmy, jakaś spółka nomenklaturowa miała zniszczyć... i że on, Władzio, wyda temu bezwzględną walkę... i że nie po to budowaliśmy najpierw drugą Polskę, a potem drugą Japonię, żeby teraz co drugą butelkę wyrzucać na śmietnik... Trochę się zdziwiłam, bo jak żyjemy z Władziem prawie czterdzieści lat, to on żadną pracą się nigdy nie trudził... Całe życie był bezrobotny... i to nie z braku pracy, tylko mówił, że jeszcze nie było takiej roboty, która by mu odpowiadała... a bez zamiłowania on pracować nie będzie... Bo bezrobotnym można być z urodzenia, z wyboru albo... z nominacji... A mój Władzio jest bezrobotnym z powołania... Ludzie, czego on nie robił, żeby nic nie robić... Więc mówię do niego: „Władziu, ty tyle lat nie pracowałeś, że ci się już za sam staż zasłużona renta należy, a ty teraz na stare lata za walkę się bierzesz?". A on na to, że teraz nareszcie jesteśmy we własnym domu i on też chce się odrodzić wewnętrznie. Poważnie się zaniepokoiłam, zwłaszcza że coraz rzadziej w domu bywał, na ruskie pierogi, co mu na obiad dawałam, nawet nie spojrzał, mówił że brzydzi się... ze względów politycznych, ale z wagi nie spadał. Oj, myślę sobie, coś tu niedobrze...

Zaczęłam się dokładniej temu odrodzeniu wewnętrznemu przyglądać i co się okazało, mój Władzio odradza się pod osiemnastym u tej Mrówczyńskiej z samorządu... O, myślę sobie, przepłacona twoja cielęcina, już ja was urządzę... Pewnego dnia ubrałam się, aby złożyć wizytę tej niezarejestrowanej kapitalistce... Przyjęła mnie bardzo serdecznie, ale... w kuchni... „Co u pani słychać, pani Dziuneczko? Pięknie pani wygląda, może pani jakiś kawałek nerkóweczki odłożyć?". Ale coś się nerwowo kręci po tej kuchni i tą swoją handlarską figurą drzwi do pokoju zasłania... Ale nie ze mną te numery – odsunęłam ją delikatnie za włosy na bok, wchodzę do pokoju, a mój ukochany Władeczek na tapczaniku jak król się wyleguje...

Jak mnie zobaczył, skoczył jak oparzony i powiada, że właśnie bada jakość wyrobów naszego sprywatyzowanego przemysłu meblowego, bo zamierza inwestować w akcje Swarzędza... i że w ogóle to już dawno chciał ze mną porozmawiać, bo nasze małżeństwo już nie ma żadnej przyszłości, zwłaszcza że dzieci już mieć nie możemy, a państwo teraz bardzo stawia na rozwój rodziny i że on, Władzio, też by chciał swoją cegiełkę dostawić i związać się z kimś młodszym, czyli Zosieńką, bo tak tej Mrówczyńskiej na imię... że bardzo się kochają i liczą na moją wyrozumiałość... Co do tej wyrozumiałości, to się natychmiast przeliczył, bo zanim skończył to przemówienie, to już mu na głowę włożyłam tę cielęcinę, co akurat na kuchni stała... Garnkiem mu Zosieńkę nakryłam, żeby mu się nie przeziębiła, a jego ociekającego sosem odprowadziłam pod właściwy adres... Kiedy znaleźliśmy się w domu, posadziłam go na krześle, poparzone miejsca przetarłam spirytusem i powiedziałam krótko i węzłowato: „Władeczku, od jutra nasz związek małżeński ulega zawieszeniu, a ja wprowadzam rządy ocalenia rodzinnego... Ja jestem twój prezydent, premier i parlament. Jak mi gdzie podskoczysz, to ja ci zrobię taką rewaloryzację, że ci nawet Międzynarodowy Fundusz Walutowy nie pomoże... Chciałeś mieć *Wesołą wdówkę* – masz *Zemstę nietoperza*... Od dzisiaj ja jestem twoja Wiktoria, ty mój huzar!". Próbował protestować, wołał, że nie mam prawa, że teraz jest wolna konkurencja, wolny rynek i że on ma prawo do odpoczynku... Ale mu zaraz wyjaśniłam, że jeśli chodzi o niego, to w grę wchodzi tylko odpoczynek wieczny, a co do tej wolności, to mu zaraz takie wolne wybory zorganizuję, że się w żadną urnę nie zmieści... I co powiecie? Uspokoił się... Stał się domatorem... Z domu wychodzi tylko ze mną... Jak przechodzimy obok osiemnastego, to głowę w drugą stronę odwraca... i to, jak sam mówi, z poczucia obowiązku... Je wszystko... A ta Mrówczyńska – w tych dniach zwalnia mieszkanie i emigruje na Zachód, bo jej powiedziałam, że jej miejsce jest w Europie i jak tam szybko nie wyjedzie, to jej zrobię takie zajścia na tle narodowościowym, że jej żadne EWG nie pomoże... Bo wiecie, ja jestem za wolną konkurencją, za reformami gospodarczymi, za cenami zbytu i za rozwojem byznesu, ale wara mi od mojego byznesu małżeńskiego... z Władziem na czele. Baj!!!

Pełnospektaklowe fabularne przedstawienia należały w Teatrze Syrena do rzadkości i stanowiły wydarzenie artystyczne nie zawsze akceptowane przez publiczność przyzwyczajoną do innego charakteru tej sceny.

Wszystkie wymienione wyżej uwarunkowania od początku odpowiadały Hance Bielickiej, która czuła się w tym teatrze jak ryba w wodzie. Wypada jednak zauważyć, że pojawiła się na Litewskiej (tam znajduje się do dzisiaj siedziba Syreny) z ukształtowaną pozycją aktorską, znanym nazwiskiem i sporym doświadczeniem estradowym. W Syrenie zmiana gwiazd odbywała się pokoleniowo, właściwie zgodnie z podanym wyżej podziałem na grupy wiekowe zarysowane przez naszą bohaterkę. Bywały jednak odchylenia od tej zasady, jak właśnie w przypadku Hanki Bielickiej. W pierwszym okresie istnienia teatru prym wiodły nazwiska przedwojenne i te, które tworzyły teatr po wojnie w okresie łódzkim, gdzie siłą swojego talentu i trafnym doborem repertuaru potrafiły wywalczyć sobie odpowiednią pozycję w zespole. Warszawska siedziba teatru znajduje się w przedwojennej ujeżdżalni koni, która w pierwszych latach powojennej odbudowy zrujnowanej stolicy została rękami własnymi przenoszącego się z Łodzi zespołu odremontowana i zaadaptowana na potrzeby teatru. Swoją warszawską działalność rozpoczął on jako spółdzielnia aktorska i dopiero po kilku latach w ramach nacjonalizacji teatrów został upaństwowiony. Następne lata przynosiły kolejne remonty i przebudowy, aż do ostatniej, najbardziej radykalnej dokonanej za kadencji mojej następczyni w fotelu dyrektorskim – pani Barbary Borys-Damięckiej. Zmienił się też w tym czasie w sposób zasadniczy profil teatru. W nowej koncepcji artystycznej Hanka Bielicka czuła się nie najlepiej i ostatecznie rozstała się ze swoją ukochaną sceną, na której przez kilkadziesiąt lat odnosiła sukcesy artystyczne i której to scenie przysparzała sławy i chwały na całym świecie.

To jeszcze jeden dialog z *Poczekalni*, którą już rekomendowałem. Partnerem w tym dialogu był Tadeusz Wojtych – aktor z którym łączą mnie szczególne wspomnienia. Przed wielu laty – były to lata pięćdziesiąte ubiegłego wieku – zobaczyłem go po raz pierwszy w słynnym gdańskim Bim-Bomie. Ten teatrzyk studencki niezwykle wówczas popularny odegrał wielką rolę w naszym życiu teatralnym. Jego twórcami byli zawodowi bardzo wybitni aktorzy Zbyszek Cybulski i Bogumił Kobiela. Z tego teatrzyku wyszły tak wielkie talenty i indywidualności kabaretowe i teatralne, jak: Jerzy Afanasjew, Jacek Fedorowicz, Tadeusz Chyła, Wowo Bielicki, Janusz Hajdun i wielu innych. Tadeusza Wojtycha zaproponowałem do tworzonego wówczas przeze mnie wspólnie z Zygmuntem Hübnerem i Fryderykiem Stenem kabaretu PRO, którego żywot został zresztą brutalnie skrócony przez cenzurę, ale Tadeuszem – ówczesnym studentem Politechniki Gdańskiej zachwycił się Zygmunt Hübner do tego stopnia, że zaproponował mu angaż w Teatrze Wybrzeże, który prowadził. Tadeusz propozycję przyjął, zawód inżyniera porzucił, egzamin aktorski zdał i związał się z teatrem na całe życie. Ja, obejmując w roku 1990 dyrekcję Teatru Syrena, zastałem go w zespole tego teatru. Publiczność zna Tadeusza głównie z epizodycznych ról filmowych, których ma na swoim koncie pewnie kilkadziesiąt. Sądzę, że jest to aktor charakterystyczny ciągle jeszcze niedoceniany… być może z własnej winy, bo prywatnie bywa osobnikiem trudnym, ale Hanka Bielicka przechodziła nad tym podobnie jak ja do porządku dziennego, a zawodowo ceniliśmy go wysoko. Dialog z wanienką grany był w różnych miejscach i programach, przy ogromnym aplauzie publiczności.

Dialog sprzątaczki z klientem

Sprzątaczka – S. – Bielicka
Klient – K. – Wojtych

(*Klient wchodzi, niosąc wanienkę plastikową, butelkę wody mineralnej i łyżeczkę*)

S.: A pan dokąd? Co pan ma?

K.: Urlop mam.

S.: Ale ja pytam, co pan tam ma?

K.: Gdzie?

S.: Pod pachą.

K.: A, pod pachą. Pod pachą to ja mam wannę. Jadę nad morze.

S.: Z wanną?

K.: Nie, z Orbisem.

S.: Sam?

K.: Jaki sam? Z rodziną.

S.: Liczna?

K.: Kto?

S.: No ta rodzina.

K.: Wie pani, że dokładnie nie wiem… Nigdy nie liczyłem. Człowiek tak zaganiany, że na nic czasu nie starcza. Liczę, że ich teraz policzę – w czasie urlopu.

S.: Na plaży?

K.: Co na plaży?

S.: No policzy pan, jak się opalać będą.

K.: Na plaży nie wolno się opalać – zwłaszcza zimą.

S.: To co pan będzie robił na plaży?

K.: Kąpał się będę... w wannie.

S.: To nie lepiej w morzu?

K.: Może w morzu lepiej, ale w wannie zdrowiej i bezpieczniej...
Zwłaszcza zimą... W morzu to teraz tylko pogrzebać można.

S.: W falach?

K: W jakich falach? W odpadkach... Morze to nasze bogactwo...
To kopalnia surowców wtórnych... Blacha, opakowania, plastik, papier,
resztki jedzenia, paliwa płynne... Tylko wody coraz mniej, zwłaszcza
czystej.

S.: Czystą to najlepiej kupić w sklepie albo na Stadionie Dziesięciolecia...

K.: Kiedy, widzi pani, z gotówką u mnie nie najlepiej.

S.: To z czego pan tej czystej wody naleje?

K.: Z butelki (*pokazuje butelkę*). Mineralna... Słyszy pani, jak bąbelkuje?

S.: Słyszę, słyszę.

K. (*nalewa z butelki wodę na łyżeczkę – podaje sprzątaczce*) Napije się
pani? (*nalewa sobie i wypija – resztę z butelki wylewa do wanny*).

S.: Dziękuję. A dlaczego pan tylko łyżeczkę wypija, a resztę wylewa
do wanny?

K.: Bo widzi pani, u nas tylko jeden procent wody nadaje się do picia.

S.: Skąd pan to wszystko wie?

K.: Czytałem w prasie... Z prasy to teraz można się różnych rzeczy
dowiedzieć. Czy pani wie, że odkryto u nas ogromne złoża ołowiu?

S.: Gdzie?

K.: W sałacie. Dlatego trzeba lokować w sałacie... Zimą można wytapiać...
Żołnierzy ołowianych dla dziatwy robić... Na sałacie to teraz jest
najlepsze przeliczenie... Zresztą zawsze tak było... Co zielone,
to zielone... Kupi pani?

S.: A po ile?

K.: Po dziesięć tysięcy.

S.: To sałata teraz w takiej cenie?

K.: Oczywiście. Metale kolorowe zawsze były drogie. Weźmy taką
marchew.

S.: Tak, marchew, witaminy... Od dziecka nie znosiłam.

K.: Marchewki?

S.: Jakiej marchewki? Pestycydów nie znosiłam...

K.: Bardzo niesłusznie. Jarzyny dla dzieci są najważniejsze... Ze względu
na rozwój umysłowy. Czy pani wie, że nasze jarzyny zawierają prawie
całą tablicę Mendelejewa...? Jarzyny to najlepszy surowiec... dla hut.

S.: Dlatego nasze samochody tak rdzewieją? Bo blacha z marchwi?

K.: Nie, z huty Warszawa.

S.: Blacha?

K.: Nie blacha, tylko wanna.

S.: To nie lepiej było się o telewizor postarać?

K.: Telewizory są teraz Otake drogie, że na samochód zbieram.

S.: Dawno?

K.: Nie tak dawno, trzydziesty rok zbieram...

S.: To dosyć długo.

K.: Wiem, wiem, ale chcę mieć diesla...

S.: Na ropę?

K.: Nie, na szprotki... Szprotki mają teraz sporą zawartość oleju...
napędowego... Zwłaszcza wędzone...

S.: A wie pan, że jeden mój znajomy to jeździ na makrelach.

K.: Co pani powie? A dużo spala?

S.: Podobno dwie skrzynki na tysiąc kilometrów.

K.: A silnik mu się nie psuje?

S.: Chyba nie, czasem mu się tylko filter ością zatyka albo łuska w klakson
wpadnie...

K.: A szybko jedzie?

S.: Jechać jedzie rybą...

K.: Wędzoną? Bałtycką?

S.: Tak, bałtycką z Morza Martwego.

K.: Nie rozumiem.

S.: Widzi pan, geniusz ludzki ma nieograniczone możliwości. Nam
udało się zamienić Bałtyk w Morze Martwe. To jeszcze jeden cud
przyrody.

K.: I dowód na to, że jesteśmy potęgą morską w dziedzinie zatruwania
wód.

S.: No niech pan będzie sprawiedliwy – na lądzie też potrafimy wiele...
spaskudzić! Polak jak chce, to potrafi!

Podejrzewam, że wraz z odejściem ulubionej gwiazdy odwróciła się też
od teatru znaczna część kochającej ją publiczności. Na szczęście odejście
z Teatru Syrena nie zakończyło aktorskiej kariery Bielickiej. Ze wzmożoną
energią występowała jeszcze przez kilka lat na różnych scenach gościnnie,
równolegle jeździła nadal z własnymi programami o charakterze recitalo-
wym, a także występowała w telewizji w kilku serialach i dużych widowiskach

rozrywkowych za sprawą jej wielkiej entuzjastki i protektorki – niezastąpionej Niny Terentiew.

Jak Państwo zauważyli, bardzo się rozpędziłem, przeskakując najlepsze lata aktorskie naszej bohaterki. Wróćmy więc pokornie do dawnej Syreny, w której porzuciłem was, wyprzedzając nieopatrznie czas i wprowadzając niepotrzebny chaos w dotychczasowy bieg zawartych tu wspomnień.

Wróćmy więc do tamtych lat, w których tworzył się kształt artystyczny sceny na Litewskiej i równocześnie hierarchia zespołu.

Nas oczywiście interesują głównie panie ze względu na płeć naszej bohaterki. Tak więc w chwili pojawienia się pani Hanki na Litewskiej prym wiodły „przedwojenne artystki" – dwie Stefanie – Stefania Grodzieńska (która z czasem ograniczyła swoją działalność do pisania) i Stefcia Górska, która miała swoisty wdzięk, repertuar i swoją publiczność. Jadwiga Bukojemska i Helena Grossówna – wielka przedwojenna aktorka filmowa – nigdy nie powróciły już do swojej przedwojennej pozycji i chociaż w zespole cieszyły się wielką estymą ze względu na dawne zasługi artystyczne, to publiczność przyjmowała je z umiarkowanym entuzjazmem. Tak więc na szczycie były od początku dwie największe, jak zawsze rywalizujące ze sobą gwiazdy: Hanka Bielicka i Irena Kwiatkowska, którym od czasu do czasu próbowały dorównać Alina Janowska, Lidia Korsakówna, Józefina Pellegrini (świetna parodystka) czy w latach późniejszych dolatująca gościnnie z Londynu słynna przedwojenna artystka Loda Halama. Żadna z nich jednak nie stanowiła nigdy realnego zagrożenia dla niepodzielnie czy raczej podzielnie panującego duetu wymienionych przeze mnie supergwiazd, Bielickiej i Kwiatkowskiej.

Wydawać by się to mogło dosyć dziwne, bo teatr ten zatrudniał wiele utalentowanych aktorek, takich jak Irena Malkiewicz, Halmirska, a z młodszych Belczyńska, Radziejowska (obie silnie popierane przez jednego z dyrektorów), Barbara Prośniewska i jeszcze kilka innych. Występowały też w tym teatrze gościnnie największe gwiazdy piosenki jak Irena Santor czy Violetta Villas, lecz żadna z nich nie zagroziła wspomnianym już aktorkom. Jest to tym dziwniejsze, że Syrena przecież mieniła się rewią, a w takim teatrze zwykle prym wiodą wielkie wokalistki lub tancerki. Sądzę, że w dużym stopniu zaważyły tu warunki techniczne i pojemność sceny. Schody, które w każdej rewii są podstawowym elementem scenografii, w Syrenie zawsze stanowiły największy problem konstrukcyjny dla twórcy dekoracji. Powierzchnia sceny warunkowała wysokość schodów oraz długość i szerokość stopni. Tak więc balet dokonywał prawdziwej ekwilibrystyki, żeby nie zlecieć ze schodów, a dopiero w drugiej kolejności próbował zachować odpowiedni rytm i kształt choreograficzny wykonywanego tańca. W tej sytuacji monolog i generalnie cała warstwa słowna stanowiły podstawę większości przedstawień, spychając często muzykę i taniec na dalszy plan. Pod tym względem rewia w wydaniu Syreny miała charakter dość unikatowy dla tego gatunku. W tym teatrze czego nie zaśpiewano, nie zagrano czy nie zatańczono, to po prostu dogadano, teatr aż roił się od specjalistów od gadania, a zwłaszcza specjalistek, których nazwiska już wielokrotnie wymieniałem. Mimo tych technicznych mankamentów, utrudniających wszelkie inscenizacje rewiowe, do Syreny waliły tłumy warszawiaków, kasy były oblegane, a bilety wyprzedane na wiele tygodni naprzód.

Nic więc dziwnego, że artyści chętnie garnęli się do tego teatru, często nie zdając sobie sprawy z własnych możliwości warsztatowych, bo tego typu role pozornie wydawały się łatwiejsze niż w teatrze dramatycznym, i dopiero w bezpośrednim kontakcie z estradą pokazywały, jak wielu umiejętności aktorskich i ruchowych wymaga ta specjalność.

Nic też dziwnego, że wielu tuzów teatralnych musiało polec w zetknięciu z publicznością Syreny, która dla swoich ulubieńców potrafiła mieć wiele wyrozumiałości, ale dla „poszukiwaczy przygód", którzy przyszli z dramatu, bywała surowa, a nawet bezwzględna. W teatrze estradowym czy w kabarecie aktor staje wobec widza sam, bez ochroniarzy, których ma w spektaklu dramatycznym w postaci tłumu „halabardników", klasycznego kostiumu czy wreszcie wspaniałej, wysmakowanej dekoracji, z precyzyjnie wypróbowanym tekstem, sprawdzonym wielokrotnie przez poprzednich wykonawców z wcześniejszych inscenizacji na innych scenach.

Na estradzie bywa sam, bez wymienionych wyżej zabezpieczeń, z nowym tekstem i własną, indywidualną interpretacją, często bez suflera i najczęściej bez dekoracji. Jeżeli go publiczność zaakceptuje, to odniósł sukces, jeżeli go odrzuci, to poniósł porażkę nie tylko w roli, którą grał, ale i osobistą, bo estrada podobnie jak film personifikuje aktora.

W teatrze aktor może położyć rolę, a następnego dnia odnieść sukces w innej. Na estradzie ryzykuje osobiście, a więc niepowodzenie trzeba często odrabiać latami. W teatrze aktor ryzykuje jedynie postać, którą gra, na estradzie czy w kabarecie ryzykuje siebie, a więc bywa, że cały swój dotychczasowy dorobek, bo ewentualna porażka cofa o kilka czy kilkanaście miejsc w zawodowej hierarchii. Dlatego właśnie ta specjalność, mająca pozory łatwości, jest w istocie tak trudna i pełna zawodowego ryzyka.

Jestem przekonany, że polska estrada, zwłaszcza kabaret, zasłużyła na bardzo staranne i wszechstronne opracowanie historyczne. Polska estrada na przełomie dwudziestego i dwudziestego pierwszego wieku odegrała wielką rolę kulturową, ciągle jeszcze niedocenioną, a także popularyzatorską, artystyczną i... polityczną.

W okresie przedwojennym nie odbiegała daleko poziomem artystycznym i literackim od współczesnych jej wzorów europejskich. W czasie wojny i okupacji podtrzymywała ducha narodu zarówno w swoim nurcie patriotycznym, jak i satyrycznym, kpiąc z okupantów w kraju i z wrogów Polski na wszystkich frontach zarówno na wschodzie, jak i na zachodzie. W PRL-u stanowiła jedną z niewielu dziedzin kultury, w której obowiązywały prawa zbliżone do rynkowych. W przeciwieństwie do teatru, literatury czy muzyki była dziedziną niedotowaną, co w praktyce objawiało się nieco mniejszą kontrolą władz partyjnych i rządowych, niż miało to miejsce w stosunku do innych państwowych – dotowanych – dziedzin kultury. Pozornie mały zasięg estrady (w porównaniu z radiem czy telewizją) uzasadniał pewien liberalizm cenzury w stosunku do tej twórczości i w rezultacie pozwalał na przemycanie przez twórców i wykonawców estradowych wielu mało prawomyślnych tekstów.

Zasięg oddziaływania estrady był wbrew przekonaniom ówczesnych władców kultury znaczny ze względu na wielką liczbę zespołów i programów estradowych, które krążyły po kraju i miały masowy odbiór publiczności bardzo inteligentnej, doskonale wyłapującej wszelkie aluzje i podteksty. Zespołom estradowym zawdzięczamy również kontakt twórców krajowych z polską emigracją na całym świecie. Były to oddziaływania wzajemne, które, rozłożone w czasie, przyczyniły się w stopniu niemałym do erozji ustroju komunistycznego w Polsce, a co za tym idzie do jego upadku. W ostatnich latach ta „misyjna" rola polskiej estrady znacznie zmalała, głównie za sprawą ogólnej komercjalizacji telewizji i radia, co doprowadziło do obniżenia przez te „nowoczesne" nośniki ogólnego dobrego gustu polskiej publiczności, osłabienia jej wrażliwości i... muzykalności.

Nadzieję na przyszłość budzi znaczny dopływ bardzo utalentowanej młodzieży, dobrze zawodowo wykształconej. Pewien niepokój budzi jedynie brak gwiazd... prawdziwych, a nie tych sztucznie nadmuchanych na kilka miesięcy przez kolorowe pisma. Estrada to gwiazdy, ale o ich wielkości musi stanowić talent i ich prawdziwie artystyczne dokonania, a nie liczba skandali i skala wulgaryzmów windujących przeciętniaczki i przeciętniaków na pierwsze strony brukowców i różnych telewizyjnych kroniczek towarzyskich. Moim skromnym zdaniem przyszłość naszej estrady zależy nie od wielu różnych błyskotliwych miernotek, gwiazdeczek i gwiazdorków sezonowych, ale od prawdziwie utalentowanych artystek i artystów na miarę tych, którzy kiedyś stanowili i stanowią o jej wielkości i poziomie. Nazwisk nie wymieniam, bo miejsca za mało i czasu niewiele. Wymienię więc tylko jedno – Hanka Bielicka. Skoro już o niej mówimy, to może warto przytoczyć fragmenty kilku wywiadów, których na temat estrady udzieliła.

– Estrada mnie uwiodła, bo na niej można występować we wszystkim, co się chce. W teatrze dramatycznym jest kontrola reżysera i kostiumologa. W kabarecie tego nie ma. Estrada daje aktorowi nazwisko i dużo możliwości, ale trochę go rozpuszcza. Jeżeli ma się wzięcie i umie się zabawiać ludzi, to człowiek szybko zaczyna być nonszalancki. Tak więc występy kabaretowe są o tyle trudniejsze, że cały czas trzeba się samemu pilnować.

Krzysztof Kowalewski – „bez recepty"
www.bez-recepty.pgf.com.pl

– Z okazji jubileuszu otrzymała Pani niedawno Glorię Artis od ministra kultury.

– Odznaczenie piękne i godne, ale o mało nie przypłaciłam go życiem. Minister zapiął mi tę wstęgę na szyi z wielkim przejęciem, a ja nie mogłam złapać oddechu. Nikt nie wpadł na pomysł, by wcześniej zmierzyć obwód mojej szyi i w pewnym momencie pomyślałam, że ta Gloria Artis stanie się dla mnie Glorią Victis.

Jan Bończa-Szabłowski
„Rzeczpospolita", 9 listopada 2005

– Dziennikarze zawsze mnie męczą pytaniami o kapelusze. Aż nudno opowiadać. Interesują się chyba nimi tylko dlatego, że najłatwiej utożsamiać człowieka z czymś rozpoznawalnym. Kapelusz się znakomicie do tego nada- je, zwłaszcza noszony na estradzie, strojny i rzucający się w oczy. Nie lubię jednak, gdy pod kapeluszem nie dostrzegają mnie, Hanki Bielickiej, aktorki i człowieka.

Kamila Bourguois
tygodnik „Dzień za Dniem",
nr 31 z 11 sierpnia 2004

– Jestem życzliwa ludziom – zaraz w sklepie robi się jaśniej i w kolejce wszyscy się uśmiechają... Przed paru laty miałam taki wypadek – stoję w kolejce

na poczcie i podchodzi do mnie jakaś pani, mówiąc dosłownie z pretensją
w głosie: Proszę pani! Przecież pani wygląda jeszcze młodziej niż w telewizji.
Ja na to: To się pani powinna cieszyć... A ona: Właśnie, że nie, bo powiedzia-
łam dzieciom, że panią fotografują przez jakieś siatki czy pończochy – tak
jak tę Marlenę Dietrich. Ja mówię: To było dawno, w Metro-Goldwyn-Mayer,
teraz się tego nie używa... Na co ona: No to co ja mam teraz dzieciom
powiedzieć?. Odrzekłam: Prawdę... Oczywiście, wszyscy zaczęli się śmiać...
Jak idę ulicą, to nawet z tramwaju machają, posyłają całusy, jak gdyby się
na co dzień ze mną znali. Mnie popularność nie męczy, bo nie zjawiła się
nagle – w ciągu tygodnia czy miesiąca – tylko jest wynikiem mojej wieloletniej
ciężkiej pracy.

Słońce w kapeluszu – z Hanką Bielicką ostatni raz próbował
dojść do słowa Marek Różycki
www.vcity.com.pl

Rozpisałem się na temat estrady, rozpisałem się na temat Teatru Syrena, przytoczyłem nawet fragmenty wywiadów Hanki Bielickiej dotyczące tej dziedziny sztuki, a wszystko dlatego, żeby uwidocznić różnicę między teatrem a estradą tamtych czasów i aby zrozumieć w pełni ważność decyzji podjętej przez artystkę, a w dalszej kolejności konsekwencje, jakie z tego wyboru wy-niknęły. Nie chciałbym być posądzony o faworyzowanie estrady w stosunku do teatru, który bardzo osobiście cenię i którego dokonania podziwiam. Mieliśmy i mamy wielu wybitnych aktorów i reżyserów teatralnych, a ich dzieła są wysoko oceniane nie tylko w kraju, ale i w całym teatralnym świecie. Dotyczy to zarówno inscenizacji tradycyjnych – klasycznych – jak i awangardy najwyższej klasy. Tacy twórcy jak Grotowski czy Kantor podziwiani byli daleko poza granicami naszego kraju i budzili zachwyt największych koneserów tej specjalności. Dochowali się wspaniałych następców, którzy teraz zadziwiają publiczność wielu światowych festiwali teatralnych i pokazują swoje insce-nizacje na największych scenach europejskich. W moim przekonaniu coraz więcej elementów estrady znajduje zastosowanie w teatrze, dzięki czemu stracił on swój dawny dystans i bardzo się zbliżył do widowni, coraz częściej likwidując tradycyjną „czwartą ścianę", stanowiącą niegdyś zasadniczy element teatru klasycznego, oddzielającego go od widzów. Dzisiaj te różnice coraz częściej się zacierają, moim zdaniem z korzyścią dla czytelności spektaklu teatralnego i jego komunikatywności. W latach pięćdziesiątych czy sześć-dziesiątych ubiegłego wieku tak jednak nie było. Przepaść między teatrem tradycyjnym a estradą czy teatrem estradowym była ogromna i dla wielu aktorów tego pokolenia – nie do pokonania. Jak już wspomniałem, przez Syrenę przewinęło się kilkadziesiąt największych nazwisk teatralnych, ale najczęściej kończyło się to krótkim epizodem, po którym zostawały bardzo mieszane wspomnienia i zawiedzione nadzieje.

W czasach PRL-u dostęp do zawodu aktora zarówno teatralnego, jak i estradowego był ściśle limitowany i wymagał formalnie określonych kwalifikacji. Aktor musiał ukończyć szkołę teatralną lub zdać egzamin aktorski eksternistyczny przed komisją państwową powołaną przez Ministerstwo Kultury i Sztuki. W skład komisji wchodzili przedstawiciele stowarzyszeń i związków twórczych oraz urzędnicy ministerstwa. Uzyskanie dyplomu czy ministerialnych uprawnień upoważniało do otrzymywania stałego wynagrodzenia i warunkowało jego wysokość według kategorii i taryfikatora ministerialnego obowiązujących wszystkie instytucje artystyczne w Polsce. W przypadku estrady zasada ta obowiązywała rozmaitych artystów, nie tylko aktorów, a więc również muzyków, piosenkarzy, iluzjonistów, itd. W rezultacie dostęp do estrady był znacznie łatwiejszy niż do teatru dramatycznego, gdzie w znaczniejszym stopniu obowiązywały przedwojenne regulaminy opracowane przez ZASP (Związek Aktorów Scen Polskich). Piszę o tym wszystkim dla zorientowania czytelników w prawdziwej sytuacji tamtego środowiska artystycznego, mającej decydujący wpływ na przeciętny poziom teatru i estrady owych czasów, bo przecież nie wyłącznie elity decydują o wartości poszczególnych dziedzin sztuki. Tak więc były podziały (podobnie jak dzisiaj) dotyczące nie tylko rodzaju, ale i wartości poszczególnych teatrów czy zespołów. W środowisku aktorskim podział na „dramatycznych” i „estradowych” ograniczał się do pewnej żartobliwej nomenklatury – estradowcy nazywali aktorów dramatycznych „herodami”, dramatyczni rewanżowali się estradowcom epitetem „szmirusy” i taki „klasowy” podział obowiązuje w jakimś stopniu do dzisiaj, chociaż współcześnie te różnice w znacznym stopniu się zatarły ze względu na zniesienie formalnego progu uprawiania zawodu i wielkiego nieograniczonego napływu amatorów do profesji aktorskiej poprzez udział w różnych serialach i widowiskach telewizyjnych. Powstała też silna grupa celebrytów bez jakichkolwiek kwalifikacji artystycznych, a bywa że i bez nawet najskromniejszych przejawów talentu artystycznego, ale to już zupełnie inny temat wymagający osobnego i szerszego omówienia. Jak z powyższych faktów wynika, decyzja Hanki Bielickiej przejścia na stałe do teatru estradowego czy rewiowego z teatru dramatycznego o ustalonej renomie i pozycji artystycznej była posunięciem nie tylko odważnym, ale i z punktu widzenia artystycznego dosyć ryzykownym.

W tym wypadku jednak okazała się w pełni uzasadniona. Bielicka od razu, jak już pisałem, zajęła należne jej miejsce w teatrze przy ulicy Litewskiej, ale ta scena stała się dla niej także doskonałą odskocznią do propozycji aktorskich – filmowych, kabaretowych, radiowych i telewizyjnych. Próbowała również wprowadzić w ten świat swojego męża Jerzego Duszyńskiego, te zabiegi okazały się jednak mało skuteczne zarówno wobec biernego oporu samego artysty, jak i obiektywnych, czy może nawet subiektywnych uwarunkowań, lecz o tym napiszę w innym miejscu.

Tutaj przedstawiam Państwu jeszcze jeden krótki dialog z *Poczekalni*, w którym z bardzo utalentowaną, obdarzoną wielkim głosem wokalistką panią Marciniak rozmawiała Hanka Bielicka.

Artystka egzaltowana nieco

ARTYSTKA – A. – egzaltowana nieco
SPRZĄTACZKA – S. – Hanka Bielicka
REJESTRATORKA
KLIENT PIERWSZY
KLIENT DRUGI

S.: A pani kto?

A.: Jak to, kto? Ja jestem artystka.

S.: No i co z tego? Gdzie się pani pcha?

A.: Ja się nie pcham – ja się domagam.

R.: A pani, za przeproszeniem, jaka artystka?

A.: (*z przekąsem*) Za przeproszeniem wybitna artystka.

S.: To dużo pani bierze?

A.: Trzy oktawy i górne C.

S.: W gotówce pani bierze?

A.: W gotówce to ja nie biorę. Ja dostaję honorarium.

S.: Od kogo pani dostaje?

A.: Oczywiście, od państwa.

   (*wszyscy chórem*) – Od nas pani nic nie dostanie.

A.: Od was to ja nic nie chcę. Mnie się należy od państwa.

S.: A my to nie państwo? Widzicie ją, należy się!

Kl.1: Jak jej się należy, to może dostać. Teraz najłatwiej dostać na granicy polsko-ukraińskiej. Mojemu znajomemu to tak dali, że do dzisiaj leży.

Kl.2: Po tamtej stronie leży?

Kl.1: Nie po tej, po naszej. To jest taka umowa graniczna – tam biją, a tu się leży w szpitalu jako pomnik przyjaźni, cały w gipsie.

S.: A ja słyszałam, że po niemieckiej stronie też biją.

Kl.1: Oczywiście, że biją, i nawet szybciej, bez czekania. Na wschodniej granicy to się czeka kilka tygodni. A u Niemców lepsza organizacja, biją od ręki. Wiadomo – Europa.

R.: Niech pan sie nie wtrąca i pilnuje swojej wanny i kolejki. Od dawania i dostawania to ja tu jestem. W rozdzielniku pani jest?

A.: W jakim rozdzielniku? Jestem w teatrze.

S.: Teatry teraz idą do likwidacji albo do Bataxu. Pana Kubiaka pani zna?

A.: Nie znam. Ja, proszę pani, jestem własnością narodu.

Kl.1: Teraz własność narodu podlega prywatyzacji.

S.: Artyści to są teraz we własnym domu.

R.: A tu jest miejsce publiczne. Co pani właściwie robi?

A.: Śpiewam.

S.: Ja też śpiewam, ale pani rejestratorka pyta, co pani robi.

A.: Śpiewanie to taka praca jak każda inna. Ja mam talent.

R.: Talent to może mieć każdy. Artysta musi mieć sponsora.

S.: To źle pani trafiła, bo szef właśnie wyszedł, a ja tu jestem od sprzątania, nie od sponsorowania. Wracam do gabinetu, bo jak szefa nie ma, to ja tu jestem we własnym domu, a u mnie w domu porządek musi być. Trzy oktawy bierze, górne C bierze, a za elektroluks to się brać muszę osobiście. Teraz wszyscy mają wielki talent, a jak weszli do sejmu, to konstytucję uchwalili małą. Teraz takie czasy, że nawet konstytucja się zdekatyzowała. Rośnie tylko bezrobocie i ceny. A konstytucja mała – kieszonkowa – bo teraz każdy dba o własną kieszeń.

A.: To co ja mam teraz zrobić?

R.: Jak to co? Śpiewaj pani. Tu nie takie rzeczy się słyszało.

Podstawą sukcesu każdej wielkiej postaci estradowej jest repertuar, jego aktualność i przydatność dla tej właśnie osoby. W Teatrze Syrena obowiązywała zasada, że bieżący repertuar może być grany wyłącznie na tej scenie, a dopiero po zejściu przedstawienia z afisza aktor miał prawo wykonywania go również w innych programach nieorganizowanych przez teatr. Tej zasady bardzo ściśle przestrzegano, a wszelkie odstępstwa od niej były karane. Zdarzało się oczywiście, że z repertuaru teatralnego po jego „zgraniu" korzystali również aktorzy, którzy go w przedstawieniu nie wykonywali, ale kończyło się to albo awanturą z gwiazdą prezentującą dany utwór w teatrze lub miernym, zwykle wyłącznie finansowym, sukcesem aktora „złodziejaszka". Syrena była dosyć dziwnym i szczególnym teatrem. W mnogości państwowych scen dramatycznych, które istniały w Warszawie i wielu innych większych miastach, była jedynym teatrem estradowym. Z czasem pojawiła się konkurencja w postaci Teatru Komedia na Żoliborzu i Teatru Buffo w gmachu dawnej YMKI, który po pewnym czasie stał się drugą sceną Syreny (a po upływie kilku lat został ponownie samodzielnym teatrem pod moją zresztą dyrekcją). Komedia, zgodnie z nazwą, stała się typowym teatrem komediowym, upodobniając się do pozostałych teatrów dramatycznych, od których różniła się wyłącznie lekkością repertuaru. Powstające jak grzyby po deszczu w końcu lat pięćdziesiątych ubiegłego wieku w kilku większych miastach (Kraków, Łódź, Poznań, Katowice) teatry satyryków okazały się efemerydami, a wobec braku dotacji państwowych i nietolerancji cenzury szybko zmieniły się w objazdowe kabarety, z których tylko kilka potrafiło przetrwać dłużej i odegrać pewną kulturotwórczą rolę. Do nich należały: Wagabunda Karola Szpalskiego (potem Lidii Wysockiej), Dymek z Papierosa Wojciecha Dzieduszyckiego czy Zadra braci Senderów z Katowic. Nieco później nastąpił wysyp teatrzyków studenckich, takich jak gdański Bim-Bom czy warszawski STS, które stanowiły prawdziwy przełom w polskim kabarecie i na długie lata przejęły rolę wiodącą w tej dziedzinie obok takich kabaretów, jak krakowska Piwnica pod Baranami, gdańskie CO TO czy Cyrk Rodziny Afanasjew, wrocławska Elita, albo poznański Tey i jeszcze kilka innych, ale to już późniejsze lata. W czasach, które tu opisuję, Syrena była w gruncie rzeczy jedyna i bezkonkurencyjna; stanowiła witrynę wystawową zarówno twórców, jak i wykonawców estradowych i taką rolę przez wiele lat mimo narastającej konkurencji zachowała. To z jej zespołu najczęściej wybierano wykonawców do różnych programów radiowych czy telewizyjnych, a gwiazdy tego teatru najczęściej trafiały do stołecznych kabaretów. Tak więc tu zauważona Hanka Bielicka trafiła do kabaretu Szpak, a przede wszystkim do *Podwieczorku przy mikrofonie*, który przyniósł jej największą popularność. Przytaczam dalej kilka moich tekstów pochodzących z późniejszego okresu Syreny i przedstawień, które napisałem dla Hanki Bielickiej i które ona w kilku spektaklach wykonała. Niektóre z nich, jak *Agencja towarzyska* czy *Bliski sąsiad*, wykonywała wyłącznie w teatrze, uważając, że w przypadkowych programach estradowych zmieniałyby jej estradową osobowość, do której publiczność przywykła. Ta troska o masową popularność i tak zwany wizerunek bardzo mnie dziwiła. Po latach jednak przyznaję aktorce rację – w tym względzie była jedną z pierwszych polskich celebrytek z artystycznym upoważnieniem. Celowo użyłem określenia „jedną z pierwszych", bo za prekursora w tej dziedzinie uważam Jana Kiepurę, który działał dużo wcześniej i w zupełnie innej, nietelewizyjnej rzeczywistości – tym większe jego w tym względzie zasługi.

Wróćmy jednak do Hanki Bielickiej i jej kolejnych monologów przeze mnie napisanych. Ci z Państwa, którzy znali i oklaskiwali artystkę, powinni odwołać się do swoich wspomnień. Ci, którzy jej nie zdążyli poznać, niech użyją wyobraźni.

MISKA

(Konferansjer lub głos z boku):
I tak drodzy państwo do finału wchodzą następujące dziewczęta: numer osiem, numer jedenaście, numer trzy, numer pięć i numer dwanaście... Proszę finalistki na scenę!

(wchodzi Hanka Bielicka)
Ładne numery tu odchodzą... A o numerze dziewiętnaście to się zapomniało? Nie chodzi o mnie, tylko o moją córkę... Co to wysokie jury niedowidzi? Jak niedowidzi, to niech sobie okulary kupi, a jak ślepe, to niech sobie białą laskę zafunduje, a nie Miss Polonia wybiera... Postkomuna jedna... Nie po to walczyłam o demokrację, o pluralizm i kapitalizm, żeby moje dziecko nie weszło do finału i Miss Polonią nie zostało...

To co, że nie jest ładna? Ale jaki ma charakter, o matkę dba, ugotować potrafi, a i w sprzątaniu pomoże, jak się na nią silniej krzyknie... Że co? Że nogi ma słabe? A po co jej dobre nogi? Czy ona pójdzie pieszo na wybory Miss Universum? Samolotem poleci... To co, że piersi nie ma... ale się spodziewa...

Masz ci ich, panowie jurorzy piersi do piersi, a w domu sobie poglądać u żony... Erotomany niewyżyte, piersi im się podziwiać zachciało u nieletnich... Nie wstyd wam, pedofile przeterminowane!?

A gdzie jest taki przepis, że do finału nie można wejść bez piersi? Sama widziałam w telewizorze, jak w tej Atlancie do finału weszła kobita bez piersi...

i co wysokie jury powie – złoty medal dostała... w skoku wzwyż... Co to znaczy, że tu się nie skacze? Jak się nie skacze, to niech mi tu wysokie jury nie podskakuje i dziecka nie krzywdzi, bo nie po to córkę rodziłam, żeby teraz spod tej sali toyotą nie odjechać... Mąż już nawet prawo jazdy zrobił w tej sprawie... Wymiary się liczą?! To niech wysokie jury spojrzy na siebie i sobie wymierzy... Brzuchy rosną, włosy dawno rosnąć przestały, a panowie jurorzy – sponsorzy będą mi na temat figury mojej córki grymasić. A trzeba ją było wziąć na utrzymanie i samemu odchować, a zresztą skąd wysokie jury wie, jakie moja córka zna figury?

Niech no tylko zostanie miss, to niejeden juror mógłby się od niej paru figur nauczyć... W tym względzie pomysłowa jak rzadko... Po mamusi talent odziedziczyła... Bo mamusia, czyli ja, też kurze spod ogona nie wypadła... Niedaleko pada jajko od jabłoni... Co jabłko? A, że jabłko nie jajko, a jaka to różnica?... Najważniejsze, że pada... Więc na czym to padłam, to jest stanęłam? A no tak, na tej jabłoni... Kiedy w tysiąc dziewięćset trzydziestym dziewiątym zdobyłam tytuł wicemiss Przasnysza i miałam wejść do finału powiatowego, to we wrześniu wybuchła wojna i finał się nie odbył... Po wojnie domagałam się rekompensaty, ale wiadomo, komuna nie przyznała... Powiedzieli, że przekroczyłam limit wieku i tytuł się nie należy, mimo że w piersiach i biodrach miałam dużo więcej, niż wtenczas się wymagało... Zresztą i teraz jeszcze, jak wysokie jury widzi, jeżeli dowidzi, mam wszystko, gdzie trzeba, a nawet dużo więcej, jak trzeba... I dlatego niech wysokie jury sobie nie myśli, że nie wiem, jak ten łysy juror wczoraj cały wieczór ósemkę sponsorował, a jedenastka, mimo że zezowata, to do finału się dostała, bo reżyser jej przez ostatni tydzień kształty badał... Czy to ja nie wiem, jakie numery z numerami trzy i pięć połowa jury w numerze wykonała... aż trzeba było zgrupowanie przygotowawcze o dwa tygodnie przedłużyć?! A o dwunastce i czternastce to nawet powiedzieć się wstydzę ze względu na obecność dzieci na sali... Więc jeżeli mojej córce coś brakuje, to zawsze dołożyć mogę, a jeżeli to nie pomoże, to całemu wysokiemu jury tak dołożę, że żaden numer do finału o własnych siłach nie wejdzie, jeżeli to nie będzie numer mojej córki... Nie ze mną te numery, panowie jurorzy. Bo ja jestem za wyborami wolnymi, pod warunkiem że je moja córka wygra! Mieliśmy mieć w Polsce drugą Japonię, więc mojej rodzinie chyba się z tego toyota należy! Dawniej byt kształtował świadomość, a teraz kształty świadczą o bycie! Baj!!!

MONOLOGI –
najtrudniejsza rola aktorska
i niewdzięczna twórczość autorska

Gwiazda estrady czy w ogóle pojęcie gwiazdy bardzo się dzisiaj zdewaluowało. Prasa kolorowa czy telewizja często szafują tym tytułem wobec osób, które nagle błysnęły w przestrzeni publicznej i których osiągnięcia czy zasługi artystyczne zaledwie zdążyły zwrócić uwagę publiczności. Na ogół są to dopiero zalążki talentu, które zaistniały dzięki pewnym warunkom aparycyjnym czy śladom wdzięku, a najczęściej w atmosferze skandaliku lub nawet skandalu. Są to najczęściej gwiazdeczki jednego sezonu i potem nikt już nie pamięta o ich istnieniu, a już tym bardziej o dokonaniach, zwłaszcza artystycznych. To są zaledwie ciekawostki, a nie gwiazdy. Skąd się bierze dzisiaj ta wielka łatwość kreacji i tytułów na wyrost – bez pokrycia? Myślę, że głównie wynika to z braku kompetencji i odpowiedniej wiedzy kreatorów owych niby-gwiazd, no i ciągłego nienasyconego polowania na sensację, wiecznego poszukiwania newsa. Ten nasz niby wielki świat, a w gruncie rzeczy nawet nie półświatek, jest silnie grajdołkowaty i, jak mówi młodzież, pachnie wiochą na kilometr.

Prawdziwa gwiazda estrady jest zjawiskiem niełatwym do zdefiniowania, a jej wykreowanie zależy od bardzo wielu czynników, najczęściej niezależnych od samego delikwenta czy delikwentki.

Bo przecież w równym stopniu zależy to od zdolności, wytężonej i upartej pracy, wrodzonych warunków zewnętrznych i wewnętrznych, siły przebicia, szczęścia, poparcia, zapotrzebowania na gwiazdę, odpowiedniego repertuaru, ale i pewnych wyjątkowych cech osobowości, nad którymi ciągle głowią się z bardzo różnym skutkiem najwybitniejsi reżyserzy i psychologowie. Gdyby to było proste, to zginęlibyśmy w tłumie masowo wyprodukowanych gwiazd, ale w tej sytuacji gwiazdy stałyby się tłumem nieznośnym, a nie czymś wyjątkowym, błyszczącym na tle innych, często nie mniej od nich utalentowanych artystów. Prawdziwa gwiazda gromadzi tłumy, budzi ich podziw, sympatię i miłość. Ma swoich fanatycznych wielbicieli i... wrogów, bo tylko przeciętność nie budzi kontrowersji.

Nie każdy, nawet najbardziej utalentowany artysta musi być gwiazdą, ale bywa i tak, że nie każda gwiazda jest wybitną artystką czy artystą. Najczęściej publiczność kreuje gwiazdy, jakie chce mieć, a gwiazdy mają taką publiczność, na jaką zasłużyły. Prawdziwa gwiazda starzeje się ze swoją publicznością, ale też swoim dorobkiem potrafi zainteresować nowe pokolenia widzów, budząc ich ciekawość i szacunek dla własnych artystycznych dokonań. Przyrzekam, że nie będę brnął dalej i głębiej w rozważania ogólne, powiem już tylko, że publiczność najchętniej i najczęściej kreuje gwiazdy estrady spośród wokalistów, piosenkarzy i tancerzy, znacznie rzadziej z grona aktorów, a zwłaszcza monologistów. Monolog jest bowiem dla aktora najwyższym stopniem wtajemniczenia zawodowego i jeżeli aktor chce osiągnąć prawdziwy sukces w tej dziedzinie, to musi spełnić pewne podstawowe warunki, o czym już pobieżnie wspomniałem. Powinien stwarzać wrażenie, że mówi od siebie i że to, co mówi, właśnie przed chwilą wpadło mu do głowy.

Hanka Bielicka bardzo szybko zrozumiała te zasady i przez całe życie je stosowała. W początkach swojej kariery estradowej, a raczej swoich sporadycznych występów na estradzie, posługiwała się repertuarem klasycznym (Gałczyński, Tuwim, Wiech), dostarczanym jej przez Ludwika Sempolińskiego. Na szczęście miała swoją balladę podwórkową otrzymaną od taty, *Aniele mój*, a później kolejną, napisaną przez Jerzego Jurandota, więc właściwie od swoich pierwszych estradowych występów rozporządzała własnym repertuarem. Od początku też była niezrównaną interpretatorką tekstów Wiecha, z których wiele pozostawało w jej stałym repertuarze, a pod koniec swego pobytu w Syrenie zrobiła furorę w Wiechowskim *Cafe pod Minogą* w mojej reżyserii i za mojej dyrekcji. Jednak w momencie zaangażowania do *Podwieczorku przy mikrofonie* rozporządzała jedynie wspomnianymi już tekstami i tym, co zeszło z afisza Syreny. *Podwieczorek* dawał wielki rozgłos i popularność, ale nagrywany był co dwa tygodnie i w takich odcinkach czasowych nadawany i odbierany przez miliony słuchaczy. Wymagał więc też ciągle nowego repertuaru i tu niezastąpiony okazał się jako autor Bogdan Brzeziński, o którym już wspominałem. Nie tylko stworzył on artystce nową stałą postać Dziuni

Pietrusińskiej, której monologi dostarczał regularnie co dwa tygodnie, a które obdarzona fenomenalną pamięcią Hanka Bielicka wkuwała na pamięć i wykonywała na radiowej estradzie. Jako osoba niezwykle inteligentna szybko zorientowała się, że zbytnia identyfikacja z Dziunią Pietrusińską grozi jej utożsamieniem z podwieczorkową postacią i utratą na jej korzyść swojego nazwiska (który to błąd popełnił Kazimierz Brusikiewicz, identyfikując się zbytnio z nazwiskiem Malinowski). W tej sytuacji zaczęła przeplatać teksty Brzezińskiego monologami zamawianymi u mnie, a jeszcze częściej u Jerzego Baranowskiego, będącego obok Romana Sadowskiego jednym z szefów artystycznych *Podwieczorku*.

Hanka Bielicka rozumiała doskonale, że jeżeli chce utrzymać popularność i wykorzystać ją również w innych występach estradowych, to musi stale uaktualniać swój repertuar poprzez nowe, współczesne monologi, które oprócz wyżej wymienionych pisywali też sporadycznie w teatrze Gozdawa i Stępień, Stefania Grodzieńska, a w latach późniejszych Ryszard Marek Groński. Kilka monologów napisała też Krystyna Żywulska, ale, jak już wspomniałem, Hanka Bielicka w sprawach zawodowych chętniej zawierzała mężczyznom, więc w końcu na placu boju pozostaliśmy we dwóch z Grońskim. Być może pominąłem jeszcze niektórych autorów, ale moje rozważania nie mają ambicji encyklopedycznych, a jedynie charakter wspomnieniowy, mocno subiektywny, do czego się uczciwie przyznaję. Nie wiem, jak wyglądało to z innymi autorami, ale w moim przypadku tworzeniu tekstu i jego przekazywaniu do rąk pani Hani towarzyszył specjalny rytuał, zawsze starannie przez artystkę przestrzegany. Dotyczyło to oczywiście tekstów zamawianych prywatnie. Teksty teatralne podlegały normalnym procedurom i były wręczane na próbie zespołu, chociaż w przypadku gwiazd spotkanie poprzedzała indywidualna rozmowa w dyrektorskim gabinecie, dotycząca pewnych szczegółów obsady, terminów prób i przedstawień, a także samej proponowanej roli. Wróćmy więc do procedur nieteatralnych lub, jak kto woli, prywatnych. Zwykle zaczynało się wszystko od telefonu czy rzuconej gdzieś w przejściu na żywo uwagi w rodzaju: „Właśnie myślałam sobie, że dawno mi nic nowego nie napisałeś, może warto o czymś pomyśleć...." albo – „Mam taki pomysł (tu następował jednozdaniowy opis problemu albo postaci), spróbuj coś napisać na ten temat", albo – „Wymyśl coś, bo już nie mam o czym gadać". Czasem bywało tak: „Zupełnie mnie zaniedbujesz, a tu już wszystko się zdezaktualizowało, napisz coś wreszcie, nie leń się". Ja zwykle pytałem: „Na kiedy pani to potrzebuje?". „Na wczoraj", padała odpowiedź, a po chwili: „No za jakieś dwa tygodnie...", „no jak wrócę z objazdu...", pod koniec miesiąca – zadzwonię, tylko nie za długie... wiesz, jak trudno się uczę... cha, cha, cha...". Po miesiącu zwykle następował telefon: „No jak tam, zacząłeś już coś pisać?". Ja natychmiast odpowiadałem: „Już właśnie kończę..." – to zwykle powodowało wybuch śmiechu, a po chwili: „No teraz to już naprawdę potrzebuję za tydzień. Siadaj, pisz, zadzwoń!". Kiedy już napisałem i zadzwoniłem, na dźwięk mojego głosu, głos jak zawsze cudownie zachrypnięty odpowiadał: „No domyślam się, że coś pilnego ci wypadło...", a kiedy wreszcie udało mi się przerwać ten niepowtarzalny, najszybszy w Polsce słowotok, rzucałem triumfalnie: „Właśnie skończyłem!". W słuchawce zalegała cisza, a po chwili odzywał się aktorsko stłamszony zachrypnięty głos: „No nie rób mi tego... trzeba było mnie na taką wiadomość przygotować... nie możesz tak mnie zaskakiwać...". A potem: „Wiedziałam, że mogę na ciebie liczyć, co prawda nie sądziłam, że tak szybko się uwiniesz. Musisz koniecznie wpaść... czekaj, czekaj, tylko sięgnę po kalendarz" (tu zapadała chwila ciszy), a następnie wybieraliśmy dzień tygodnia, datę i godzinę, kiedy „muszę koniecznie wpaść na obiad", potem następowało ustalenie menu, często uzupełnione dodatkowym telefonem w rodzaju: „Nie pamiętam, czy ty lubisz grzybową, bo jak nie, to Joasia zrobi pomidorową...". Potem zaś w wyznaczonym dniu i godzinie zjawiałem się na Śniadeckich w cudownym mieszkaniu pani Hanki, wyposażony w kopertę z dwoma egzemplarzami maszynopisu monologu i z odpowiednią wiązanką kwiatów (artystka uwielbiała kwiaty, lubiła je otrzymywać przy każdej okazji, a jej mieszkanie i teatralna garderoba z trudem mieściły rośliny, które z okazji premiery, a zwykle i po normalnym występie czy przedstawieniu otrzymywała od wielbicieli). Już po pierwszym dzwonku do drzwi na trzecim piętrze, opatrzonych metalową wizytówką z napisem: „Hanka Bielicka artystka dramatyczna", drzwi otwierała gospodyni osobiście i odbierając kwiaty, zapraszała „na pokoje", czyli do saloniku, a właściwie salonu urządzonego w sposób wysmakowany w stylu późnej secesji, z pięknymi meblami, obrazami i mnóstwem bibelotów zbieranych skrzętnie przez artystkę, otrzymywanych przy różnych okazjach od swoich wielbicieli lub też wyszukiwanych w zaprzyjaźnionych desach stołecznych czy prowincjonalnych, które przy okazji koncertowych tras odwiedzała. Mieszkanie było duże, pięknie utrzymane i urządzone z wielkim pietyzmem. Właścicielka znajdowała w nim azyl po licznych podróżach zawodowych i objazdach, wypełniających znaczną część jej pracowitego życia. Pani Hania przyjmowała swoich gości (do których ja też się zaliczałem) zawsze elegancko ubrana, obiad podawany był przez gosposię, która świetnie gotowała, bez względu na pokolenie, do którego należała, bo to stanowisko było u pani

Hani chyba dziedziczne i pozostawało w jednej rodzinie. Ja pamiętam panią Helenkę i panią Joasię, zamykającą dynastię pań wspaniale gotujących, ale i prowadzących wszystkie sprawy domowe pani Hanki. Obiad był podawany zawsze na eleganckiej porcelanie, nalewki czy wina w pięknych kryształowych kieliszkach. Myślę, że to miejsce rekompensowało artystce trudy jej podróży i występów, często odbywanych w dość siermiężnych warunkach peerelowskiej prowincji czyli polonijnych ośrodków, których nie omijała. A nawet traktowała je nie mniej poważnie niż występy w słynnej australijskiej Sydney Opera House czy w kilku innych ekskluzywnych miejscach, dokąd ją zapraszano. Wracając do przerwanego przeze mnie lekkomyślnie obiadu, po deserach, przy filiżance aromatycznej kawy czy herbaty i nieodłącznym wspaniałym kolejnym wypieku pani Joasi, padało wreszcie z ust pani Hanki sakramentalne: „No pokaż wreszcie, coś tam spichcił – czytaj!". Tutaj następowało uroczyste otwarcie koperty, jeden egzemplarz wręczałem gospodyni, a drugi zgodnie z niepisanym protokołem musiałem pierwszy raz odczytać osobiście. Już po pierwszych reakcjach gospodyni, jej śmiechu czy okrzykach „odwal się" orientowałem się w ocenie tekstu. Następnie utwór czytała głośno pani Hanka i na bieżąco zgłaszała swoje uwagi dotyczące składni, pewnych sformułowań czy kolejności wyrazów. Potem następowała między nami wymiana komplementów i... kopert. Ja wręczałem kopertę z drugim egzemplarzem, z naniesionymi już w międzyczasie ewentualnymi doraźnymi poprawkami, a pani Hania wręczała mi kopertę zawierająca honorarium, którego wysokości nigdy nie ustalaliśmy ani też ja nigdy jej nie kwestionowałem, bo nie miałem powodu. Przy pożegnaniu wyznaczaliśmy termin następnego spotkania – próby, która odbywała się pod tym samym adresem, ale już z opanowanym pamięciowo tekstem. Wówczas też wprowadzaliśmy ostateczne zmiany (jeżeli takie były); niezwykle rzadko korekty następowały po pierwszym publicznym wykonaniu lub ingerencji cenzury.

Te ingerencje były na ogół niewielkie, bo Urząd Kontroli Prasy i Widowisk (cenzura) zwykle oceniał te monologi wykonywane na żywo, a pani Hania tak genialnie umiała „przyspieszać" w odpowiednich momentach, że tekst robił wrażenie zwyczajnej mało szkodliwej pyskówki. Nierzadko też pisałem te monologi w kilku wersjach – krajowej, zagranicznej, radiowej i estradowej, a tu kryteria bywały różne. Często więc taktyka wprowadzenia tekstu do publicznego obiegu była bardziej skomplikowana niż jego napisanie i wymagała specjalnego talentu, a właściwie odpowiedniej przebiegłości i orientacji w meandrach politycznych ludowej władzy. Była to trochę taka zabawa w „kto kogo przechytrzy".

Estrada w czasach PRL-u stała się oprócz filmu najpewniejszym dodatkowym źródłem zarobku dla aktorów teatralnych. Tak więc wielu z nich próbowało szczęścia w tej dziedzinie, ale starali się robić to najmniejszym kosztem. Zwykle przygotowywali jakiś fragment poezji czy bardzo wyeksploatowany mało aktualny tekst kabaretowy. Mimo znanego teatralnego nazwiska wykonawcy dla publiczności było to mało atrakcyjne i nie przynosiło długotrwałego finansowego sukcesu, na który liczyli aktorzy. Podglądali więc estradowców, chcąc zgłębić tajemnice ich powodzenia, ale do głowy im nie przychodziło, że odpowiednio oryginalny tekst trzeba po prostu kupić, że należy w siebie zainwestować, bo na estradzie w równym stopniu ważne jest, co się mówi, jak i jak się mówi. Wytrawni estradowcy o tym wiedzieli i zawdzięczali temu swoje powodzenie zarówno artystyczne, jak i materialne. Jeżeli ktoś chce związać się na stałe z estradą, to musi wiedzieć i pamiętać, że publiczność estradowa domaga się stale aktualności i nie znosi powtórek. Kto nie przestrzega tych zasad, prędzej czy później poniesie na estradzie klęskę, którą z tego powodu, mimo największego mistrzostwa wykonawczego ponosili najwięksi, że wspomnę tu tylko Adolfa Dymszę, Kazimierza Krukowskiego czy Jerzego Dobrowolskiego. W tym względzie u publiczności „nie ma zmiłuj się" i powinni o tym pamiętać nawet ci najpopularniejsi. Wszystko do czasu, bo, jak powiedział pewien klasyk: „publiczka niby głupia, lecz swój rozumek posiada".

Estrada w przeciwieństwie do teatru, który całymi latami może atrakcyjnie żywić się klasyką dramatyczną czy komediową, wymaga stałej współpracy aktora z autorem. Oczywiście ideałem jest, kiedy obdarzony talentem literackim wykonawca sam sobie pisze teksty, ale takie przypadki należą do rzadkości i często na dłuższą metę to się nie sprawdza.

Natomiast ścisła współpraca, zwłaszcza długoletnia, utalentowanego wykonawcy z nie mniej zdolnym autorem może dać niespodziewane wyniki. Oczywiście ów duet musi świetnie znać i czuć estradę, bo taka twórczość wymaga bardzo specjalnych predyspozycji. Nawet najbardziej utalentowany literat czy felietonista może ponieść klęskę jako autor tekstów estradowych. Monolog w porównaniu z felietonem wymaga zupełnie innej frazy, musi być pisany krótszymi zdaniami, gęściej puentowany itd. Na estradzie bardzo ważny jest „timing", czyli wyczucie czasu. Minuta ciszy na sali trwa kwadrans. Czas słuchania i czas czytania – to zupełnie inne czasy. W kabarecie czy w sali koncertowej widz nie może cofnąć kartki, nie może powtórzyć tekstu, musi go zrozumieć „od pierwszego usłyszenia"... Nie chcę się wymądrzać, ale są to pewne niepisane zasady pisania na estradę, które dla uzyskania sukcesu muszą być w dodatku jeszcze odczytane w sposób odpowiedni, czyli zinterpretowane czy też wypowiedziane przez wykonawcę.

To znowu wymaga specjalnego talentu. Nieprzypadkowo szkoły teatralne czy różne teatralne akademie uciekają przed wydziałami estradowymi. Ten rodzaj sztuki nie bardzo nadaje się do uczenia go metodami akademickimi. To niezwykle skomplikowane rzemiosło wymaga nie tylko wielkiego talentu, ale i nieprzeciętnej intuicji, a ta ostatnia nie bardzo poddaje się regułom wykładania. Piosenka czy monolog na swoim najwyższym poziomie artystycznym wymaga nie tyle mistrzostwa, ile arcymistrzostwa wykonawczego. Taką arcymistrzynią tego gatunku była właśnie Hanka Bielicka, a jak do tego doszła, tego już nigdy tak na pewno się nie dowiemy.

Aktorzy miewają oczywiście swoje ulubione teksty, do których przywiązują się niekiedy na wiele lat. Do takich monologów pani Hani należała *Kolombina*. Jego pierwotną wersję napisała Krystyna Żywulska. Po latach za zgodą autorki pani Hania namówiła mnie do uaktualnienia tego monologu, czyli de facto napisania go na nowo na starej kanwie. Bardzo nie lubię takich zabiegów i unikam podobnych zleceń, ale czego się nie robiło dla mojej ulubionej artystki. Przypomnijmy sobie więc ten monolog.

Nie ruszać kolombiny

Dobry wieczór państwu. Ja tu przyszłam, bo nie lubię z ogłoszenia... Teraz takie czasy, że nie wiadomo, do kogo się mówi, ale państwo na lepszych ludzi wyglądają, więc może się do kogo zgodzę. Ja przed wojną to w samych lepszych domach bywałam, co się we francuskich językach obcych rozmawiało, a paniczowi w głowę wbijali, że nie mówi się „sie", tylko mówi się „się". Bo prezesostwo to byli prawdziwi państwo, a pani była z domu rotmistrzówna.

A niech państwo nie myślą, że ja z byle jakich, bo ja jestem inteligentny człowiek i w moim pokoju służbowym pierot i kolombina na fotelu siedzieli, a jak dzieciaki przychodziły, mówiłam: „dzieciaki won, nie ruszać kolombiny".

Gotuję tłusto, masła nie żałuję, czy można dostać z ciężarówki, czy z trotuaru, lubię człowiekowi dogodzić do podniebienia i wszędzie. Za chłopami nie latam, bo swoje lata posiadam, a jak państwo się tu tak uczciwie rozejrzą, to naprawdę nie ma za kiem.

Trafia mnie się nawet małżeństwo – kolejarz, milion trzysta tysięcy miesięcznie, dodatek rodzinny i indeksacja oraz premia, jak się pociąg nie wykolei – ale gdzie mnie będzie we własnym domu tak dobrze jak w cudzym. A jak pomyślę, że ja mam być ta pani, co szuka gosposi, to już wolę się rządzić jak gosposia u jakiejś pani.

Dziś rano byłam u jednej. Więc się ją pytam, czy „mamusia", co się nazywa „pani starsza", jest? Ona powiada jest, żyje i zaczęła mnie przepraszać. Więc mówię: „Nie trzeba, tylko chcę wiedzieć, pani czy pana, bo jak pana, to nic z tego – nie lubię piekła ze synową...". Ona powiada: „Właściwie męża, ale jak własna, zresztą to się w każdej chwili może zmienić, może się wyprowadzić...". O dzieciach to mnie najpierw mówiła, że posiada jedno, a jak tylko weszłam, zobaczyłam, że dwoje gania po pokojach. „Czyje to drugie?" – pytam. „Drugie? – zdziwiła się – rzeczywiście, zupełnie zapomniałam, że mam jeszcze jedno... ale właściwie fakt był jeden, bo to bliźniaki... Zresztą to się w każdej chwili może zmienić, oddam do żłobka". „A dom partyjny?" – pytam... A ona: „Tak, to znaczy właściwie od pewnego czasu bezpartyjny... ale jak gosposia sobie życzy, to się w każdej chwili może zmienić...". „Jak się zmieni – powiedziałam jej – to ja i tak u takich chorągiewek służyć nie będę. Takie to kości ideologicznych nie mają, jak mówił mój ostatni pan, towarzysz Dutkiewicz".

Od tych Dutkiewiczów to ja bym nie poszła, ale się tam w ostatnich czasach już nie do wytrzymania porobiło.

Jak zaczęłam u nich pracować (w pięćdziesiątych latach), to mówili do mnie: „towarzyszko pomoc domowa, podajcie kotlety". A pan mówił: „Cześć pracy, jak się obywatelka czuje w naszej socjalistycznej rodzinie?". Więc mówię: „Dobrze, tylko mnie w kościach łupie". Zabrali mnie książkę, Mniszkównę, za to, że ta trędowata była drobnomieszczanka, i zakupili mnie taką o „de"..., „dejalechtyka"... A kiedy szłam, żeby stanąć w kolejce, to pani mnie rękę na pożegnanie podawała. Z początku trudno się było do tego przyzwyczaić, a potem mnie się nawet spodobało, że się zostałam tą klasą robotniczą wyzyskiwaną, chociaż wiodącą siłą narodu.

Aż tu nagle, gdzieś w latach siedemdziesiątych, przyszła jakaś sodoma i gomora, pani wisiorki na uszy założyła, co jej za przeproszeniem dyndały, i nagą suknię uszyła, że skaranie boskie, i mówi, żebym zrobiła kotlet de walaj, bo goście przyjdą i ona musi im stopę pokazać, co się podnosi... i że teraz będziemy drugą Polskę budować... „Pomożecie?" – zapytała. „Pomożemy" – krzyknęłam i wzięłam te moje siatkie... płać i mówię: „Towarzyszko – idę na bazar" – i rękę jej jak zawsze podaję. A ona na to: „Moja gosposiu, gosposia się zapomina, proszę lepiej przygotować koktajle jak u prezesostwa".

Zgłupiałam... Bo mnie już przez ten czas ta świadomość urosła... A pani do mnie: „Niech gosposia tak na mnie nie patrzy, bo teraz forma nieważna – treść się liczy... socjalistyczna oczywiście...". I jeszcze jedno „proszę na brzuszek założyć fartuszek, a na włosy przepaskę, a jak się witamy, to dygamy, jak przed wojną u prezesostwa". Zrobiłam, co kazali, ale jak te goście wyszli, to się pytam: „Co się, proszę towarzyszy, porobiło, bo niech mnie piorun strzeli, nic nie rozumiem, a na starość małpy z siebie robić nie pozwolę"... A pan na to, bo już był trochę przynapity: „Niech gosposia nie pyskuje, tylko posprząta, bo nowe czasy idą" i uszczypnął mnie w pośladek jak za sanacji przed wojną u prezesostwa...

I faktycznie przyszły te czasy... Najpierw nieporozumienie gdańskie, „Solidarność", przestałam gotować – zaczęłam strajkować... Ale państwo zastosowało wobec mnie rozwiązanie siłowe, bo się zrobił stan wojenny... Pan zaczął chodzić w mundurze, a pani biegać do kościoła... „Niech gosposia się uspokoi – mówiła – i zamiast pyskować, lepiej do kościoła chodzi, bo powiedzą, że gosposię uciskamy religijnie". Zabrali mnie dajalechtykę i dali żywot świętej Zyty... do czytania... w drugim obiegu, bo pani w tym czasie zeszła do podziemia... A pan potem wrócił do cywila i wdrażał drugi etap reformy gospodarczej, ale mu nie wyszło, przegrał wybory do Senatu, bo kandydował z listy i nie miał zdjęcia z panem Wałęsą... więc go skreślili... Bo jak mnie dozorczyni mówiła – zmienił poglądy, bo tylko krowa nie zmienia i dlatego mleko takie drogie... Więc się wypisał z tego POP-u i wszedł do OKAP-u, ale kariery nie zrobił, bo nie był internowany i miał przeszłość... Przyszłość ma tylko pani, bo zbiera na fundusz i SOS dla ministra Kuronia... tego, co te zupy gotuje i w telewizji występuje co tydzień bez krawata...

Tak, tak czasy się zmieniły – kiedyś minister podejmował szampanem, a teraz zupą... Te zupy bym jeszcze wytrzymała, bo mam te utajone rezerwy, ale nagle wczoraj moje państwo mnie do stołu sadzajom, dajom koniak z sardynkom, a pan do mnie takom mowe trzyma: „Maryniu... bo mnie na imię Marynia – teraz, kiedy mamy nowy system, czyli materializm praktyczny – koniec nomenklatury – tworzymy nowe struktury – zrobimy dżoint inwenczer, czyli spółkę ZOO... Marynia wypuści obligacje, a my wykupimy akcje...". Tego już nie wytrzymałam i wygarnęłam: że żadne ZOO ani wenczer nie będę, w butelkę się nabić nie dam, a pan niech uważa, żeby go znowu z tych szeregów bezpartyjnych nie wylali i że nie po to sobie świadomość klasową podniosłam, żeby teraz robić za prywatną właścicielkę, bo swój rozum mam i chociaż z rozumu jeszcze nikt w tym kraju nie wyżył, to wolę żyć poniżej średniej krajowej, niż kombinować w jakimś ZOO czy innej za przeproszeniem spółce nomenklaturowo-akcyjnej i poszłam sobie.

Więc może państwo o jakiem miejscu wiedzom. Tylko żeby tam już od razu na wszystkie etapy mieli te środki koncepcyjne i żeby żyli we własnym domu... Najlepiej w takim, co to dziadek był w Legionach, wujek w II Korpusie, a ciocia w *Głosie Ameryki* – wtedy wszyscy będziemy żyli spokojnie.

A jak tu nic nie znajdę, to dam ogłoszenie: „Gosposia ze starej nomenklatury szuka miejsca w nowej". W końcu – przeżyłam socjalizm, przeżyję kapitalizm!

ARTYSTKA TOTALNA
czyli kapelusze pani Hanki

Hanka Bielicka właściwie od zawsze kojarzyła się swoim wielbicielom z kapeluszem, a raczej nawet z kolejnymi kapeluszami, które prezentowała na estradzie czy w życiu prywatnym. Kapelusze stanowiły integralną część jej osobowości. Były bardzo dokładnie wymyślane i wysmakowane. Miała ich mnóstwo, dobierała je starannie zarówno kolorystycznie, jak i stylistycznie do kostiumów estradowych i kreacji codziennych. Celowo użyłem tu terminu „kreacje", bo „ubiór" w stosunku do pani Hani nie byłby właściwym określeniem. Bez kapelusza można ją było zobaczyć tylko w trzech miejscach – w domu, garderobie teatralnej i... w szpitalu. Jak z tego wynika, nie były to miejsca powszechnie dostępne, bo też zdjęcie kapelusza artystka uważała za rodzaj obnażenia się czy wręcz nagości. Nie umiałbym ocenić, ile w tym było tradycji wyniesionej z rodzinnej Łomży, gdzie elegancka dama nie miała prawa pokazać się z gołą głową – bez kapelusza, ile protestu wobec pauperyzacji peerelowskiej ulicy, ile prowokacji wobec ludowej władzy, a ile zamierzonej ciągłej kreacji aktorskiej, która towarzyszyła Hance Bielickiej od rana do nocy i była jej sposobem na życie. Osobiście skłaniałbym się do tej ostatniej przyczyny. Im dłużej znałem panią Hanię, tym silniej utwierdzałem się w przekonaniu, że jej aktorstwo nie znało granic, że była artystką totalną i tej idei podporządkowała całe swoje życie. Tak rozumiała swoje powołanie i zawsze grała konsekwentnie jedną rolę, rolę Hanki Bielickiej właśnie. Była w tym absolutnie uczciwa, tak rozumiała swoją misję, tak też rozumiała swoje powinności wobec społeczeństwa. W tym przekonaniu i praktyce nie była odosobniona, bo taki był model gwiazdy dziewiętnastego, a nawet połowy dwudziestego wieku. W podobny sposób realizowało się wiele współczesnych jej gwiazd teatralnych czy estradowych. Pamiętamy przecież jeszcze Mieczysławę Ćwiklińską, Irenę Eichlerównę, Smosarską czy Ninę Andrycz, Ludwika Solskiego, Osterwę czy Junoszę-Stępowskiego i innych.

W okresie przedwojennym do tego typu gwiazd estrady i kabaretu zaliczyłbym spośród pań: Hankę Ordonównę, Zulę Pogorzelską czy Mirę Zimińską, Lodę Halamę, a z panów Adolfa Dymszę, Jarosego i może Lawińskiego. Po wojnie teatr dramatyczny w Polsce bardzo się zinstytucjonalizował, stąd też aktorzy w większości silnie się „ustatkowali", czy jak kto woli ustabilizowali, zabrakło w tym teatrze odrobiny szaleństwa, która charakteryzowała przedwojenne sceny. Aktor stał się „pracownikiem etatowym" i zurzędniczał, goniąc za dodatkowymi zarobkami w filmie, dubbingu czy na estradzie. Byłbym niesprawiedliwy, gdybym twierdził, że w powojennym teatrze nie było wielkich aktorów, czy nawet wielkich gwiazd, ale mało było aktorów totalnych, to znaczy takich, co to „grają siebie sobą" przez całą dobę. Do takich należała jeszcze stara gwardia, jak na przykład bracia Kondratowie – Józef i Tadeusz, Tadeusz Fijewski, Jan Kurnakowicz, a ze współczesnych Tadeusz Łomnicki i Adam Hanuszkiewicz, podobnie jak z młodszych Jan Kobuszewski, Zbyszek Cybulski, Bobek Kobiela, Maklakiewicz i jeszcze wielu innych, ale to już raczej epoka radia, telewizji i filmu. Była też wspaniała plejada aktorów krakowskich z Leszkiem Herdegenem na czele. A także oczywiście Łomnicki i Holoubek, którzy tak naprawdę nigdy nie byli „prywatni". Dzisiaj zupełnie zmieniła się filozofia tego zawodu. Teraz najwięksi nawet szczycą się tym, że wykonują swoje aktorskie zadania profesjonalnie, a misja czy też misyjność tego zawodu jest raczej tematem żartów środowiskowych.

Nie umiem przesądzić, kto ma rację – oceny zostawmy potomnym.

Nie mylmy talentu czy sprawności aktorskiej z popularnością, bo te nie zawsze idą z sobą w parze. Dzisiaj o wszystkim decydują media, czyli częstotliwość pojawiania się na szklanym ekranie, chociaż i to czasem może zaszkodzić, zwłaszcza przy talencie śladowym albo… bezśladowym. W takim wypadku można już tylko zostać politykiem, a tego nie życzę nawet tym najmniej utalentowanym.

Na ten temat krążyła w czasach, które tu opisuję, czyli w okresie średniego PRL-u, pewna anegdota, która doskonale oddaje poglądy naszego ówczesnego środowiska aktorskiego. Otóż Dudek, czyli świetny aktor, reżyser i twórca kabaretowy Edward Dziewoński, w czasie pewnej dyskusji w ministerstwie tak się zagalopował z manifestowaniem swoich lewicowych poglądów, że jego rozmówca (wysoki dygnitarz ministerialny) zaproponował mu wstąpienie do partii. Przerażony Dziewoński na chwilę zaniemówił, a potem niespeszony wypalił: „Bardzo dziękuję, ale nie mogę". „Dlaczego?" – zdziwił się dygnitarz. „Ano dlatego, że wszyscy uznaliby, że nie mam talentu!" – wykrzyknął Dudek. Taka też w znacznym stopniu była prawda o przynależności partyjnej aktorskiej braci.

Oczywiście było kilkudziesięciu ideowych komunistów, wśród nich paru wybitnych artystów, kilku kolegów z przeszłością akowską czy andersowską, co to w taki sposób ratowali się przed aresztowaniem lub w najlepszym razie prześladowaniem, ale większość tych partyjnych artystów stanowili oportuniści i karierowicze.

Dotyczyło to zresztą głównie aktorów teatralnych, etatowych. Estrada, jak już wspomniałem, rządziła się innymi prawami, stąd też partyjny estradowiec był wyjątkiem silnie narażonym na drwiny i żarty kolegów. Niektórzy starali się swoją partyjną przynależność zachować w głębokiej tajemnicy, co paradoksalnie udawało się w kraju, natomiast wychodziło na jaw przy przekraczaniu granicy między Stanami Zjednoczonymi i Kanadą, ale o tym opowiem w innym miejscu. Jeśli chodzi o panią Hanię, to myślę, że z racji pochodzenia nikt nie proponował jej wstąpienia do partii. Można też śmiało powiedzieć, że o tę rolę nigdy nie zabiegała. Zawsze się mówiło, że Polska była najweselszym barakiem w całym obozie socjalistycznym, ja bym do tego dodał, że środowisko artystyczne, a zwłaszcza aktorskie, było najweselszą izbą w tym baraku, zwłaszcza że władza ludowa uważała artystów trochę za ludzi na wariackich papierach, których nie zawsze można traktować poważnie. To bardzo ułatwiało życie i stwarzało pewien azyl, którego nie dałoby się utrzymać w innym środowisku.

Oczywiście nie chcę powiedzieć, że nasze środowisko nie było inwigilowane, gdyż takie twierdzenie byłoby daleko posuniętą naiwnością, ale myślę, że tak zwane wtyki lokowano najczęściej wśród urzędników czy organizatorów imprez, a znacznie rzadziej wśród samych aktorów, gdzie informatorzy byli dosyć łatwo dostrzegani i rozszyfrowywani. Ciekawe, że osobnicy, których podejrzewaliśmy o współpracę czy donosicielstwo, po upadku PRL-u okazywali się jakimiś sybirakami bądź konspiratorami pracującymi w strukturach podziemnych zmierzających do obalenia ustroju. Coś tu się więc nie zgadzało – albo nie wiedziała lewica, co robi prawica, albo bywało odwrotnie. Być może rację miała władza ludowa, uważając, że całe to środowisko żyło na wariackich papierach, a więc to efekciarskie szaleństwo okazało się per saldo bardzo efektywne i pozwoliło nam przeżyć w miarę bezpiecznie te trudne czasy w naszym małym wariatkowie, oto-czonym murem żartów, humoru i co tu kryć – fosą wypełnioną w znacznym stopniu... alkoholem, który wchłanialiśmy dosyć zapalczywie ze względów prawie patriotycznych.

Na tym tle kapelusze pani Hanki pełniły szczególną funkcję – z jednej strony stanowiły przyłbicę oddzielającą ją od otaczającej rzeczywistości (to te prywatne kapelusze, w których pokazywała się na ulicach czy w kawiarniach warszawskich albo w których podróżowała po kraju), z drugiej określały sta-tus i pozycję osoby, którą kreowała albo w której imieniu wygłaszała kolejny monolog (to te „służbowe", estradowe bądź kabaretowe kapelusze, kapelusiki i turbany – oznaki pochodzenia społecznego jej bohaterek). Kapelusze łączy-ły Dziunię Pietrusińską z Hanką Bielicką, kapelusze stały się świadectwem i znakiem firmowym artystki, którą była zawsze w każdej sytuacji. Tak na-prawdę to Hanka Bielicka od czasu ukończenia PIST-u nigdy nie była osobą zupełnie prywatną – zawsze grała rolę, którą wyznaczył jej autor, reżyser lub też życie, będące dla niej wyłącznie przerwą między kolejnymi spektaklami, które uwielbiała i których nigdy nie była syta.

Od czasu przejścia z Teatru Współczesnego do Teatru Syrena jej niepokój budziły tak naprawdę tylko trzy rzeczy – milczący telefon, wolna od zawodo-wych obowiązków kartka w kalendarzu i zdrowie. To ostatnie zresztą tylko dlatego, że było potrzebne, by dotrzymać ustalonych terminów. Ktoś, kto znał panią Hanię jedynie z jej występów albo wyłącznie z widzenia, może uznać moje opinie za przesadzone, ale ci, którzy z nią pracowali lub znali ją bliżej, przyznają mi rację. Byłem zresztą i jestem pełen podziwu dla niej i jej podejścia do uprawianego zawodu, ale jednocześnie uważam, że tu właśnie tkwi źródło jej nadzwyczajnych sukcesów zawodowych, jak i pewnych porażek osobistych. Takie podejście do uprawianego zawodu artystycznego nie stanowiło zresztą rzadkości i realizowane było podobnie przez wielu aktorów jej pokolenia, no może tylko z nieco większym marginesem dla życia osobistego.

Pamiętajmy jednak, że artystka urodziła się w okresie panowania Skorpiona, a to bardzo mocny znak. Pani Hania miała bardzo silnie zarysowane cechy przywódcze, cieszyła się wielkim autorytetem wśród kolegów i koleżanek z zespołu. Była osobą bardzo lubianą (z nielicznymi wyjątkami, o których wspomniałem), zawsze można było liczyć na jej pomoc materialną (co, nie-stety, było nadużywane przez kolegów i znajomych), w sprawach zawodowych i życiowo trudnych można było liczyć na jej poważną i zarazem dyskretną radę, z którą nigdy się nie narzucała, ale którą w potrzebie służyła. Zawsze się zastanawiałem, dlaczego nigdy nie ubiegała się o funkcję dyrektora teatru, która zazwyczaj bywa marzeniem większości aktorów znacznie mniej niż ona predysponowanych do tego stanowiska, a co staje się zmorą wielu teatrów, a często nawet nieszczęściem zupełnie przyzwoitych aktorów, traktujących stanowisko dyrektora jako kolejną należną im rolę, niezdających sobie sprawy ze szczególnych kwalifikacji, których owa w ich mniemaniu prosta kreacja wymaga.

Takich ciągot na szczęście Hanka Bielicka nie miała i chwała jej za to. Jak każda prawdziwa gwiazda lubiła, aby spektakl był budowany wokół niej, żeby była w nim postacią główną, dla której publiczność szturmuje kasę i dla której przyszła do teatru. Ta sama zasada obowiązywała przy budowie zespołu objazdowego. Oczywiście tej pozycji „dorabiała" się latami, ale kiedy już ją zdobyła, to starała się utrzymać. Talent innych oceniała surowo, ale obiektywnie, chociaż z wielkim trudem przychodziło jej stosowanie taryfy ulgowej wobec osób stawiających na pierwszym planie życie rodzinne czy prywatne. Pod tym względem była bezwzględna – stosowała wobec innych te same kryteria co wobec siebie, co oznaczało, że sprawy osobiste musiały zawsze ustąpić miejsca zawodowym i nie mogło być żadnego „zmiłuj się".

Trzeba pamiętać, że ta wieloletnia czy nawet długowieczna kariera miała swoje etapy czasowe różniące się nie tylko kalendarzowo, ale i cywilizacyjnie, ustrojowo, a nawet mentalnościowo. Otóż na wszystkich tych etapach artystka potrafiła się szybko odnaleźć, jak również zachować swój odrębny styl życia i... grania, bo, jak stale podkreślam, grała przez całe swoje życie, a że była w tym szalenie naturalna, to już zasługa jej wielkiego talentu... aktorskiego oczywiście. Nie była w tym pokoleniu odosobniona. Z moich doświadczeń i obserwacji wynika, że aktorzy generalnie dzielą się na totalnych – co to grają od rana do wieczora (a może nawet do następnego rana) zarówno na scenie, jak i w życiu prywatnym i potrafią się załamać, jeżeli pozostają niezauważeni.

Do takich w najbliższym otoczeniu Hanki Bielickiej należeli Kazimierz Brusikiewicz, Adolf Dymsza, Jarema Stępowski, Bohdan Łazuka i jeszcze wielu innych. Inną kategorię stanowią aktorzy rzemieślnicy. Wcale nie gorsi od poprzednio wymienionych, lecz traktujący swój zawód jak rzemiosło i dzielący jak w innych dziedzinach swoje życie na zawodowe (scena, estrada, film, telewizja, radio czy kabaret) i prywatne (żona, dzieci, dom).

Każda z tych kategorii ma swoich zwolenników i przeciwników. W każdej mieszczą się też aktorzy najwybitniejsi i przeciętni. A więc styl życia nie zawsze przenosi się na jakość wykonywanego zawodu. Zwolennikami tej drugiej koncepcji są między innymi tak wybitni artyści, jak Irena Santor, Zbigniew

Zamachowski, Piotr Fronczewski, Marek Kondrat, Janusz Gajos i jeszcze wielu innych... Czy tak jest na pewno i czy tak jest naprawdę? Nie byłbym tego taki pewien, bo jednak popularnością gardzą zwykle ci najpopularniejsi i mimo pozornego kamuflażu łatwo rozpoznawalni. W zawód aktora czy artysty estrady z natury rzeczy jest przecież wpisana rozpoznawalność, a co za tym idzie, popularność, a więc nie oszukujmy się – artysta dobry to zazwyczaj artysta znany. Artysta „powszechnie nieznany" to na ogół artysta niezauważony, bo przeciętny; albo, co zdarza się niezwykle rzadko, „niedoceniony" – ale od niedocenionych artystów świat się roi i zwykle nie oni decydują o rozwoju sztuki czy kultury.

Tak więc w dobie telewizji, radia i internetu mamy tłumy celebrytów, choć niekoniecznie wybitnych artystów, ale też współczesny aktor czy artysta estrady (celowo dzielę te dwa pojęcia) chce tego czy nie (na ogół chce), musi być z natury uprawianego zawodu celebrytą. Jak z tego wynika, Hanka Bielicka, podobnie jak Jan Kiepura, Adolf Dymsza, Nina Andrycz, Edward Dziewoński tylko trochę wyprzedzali epokę, będąc w gruncie rzeczy pierwszymi celebrytami, ale zawodowymi. Tworzyli swój wizerunek za pomocą znacznie skromniejszych środków niż współczesne, a zatem byli zdecydowanymi pionierami w tej dziedzinie i chwała im za to. Tak więc w dosyć konserwatywnym wizerunku dziewiętnastowiecznej gwiazdy krył się zarazem zalążek współczesnych celebrytów. Nic więc dziwnego, że Hanka Bielicka była wielką admiratorką Violetty Villas, Czesława Niemena czy Kazimierza Brusikiewicza.

Ktoś może zapytać, czy celebryci to ludzie normalni. Oceny mogą być różne, bo podobno „normalni" ludzie pracują wyłącznie na poczcie, ale czy polska poczta działa normalnie? Pewną ciekawostką jest, że zwykle tak zwani artyści totalni wzmacniają swój wizerunek jakimś nakryciem głowy zarówno na scenie, jak i w życiu prywatnym – zwykle bywają to kapelusze, peruki, charakterystyczne czapki albo berety, no te ostatnie bywają też wyznaniem wiary, ale to już zupełnie inna historia.

Co do historii, to proszę nie oczekiwać ode mnie szczegółowych dat poszczególnych wydarzeń czy premier w tym przecież dziewięćdziesięciojednoletnim życiu, bo po pierwsze, nie mam tak pojemnej pamięci, po drugie, brak mi zacięcia badacza, a po trzecie, nie chciałbym Państwa zanudzić. Tak więc w tej opowieści ograniczam się wyłącznie do wydarzeń, które w towarzystwie bohaterki przeżyłem lub o których mi osobiście opowiedziała w czasie naszych wielogodzinnych rozmów, jakie prowadziliśmy w różnych miejscach, często w trakcie podróży autokarem czy samolotem, a także w różnych garderobach teatralnych, za kulisami, w kawiarni czy uroczym mieszkaniu pani Hanki. Łączyły mnie z nią, jako się rzekło, sprawy zawodowe i wieloletnia przyjaźń. Cieszyłem się jej wielkim zaufaniem, stąd też zwierzenia miały często charakter bez mała spowiedzi, jednak pozbawionej klauzuli tajemnicy, jako że znaczna ich część miała stanowić materiał do książki, którą jej obiecałem i z której to obietnicy usiłuję się właśnie wywiązać.

Zasadą tej książki jest pomieszczenie w niej pewnej części repertuaru artystki, który dla niej przed laty napisałem, bo przecież co bardziej może przypomnieć Państwu Hankę Bielicką niż jej monologi. Jednym z bardziej znaczących jest *Reemigrantka*, która powstała na przełomie lat siedemdziesiątych i osiemdziesiątych poprzedniego wieku. Mam nadzieję, że przyznają Państwo iż pobrzmiewa to dostojnie i historycznie zarazem – no przecież to już prawie klasyka…

Reemigrantka

(wchodzi ubrana niezwykle ekscentrycznie i kolorowo)

Widzę, że mnie nie poznajecie? Nic dziwnego… – zmiana osobowości – new personality… to po amerykańsku… Starej twarzy się tam już nie nosi… Prezydent zmienia twarz co trzy miesiące, senatorzy co dwa, a zwykli obywatele noszą różnie… czarne albo białe – black and white… wolność i swoboda obyczajów… seks revolution… W końcu nie po to leciałam do Stanów, żeby po powrocie wyglądać jak nasza gospodarka dawniej – zniszczona, zaniedbana i bez reform… Teraz to zupełnie co innego – modernizacja, decentralizacja i reglamentacja… A u nich… Stagnacja, recesja i… secesja techniczna… pustynia gospodarcza. Same braki i brak ministra Baki… Beznadzieja… Więc wróciłam… Na stałe… Nie widzę w tym nic śmiesznego… Bywają tacy, co wracają… w ramach reemigracji do ludowej demokracji… Gdyby tam wszyscy zostali, to kto by tutaj stał w kolejkach? Ale ja nie kolejką, ja samolotem… Lotem… Dawniej się mówiło – Lotem bliżej, teraz się mówi – Lotem drożej, ale nie przesadzajmy, w końcu nie wszyscy muszą latać do Kanady. Jak ktoś chce lecieć do Berlina, to może wykupić bilet do Słupska albo do Koszalina – taniej i z większą obsługą… Ja poleciałam… Władzio któregoś dnia powiedział, że sytuacja międzynarodowa się zaostrza, Amerykanie nie cofną tych sankcji, przysyłają do Europy perszingi i kruzy, to my im, powiada, poślemy ciebie... żeby przełamać ten kryzys w rokowaniach zbrojeniowych. Jeśli nie wrócisz, powiada, to będziesz pożyczką bezzwrotną niskooprocentowaną (bo ja nie piję w przeciwieństwie do Władzia). Jeżeli wrócisz, to będziesz wyrzutnią dalekiego zasięgu, którą zainstalujemy pewnie na naszym kontynencie dla zachowania równowagi sił, oczywiście z głowicą wymienną... Co do tej głowicy, tośmy się trochę starli, na szczęście z pomocą broni konwencjonalnej – to jest latających talerzy. Po pierwszej wymianie rakiet powiedziałam spokojnie: Władziu – ty nie bądź dla mnie taki perszing, bo ja ci jeszcze niejednego kruza mogę nabić, ale w związku z moim wyjazdem do Ameryki proponuję jednodniowe zawieszenie ognia i ogłaszam Okęcie strefą wyłączoną. Ponieważ przyjął moje warunki, odlot odbył się zgodnie z planem, nie licząc krótkiego starcia z celnikiem, który zapytał, czy mam coś do oclenia? Odpowiedziałam, że kobiałeczkę grzybków. Poprosił żebym pokazała, a kiedy obejrzał, zaczął wybrzydzać, grzybki z bursztynu, kobiałeczka z kryształu, a wszystko owinięte kołdrą z puchu i zażądał cła.

Wybiłam mu to szybko z głowy. Powiedziałam, że nie po to robimy reformę gospodarczą, nie po to regulujemy co dwa tygodnie ceny w górę, żeby wyrzucać dewizy... i że towar robi się z surowca krajowego, który akurat jest dostępny na rynku, a co do puchu, to mamy go nadmiar... Niech sam zobaczy, puchy w sklepach, puchy w teatrach, a po kolejnej podwyżce cen będziemy mieli puchy w kieszeni, więc nie będę płaciła za to, co już dawno przepłaciłam... Trochę protestował, ale na szczęście już wzywali do samolotu, więc machnął ręką na pożegnanie, ja na to cło. I odleciałam. W samolocie pełen komfort. Co prawda na początku kazali zacisnąć pasy, ale potem żadnych porywaczy, tylko stewardesy, kamizelki ratunkowe... alkohol za darmo. Wtedy dopiero zrozumiałam, dlaczego te bilety takie drogie... bo to jest jedyne miejsce publiczne w Polsce, gdzie można się napić wódki przed godziną trzynastą i w dodatku za darmo. Ameryka zrobiła na mnie wrażenie mieszane. Niby towaru pełno, a dostać niczego nie można... za wszystko trzeba płacić... i to w dodatku dolarami... Jeden wielki Pewex, ale bonów nie chcą przyjmować, tylko zielone. Bałagan straszny – mięso i masło bez kartek, samochody bez asygnat. Na stacjach benzynowych straszne nieporządki – nie ma kolejek, a benzynę sprzedają wyłącznie bez talonów – na lewo. Naród strasznie leniwy – jak stanęłam o szóstej rano przed sklepem, żeby jak otworzą, coś kupić, to byłam jedyna. Obsługa w sklepach bezczelna... cały towar trzymają na półkach – nic pod ladą... i jeszcze do tego ciągle się uśmiechają. Ja nic nie kupuję, a on mi dziękuje. Pierwszy raz to się tak zdenerwowałam, że zażądałam książki życzeń i zażaleń... i wyobraźcie sobie, nie mieli. Jednym słowem nowoczesny kraj, a książek brakuje.

Mankamenty są duże. A kontroli żadnej – ani trójek społecznych, ani PIH-u, ani NIK-u, ani nawet grup operacyjnych. Nic też dziwnego, że drożyzna straszna... Liczą dolara po naszym kursie, czyli po siedemset złotych, to śniadanie kosztuje tam jakieś trzy tysiące, ale przed głodową śmiercią ratuje ich to, że za pracę też płacą paskarskie ceny – jakieś trzy śniadania na godzinę... taki bałagan i bezhołowie... Bezrobocie straszne... Z tym, że u nich bezrobotny jest ten, co nie ma miejsca pracy, a u nas ten, co ma miejsce pracy, to już pracować nie musi... Wyzysk straszny, płacą tylko tym, co pracują – u nas nie do pomyślenia.

Trzy „S" to u nich obowiązują tylko w telewizji – seks, show i samozagłada... Telewizja dużo słabsza od naszej... niby dwadzieścia cztery kanały, a pośmiać się nie ma z czego – ani ministra Krasińskiego, ani premiera Szałajdy, ani redaktora Szeligi... Tyle że prezydent Reagan częściej występuje. Owszem, garnitury ma skrojone nieźle, ale kudy mu do redaktora Barańskiego czy Urbana... brak mu ich czaru i wdzięku...

Jak z mojej dotychczasowej opowieści wynika, Hanka Bielicka była niezwykle pracowita, bardzo dobrze zorganizowana i zdyscyplinowana. Sądzę że te cechy wyniosła w znacznym stopniu z rodzinnego domu, a pogłębiła je dodatkowo w twardej szkole wielkiego mistrza i nauczyciela – Aleksandra Zelwerowicza. Jej ciągłym i w jakimś sensie niedościgłym wzorem był ojciec, po którym, jak sama utrzymywała, odziedziczyła wiele cech, i chociaż okrutna wojna pozbawiła ją ojca dosyć wcześnie, to jego wpływ na artystkę był ogromny. Kult ojca dominował w jej myślach przez całe życie i w tym też należy szukać źródła męskich autorytetów zawodowych i życiowych, które towarzyszyły jej zarówno w karierze artystycznej, jak i w sprawach prywatnych z nie zawsze korzystnym skutkiem.

Pani Hania była osobą niezwykle sympatyczną, wesołą i łatwo nawiązującą kontakty towarzyskie, ale prawdziwych przyjaciół miała niewielu, a jeżeli chodzi o panie, to jak sama mówiła – przyjaciółkę miała tylko jedną – Ilonkę. Pozostałe to wyłącznie znajome albo koleżanki z pracy – bliższe lub dalsze, ale tylko koleżanki, co zawsze z naciskiem podkreślała. Nawet Danuta Szaflarska, znakomita, do dziś grająca aktorka, z którą znały się właściwie od zawsze, którą często zapraszała na święta do łomżyńskiego domu rodziny Bielickich i z którą razem kończyły PIST, a potem wyjechały do Wilna, gdzie stawiały swoje pierwsze aktorskie kroki, nawet ona była tylko koleżanką.

Jedynie Ilonka, czyli Ilona Bystrzycka miała specjalną pozycję – przyjaciół-ki. Ta przyjaźń trwała ponad czterdzieści lat. Było to coś w rodzaju „miłości od pierwszego wejrzenia".

To „wejrzenie" padło po raz pierwszy w roku 1949, kiedy to pani Hania wraz mężem Jerzym Duszyńskim, mamą i siostrą przeniosła się do Warszawy. Cała rodzina zamieszkała w hotelu Central, na rogu Alei Jerozolimskich i Pankiewicza. Przy Pankiewicza w tym czasie miał swą siedzibę SPATiF, Klub Aktora Stowarzyszenia Polskich Artystów Teatru i Filmu, pod którą to nazwą działał dawny przedwojenny ZASP, czyli Związek Artystów Scen Polskich. Na Pankiewicza w SPATiF-ie koncentrowało się całe życie towa-rzyskie aktorów stołecznych teatrów. Tam się spotykali, tam jadali i... pijali silnie zakrapiane obiady i kolacje. Ze względu na powszechnie panującą w ówczesnej Warszawie ciasnotę mieszkaniową lokal ten pełnił funkcję sa-lonu, stołówki i knajpy.

Był wiecznie zatłoczony i zdobycie tam stolika, a nawet krzesła graniczyło z cudem. Wstęp mieli tu wyłącznie członkowie SPATiF-u lub innych związków twórczych za okazaniem legitymacji; wszyscy inni chętni próbowali wręczyć odpowiednią kwotę pilnującemu wejścia i szatni cerberowi. Wstępne selekcje wejściowe odbywały się oczywiście dyskretnie i zależały wyłącznie od dobrej woli pana szatniarza.

Po przeniesieniu SPATiF-u w późniejszych latach do znacznie przestron-niejszego lokalu w Alejach Ujazdowskich te zasady wstępu obowiązywały nadal, a niepodzielną władzę w tym względzie sprawował legendarny pan Franio wielokrotnie opisywany w literaturze i występujący w środowiskowych anegdotach. Wszyscy pożyczaliśmy od niego pieniądze (oczywiście na procent) i przegrywaliśmy spore sumy „w numerki". Wróćmy jednak na ulicę Pankie-wicza, gdzie na zapleczu Klubu Aktora, w maleńkim kantorku urzędowała jego kierowniczka, rzeczona już wcześniej pani Ilonka. Tam właśnie panie się poznały i tam właśnie nawiązała się ich wieloletnia przyjaźń. Ilonka, jak ją nazywała pani Hanka, była uroczą, czarującą, bardzo zadbaną blondynką. Zawsze dobrze ubrana, o świetnych manierach, bystrych oczach, przyciągała spojrzenia pań, a zwłaszcza panów, do których i ja należałem. Była osobą niezwykle taktowną i, o ile pamiętam, małomówną, co w kontaktach z panią Hanią stanowiło niewątpliwą zaletę.

Panie, jako się rzekło, zaprzyjaźniły się błyskawicznie, a ta przyjaźń prze-szła też prawie natychmiast na ich mężów. Tak więc przez wiele lat te dwa małżeństwa stanowiły nierozerwalną „pakę towarzyską", która spędzała wspólnie święta i urlopy, a trwała aż do rozwodu obu par. Nie jestem już pewien, które rozstanie nastąpiło wcześniej, w każdym razie z relacji Hanki Bielickiej wynikało, że Janek rzucił Ilonkę, podczas kiedy Jurka rzuciła pani Hania. Z tej też relacji wynikało, że Ilonka z powodu rozwodu była niezwykle nieszczęśliwa, pani Hania natomiast znosiła swój rozwód z wielką satysfakcją i zadowoleniem. Czy tak było naprawdę, opowiem w innym miejscu.

Zanim jednak sprawy rozwodowe znalazły swój formalny epilog, Klub Aktora przeniósł się, jak już wspomniałem, w Aleje Ujazdowskie, ale bez pani Ilonki, która pozostała na ulicy Pankiewicza pod dawnym adresem i zgodnie ze swoim prawdziwym powołaniem oraz talentem, zajęła się projektowaniem kreacji dla pań w firmie Moda i Styl. W krótkim czasie została jedną z najbardziej poszukiwanych w Warszawie projektantek. Nie muszę dodawać, że jedną z jej najważniejszych klientek stała się pani Hania, która już od dawna ubierała się pod jej dyktando. Oczywiście po przymiarkach panie udawały się na kawę, by omówić obowiązujące rodzaje tkanin, kolory i oczywiście odpowiednie kapelusze. Jak pani Hania zwierzała się po latach, Ilonka miała ogromny wpływ na nią i jej „upodobanie do przebierania się", a co zatem idzie na wielką rozrzutność w tym względzie.

Na szczęście nawet w siermiężnych czasach PRL-u Hanka Bielicka należała do najlepiej zarabiających aktorek w kraju, a odpowiednie tkaniny czy dodatki przywoziła bez umiaru ze swoich zagranicznych wojaży artystycznych. Potem za sprawą projektów jej nieodłącznej przyjaciółki Ilonki materiały zmieniały się w budzące zazdrość koleżanek kreacje oraz zachwycające damską część widowni kostiumy i kapelusze.

Ta wieloletnia przyjaźń oparta była na jakimś niesamowitym wzajemnym oczarowaniu obu pań. Pani Hania wprowadzała przyjaciółkę w tajemniczy świat teatru, magię sceny i kulis, a pani Ilonka rewanżowała jej się swoją tajemną wiedzą salonową i znawstwem tajników mody, tego, co się nosi, jak się nosi i gdzie się bywa. Przy Ilonce, jak mawiała pani Hania, wyzbywała się niepotrzebnych resztek Łomży, zyskując nowy warszawski sznyt. Z czasem ów sznyt sięgnął paryskich bulwarów, gdyż na skutek kolejnego małżeństwa Ilonka przeniosła się na stałe do francusko-polskiego męża. Ta przeprowadzka w niczym nie zakłóciła wieloletniej przyjaźni pań, a ożywiła jedynie podróże na linii Warszawa–Paryż, Paryż–Warszawa, bo państwo Pugetowie zjeżdżali na Wielkanoc do Warszawy, a na Boże Narodzenie pani Hania leciała do Paryża. We Francji też niekiedy spędzała z nimi wakacje.

Niestety owa francuska idylla trwała tylko niespełna pięć lat. Najpierw śmierć małżonka, a potem wylew czy udar pani Ilonki, którego następstwem był paraliż, spowodowały pewne nieporozumienia między paniami. Pani Hania nalegała na powrót przyjaciółki do Warszawy, bo tu była w stanie zapewnić jej odpowiednią opiekę, pani Ilona chciała zostać w Paryżu, gdzie czuła się bezpieczniej. Te spory przerwała w końcu śmierć przyjaciółki. Pani Ilona spoczęła na jednym z warszawskich cmentarzy u boku zmarłego wcześniej męża. Była to ostatnia przysługa, którą wyświadczyła pani Hania swojej ukochanej przyjaciółce i jej małżonkowi.

Wrodzony optymizm i pragmatyczny stosunek do życia pani Hani pozwoliły jej powrócić do równowagi, ale dopiero po wielu miesiącach żałoby dyskretnej acz głębokiej. Tę stratę, jak sama mówiła, odczuła równie boleśnie jak śmierć matki i siostry, które odeszły znacznie wcześniej. Jak zwykle wróciła do normalności, pogrążając się w pracy i zajęciach dnia codziennego, które jak zawsze potrafiła sobie dobrze zorganizować i precyzyjnie zrealizować.

Z własnych doświadczeń i z obserwacji innych zaprzyjaźnionych artystów wiem, że nie istnieje typowy, powtarzający się dzień pracy aktora, a zwłaszcza aktora estradowego. Tak więc ci najlepiej zorganizowani i zdyscyplinowani tworzą sobie rozkład z jednodniowym wyprzedzeniem, nanosząc w kalendarzu wcześniej ustalone zajęcia tygodniowe czy miesięczne. Inaczej wygląda oczywiście dzień pracy w teatrze, w warunkach domowych, a inaczej w objeździe, czyli w tak zwanym terenie. Zupełnie inaczej wygląda dzień podczas tournée za granicą, gdzie codziennie trzeba przejechać, przelecieć nawet kilkaset kilometrów, jak to ma miejsce w Australii, Stanach Zjednoczonych, Kanadzie lub Rosji.

Objazdom krajowym i zagranicznym poświęcimy osobny rozdział, skupiając się w tym miejscu wyłącznie na dniu w miarę stabilnym, kiedy to artystka przebywała w swoim stałym miejscu zamieszkania, czyli w Warszawie, i w swoim stałym miejscu pracy, czyli w teatrze, radiu, telewizji, kabarecie czy na planie filmowym... a być może w kawiarni, na kolejnym spotkaniu z impresariem, autorem, reżyserem i podobnymi postaciami decydującymi o następnych zadaniach artystycznych czy trasach objazdowych albo występach gościnnych.

Dzisiaj artystka miałaby do tych spraw cały sztab asystentów, menedżerów i agentów różnej specjalności, ale w czasach radosnego socjalizmu Polski Ludowej, a i w pierwszych latach III Rzeczypospolitej musiała to wszystko wykonać osobiście, z beztroskim uśmiechem, w pełnym makijażu i odpowiednio eleganckim stroju, lustrowana uważnym spojrzeniem przyszłych widzów lub tych, którzy ją już wcześniej oglądali w teatrze, kabarecie czy telewizji. Jak z tego widać, ta część kreacji artystki totalnej bywała często znacznie trudniejsza od tej, którą miała zaprezentować wieczorem na scenie czy estradzie. Piszę o tym, żeby wszystkim uzmysłowić, jak trudny jest ten pozornie łatwy zawód. Jak wielkiej wymaga odporności psychicznej i fizycznej, a także równowagi ducha i ciała. U pani Hani normalny teatralny dzień, a więc z przedpołudniową próbą, zaczynał się od porannej pobudki około ósmej, co dla artystki, która nie była urodzonym skowronkiem, stanowiło pewien gwałt psychiczny, z trudem pokonany przez wrodzone zdyscyplinowanie. Po kąpieli, kilku minutach ćwiczeń, śniadaniu, w pełnym makijażu i oczywiście w nieodłącznym kapeluszu, gwiazda opuszczała domowe pielesze, przez ostatnich kilkadziesiąt lat mieszczące się w domu przy ulicy Śniadeckich w Warszawie. Przed bramą czekało zwykle na artystkę kilku okolicznych meneli, którzy po tradycyjnym „dzień dobry, pani Haneczko, jak cenne zdrowie", i w końcu: „Czy mogłaby nas pani poratować pewną dotacją na śniadanko, bo właśnie zabrakło na..." – tu pani Hania zwykle przerywała codzienną poranną tyradę, rozdając wcześniej przygotowane drobne bilonowe sumki. Żegnana podziękowaniami i życzeniami miłego dnia przez stałą gromadkę porannych, silnie niedopitych wielbicieli wsiadała do taksówki czy dyrekcyjnego auta, które wiozło ją na Litewską do Syreny.

Pojawienie się w teatrze pani Hani było sygnałem dla reszty zespołu, że za chwilę reżyser rozpocznie próbę. Artystka związana z Teatrem Syrena przez blisko czterdzieści pięć lat (od roku 1954 do roku 1998) była wzorem punktualności i solidnego przygotowania do prób. Zwykle miała już tekst opanowany na trzeciej, czwartej próbie, czym zawstydzała młodszych kolegów, jeszcze dukających swoje epizodyczne kwestie. Gwiazda nie przepadała za próbami, bo uważała, że każdy tekst, a zwłaszcza monolog, musi być oceniony przez publiczność podczas przedstawienia, ale teatralnym regułom poddawała się z pokorą, pilnie wykonując wymagane przez reżysera powtórki i przyjmując w skupieniu wszelkie uwagi i sugestie. Nigdy publicznie nie komentowała decyzji reżysera, a jeżeli miała odrębne zdanie, to komunikowała je w cztery oczy prowadzącemu próbę. W tym względzie podobnie jak Irena Kwiatkowska była osobą niezwykle taktowną.

Te zasady obie artystki wyniosły zapewne ze świetnej szkoły Zelwerowicza i zawsze były im wierne, budząc powszechny szacunek zespołu i twórców spektaklu. Na próbie zawsze pojawiały się pierwsze, a wychodziły z niej ostatnie. W tym względzie stanowiły klasę i dawały dowód najwyższej dojrzałości zawodowej, nieosiągalnej często przez młodszych kolegów. Po próbie następował powrót do domu, gdzie czekał przygotowany przez gosposię obiad i zasłużony odpoczynek przed przedstawieniem wieczornym.

Tak było oczywiście tylko wtedy, kiedy porządku dnia nie zakłócał jakiś popołudniowy występ estradowy czy próba telewizyjna lub radiowa, z której gwiazda wracała do teatru na pół godziny przed spektaklem, w ostatniej regulaminowej chwili, a tak najczęściej bywało, bo jak już wspomniałem, pani Hania należała przez całe życie do artystek rozchwytywanych i uprawiających swój zawód w różnych miejscach i godzinach często nieprawdopodobnych.

Bywały bowiem występy późnowieczorne w kabaretach i wczesnoporanne „dla nocnej zmiany". Artystka dosyć hojnie szafowała swoim unikalnym talentem, wszędzie więc jej było pełno, bo wszyscy chcieli oglądać swoją ukochaną aktorkę, a pani Hania nigdy nie lubiła odmawiać... publiczności. Kochała swoją publiczność, ale też przy każdej okazji doznawała wzajemności. Była artystką zawodowo absolutnie spełnioną i szczęśliwą, że może realizować swoją misję, bo tak przecież zawsze traktowała każdy swój występ bez względu na czas i miejsce, gdzie się odbywał.

Dialog pitny
(1988)

I – Ona
II – On

I: Co pan mi się tak przygląda?

II: A nic, tak sobie... Zastanawiam się, czy pani pije?

I: No wie pan...

II: Właśnie nie wiem i dlatego się zastanawiam... No więc pije pani?

I: Oczywiście, że nie...

II: Wcale?

I: Wcale jak wcale, no czasem piję.

II: To bardzo niedobrze...

I: Nie rozumiem...

II: No właśnie, tego się spodziewałem... Mąż pije?

I: Nie...

II: Coraz lepiej... To co, ja będę za was pił?

I: Dlaczego?

II: Jak to dlaczego? No przez takich jak wy ktoś musi pić więcej... Czy pani wie, ile wódki musi wypić rocznie statystyczny Polak?

I: Nie wiem.

II: Około dziewiętnastu litrów...

I: I co z tego?

II: Jak to co? Jeżeli pani nie pije, mąż nie pije, to ktoś będzie musiał to za was wypić, a więc będzie musiał wypić około sześćdziesięciu litrów rocznie. To jest przerażające...

I: Dlaczego?

II: Jak to dlaczego? Jeżeli przeciętna rodzina w Polsce wydaje na alkohol rocznie ponad sto tysięcy złotych, to przez waszą rodzinę jakaś inna rodzina będzie musiała wydać ponad trzysta tysięcy. A przecież mogą się znaleźć jakieś inne rodziny, które nie piją... To jest pasożytnictwo... Wy nie pijecie cudzym kosztem...

I: Co pan takie bzdury opowiada, przecież nikt nie ma obowiązku picia za kogoś.

II: No obowiązku nie ma, ale tu chodzi o honor ojczyzny... Alkoholizm i zanieczyszczenie środowiska to są dziedziny, w których zajmujemy najwyższe lokaty na świecie... a przez takich jak pani i jej mąż możemy stracić te pozycje... Przecież wy możecie doprowadzić do jeszcze głębszego kryzysu żywnościowego w naszym kraju... Przeciętna polska rodzina wydaje na alkohol trzydzieści pięć procent tego, co wydaje na żywność, a więc nie pijąc, uzyskujecie pieniądze dodatkowe, z którymi nie będziecie wiedzieli, co zrobić... Czy pani chce doprowadzić do katastrofy gospodarczej?

I: Nie... ale...

II: Żadne ale! Czy pani wie, że społeczeństwo wydało w tysiąc dziewięćset osiemdziesiątym siódmym roku na alkohol prawie osiemset trzydzieści jeden miliardów złotych i sto trzydzieści jeden i pół miliona dolarów. Tu już nie chodzi o złotówki, ale i o wsad dewizowy... Dzieci macie?

I: Mamy!!

II: Dużo?

I: Dwoje.

II: Normalne?

I: Normalne.

II: No pewnie. Jak się nie pije, to dzieci są normalne... Pewnie do tego zdrowe?

I: Zdrowe i uczą się dobrze.

II: Tego się bałem... Uczą się dobrze, więc pewnie będą studiowały?

I: Oczywiście...

II: Oczywiście, oczywiście... A łożyć na to będzie te pięć milionów pijaków i alkoholików, którzy będą wypijać za was i wam podobnych to, czego wam się wypić nie chce...

I: Ależ pan jakieś głupstwa opowiada. Przecież pijaństwo jest jednym z powodów naszego ubóstwa, marnej pracy i przedwczesnej umieralności społeczeństwa... Jest przyczyną kryzysu gospodarczego i społecznego.

II: No właśnie... A dzięki kryzysowi możemy wprowadzać reformy gospodarcze, podwyżki cen... Rząd ma problemy, które próbuje bezskutecznie rozwiązać... Coś się dzieje. Rozwijamy się. Telewizja ma o czym dyskutować, dziennikarze mają o czym pisać... Alkohol jest u nas ogromną siłą napędową. Czy pani wie, że taki przeciętny Amerykanin wypija rocznie tylko połowę tego co przeciętny Polak, a Anglik jeszcze gorzej – ledwo jedną czwartą... I do czego to doprowadziło? Anglicy chodzą i jeżdżą lewą stroną... Same mańkuty! Widzi pani, jaka jest różnica między nami a Anglią!!!

I: Nie widzę.

II: Nie może pani widzieć, bo tam jest straszna mgła. A różnica między Polską a Anglią jest taka jak między Izbą Lordów a izbą wytrzeźwień...

I: Teraz nareszcie zrozumiałam, dlaczego będziemy mieli parlament dwuizbowy – przecież gdzieś musimy wytrzeźwieć.

Przedstawiłem już Państwu dość typowy dzień pracy Hanki Bielickiej, ale był to dzień warszawski, teatralny, a więc w jakimś sensie zorganizowany i przewidywalny. Inaczej, jak już wspominałem, wyglądał dzień w terenie, a więc wyjazdowy, a tych bywało wiele zarówno w skali miesiąca, jak i w skali roku. Artystka hołdowała bowiem zasadzie, że zawód aktorki czy aktora jest zawodem „wędrownym", objazdowym. Chociaż teatr stawiała zawsze na pierwszym miejscu i wszystkie swoje inne kontrakty uzależniała od planów i repertuaru teatru, to jednak kontakt z publicznością w czasie występów gościnnych zarówno krajowych, jak i zagranicznych ceniła w tym samym stopniu co występy warszawskie.

Pani Hania należała do tej nielicznej grupy aktorek, które nigdy nie zabiegały o podwyżki, nie targowała się o swoje honoraria, a ich wysokość „przyjmowała do wiadomości", uważając jednak za rzecz oczywistą, że powinny być wysokie, a w każdym razie nie niższe od gaży pozostałych znanych wykonawców biorących udział w przedstawieniu. Jeżeli któryś z organizatorów nadużył w tym względzie jej zaufania, przestawał być dla niej partnerem zawodowym raz na zawsze. W tym względzie wymagała absolutnej lojalności, bo sama zawsze dotrzymywała umów, nawet jeśli dostawała atrakcyjniejszą finansowo czy artystycznie propozycję, spóźnioną jednak w stosunku do podjętego wcześniej zobowiązania. Dyskusji i negocjacjom podlegał jedynie repertuar i daty przedstawień na miesiąc następny, od nich zależały jej pozateatralne zobowiązania, które były zwykle atrakcyjniejsze finansowo, a ponadto zapewniały egzystencję pozostałym członkom zespołu objazdowego.

Teatr Syrena, z którym związała swoje losy od 1954 roku, to jest od premiery przedstawienia *Żołnierz królowej Madagaskaru* Juliana Tuwima z muzyką Tadeusza Sygietyńskiego w reżyserii Janusza Warneckiego (premiera 29 maja 1954 roku), był na szczęście teatrem, jak już wspominałem, o atrakcyjnym, a więc i bardzo kasowym repertuarze. W tej sytuacji premiery odbywały się nie częściej niż trzy, maksymalnie cztery razy do roku. Obecność wielu gwiazd w zespole dawała dyrekcji możliwość pełnych zmian obsadowych przedstawień, a gwiazdom, na ich życzenie, czasem nawet kilka wolnych tygodni, które mogły spożytkować na inne projekty artystyczne, jak film czy objazd estradowy. Takiego komfortu inne stołeczne sceny zapewnić artystom nie mogły, stąd też angaż do teatru przy Litewskiej był bardzo atrakcyjny dla tak zwanych aktorów chodliwych. Jeżeli do tego dodamy zwyczajowy czas trwania sezonu w warszawskich teatrach od dziewięciu do dziesięciu miesięcy, to będziemy mieli pełny obraz pracy w tych teatrach. Oczywiście ów komfort miały wyłącznie największe gwiazdy, bo pozostała część zespołu dosyć cienko przędła bez tak zwanych ponadnormówek, czyli przedstawień przekraczających miesięczną lub kwartalną liczbę przedstawień określoną w kontrakcie albo aktorskiej umowie o pracę. Piszę o tym wszystkim po to, żeby Państwu uświadomić, w jaki sposób pani Hania mogła zrealizować tyle różnych zamierzeń artystycznych w tak wielu miejscach i w tym samym czasie. Oczywiście, zdarzało się też tak, że trzeba było zsynchronizować wyjście z monologiem w *Podwieczorku* z lekko przedłużoną przerwą między aktami w teatrze, ale czego nie zrobi dyrekcja czy inspicjent dla swojej ulubionej i najbardziej kasowej artystki.

Naturalnie to były sytuacje wyjątkowe i nie stanowiły reguły postępowania. Warto dodać, że wszystko to odbywało się w epoce, w której nie istniało urządzenie tak oczywiste i popularne dzisiaj jak telefon komórkowy, bo jak powiedział pewien współczesny przedszkolak: „W Peerelu to oni nawet nie mieli komórek…". Tak więc po sukcesie w *Żołnierzu królowej Madagaskaru* artystka musiała czekać rok na kolejną premierę, bo dopiero 10 lipca 1955 roku zagrała w programie składankowym *Diabli nadali* w reżyserii swojej dawnej profesorki Stanisławy Perzanowskiej. W rok później Adolf Dymsza, reżyserujący składankę Tuwima z dawnych tekstów Qui Pro Quo zatytułowaną *Rym-cym-cym*, obsadził artystkę w tym przedstawieniu. Oczywiście jednocześnie pani Hania występowała także w różnych programach estradowych granych w czasie wolnym od zajęć teatralnych.

Hanka Bielicka przez całe swoje życie, bez względu na dziejące się wokół niej zdarzenia czy przemiany polityczno-gospodarcze, prowadziła dosyć specyficzny tryb życia. Będąc u siebie, w Warszawie, utrzymywała dom na najwyższym poziomie. Bardzo dbała o swoją formę fizyczną i aparycję – stała masażystka przychodziła prawie codziennie, a manikiurzystka i pedikiurzystka – odwiedzały ją regularnie kilka razy w tygodniu. Podobnie było z modystką czy gorseciarką, a pani Hania tylko z konieczności życiowych czy losowych wprowadzała zmiany na tych stanowiskach. Tak samo z szewcem – obowiązkowo najlepszy damski szewc w Warszawie, pan Kielman; krawcowe – zawsze z teatru, w którym grała, bo „po pierwsze, znają swój fach, a po drugie, muszą sobie dorobić". Gosposia otrzymywała dyspozycje, aby kupować żywność w okolicznych sklepach, „bo przecież wszyscy muszą żyć i niech wiedzą, że w sąsiedztwie Hanki Bielickiej nie zginą". Nie inaczej rzecz się miała z transportem. Po Warszawie artystka poruszała się taksówkami – oczywiście prywatnymi i oczywiście z zaprzyjaźnionym taksówkarzem lub prywatnym samochodem zaprzyjaźnionego kierowcy, któremu przedtem pomogła finansowo przy zakupie samochodu (bezzwrotnie zazwyczaj), bo początkowo „odrabiał pożyczkę" jazdami, a z czasem artystka zapominała o tych zobowiązaniach i dodatkowo płaciła jak za zboże, tłumacząc się sama przed sobą, że przecież chłopisko musi z czegoś żyć. Inaczej wyglądało jej życie w terenie. Tu pani Hania należała do artystek najmniej wymagających, jeżeli chodzi o warunki podróżowania, występu czy noclegu. Te niewygody uważała za wpisane w misję i profesję aktorską, wychodząc z założenia, że jeżeli garderoba marna czy autobus zdezelowany, to pewnie innego nie mają, więc nie wypada im sprawiać zawodu i odwoływać przyjazd czy występ, bo przecież publiczność czeka, a „my jesteśmy dla publiczności", a skoro przyszli, to widocznie nas potrzebują i kochają, i co oni winni, że koszmarna sala i okropny hotel czy autobus… Przecież „ani oni, ani my nie wybieraliśmy sobie tego ustroju"… W tym momencie zespołowi oponenci milkli i pod wodzą pani Hani zaczynała się jakaś skomplikowana adaptacja pomieszczenia zwanego garderobą, sprzątanie zaplecza sceny czy estrady, ogrzewanie pokoju hotelowego różnymi przedziwnymi piecykami i dmuchawkami. Zespół bywał wściekły, ale skoro gwiazda czuła się szczęśliwa i realizowała swoją przed laty podjętą misję, to protesty milkły, a bezczelni organizatorzy naciągacze uśmiechali się cynicznie i kolejnemu narzekającemu zespołowi mówili: „Była tu pani Bielicka i nie narzekała". Zaiste trudny do odparcia argument, bo przecież artystka miała w środowisku pozycję nie do podważenia i cieszyła się wielkim uznaniem. Słysząc nasze nieśmiałe uwagi, że niepotrzebnie zaniża wymagania techniczne i socjalne, artystka przyznawała nam rację, ale przy następnej podobnej sytuacji postępowała jak dawniej, zjednując sobie popularność i sympatię widzów i organizatorów. Do tego oczywiście dochodziły jeszcze wysokie napiwki dla sprzątaczek, kelnerów i garderobianych – często mało zasłużone, ale skutecznie podkreślające wizerunek artystki bez fochów i fanaberii, za co najbardziej kochała ją masowa publiczność we wszystkich nawet najmniejszych i najbardziej odległych zakątkach kraju. Tak więc gwiazda kreowała dwa odrębne wizerunki artystki: jeden wielkopański, warszawski, a drugi terenowy, populistyczny, chociaż obydwa łączył kostium – nieodłączny kapelusz i rzucające się w oczy efektowne kreacje. Wersja terenowa różniła się od stołecznej jedynie tym, że „w terenie" ronda kapeluszy były może nieco węższe, a suknie czy płaszcze trochę mniej kolorowe. Jeżeli podróż odbywała się autobusem czy mikrobusem, to ulubionym miejscem pani Hani był fotel obok kierowcy lub najbliższy po przekątnej. Artystka pilnie obserwowała drogę, a właściwie kontrolowała kierowcę, czy broń Boże, nie przejechał jakiegoś kotka czy pieska, bo zwierzaki, jak wiemy, pani Hania kochała nad życie, w przeciwieństwie do dzieci, za którymi nie przepadała – co nie przeszkadzało jej w szczodrym finansowaniu w równym stopniu schronisk dla zwierząt, jak i domów dziecka, czy udzielaniu innej pomocy chorym lub okaleczonym dzieciom. Ta sfera stanowiła osobny rozdział otoczony pełną dyskrecją. Pani Hania pomagała potrzebującym anonimowo, za pośrednictwem pani Joasi, czyli ukochanej gosposi.

To jeden z pierwszych tekstów który napisałem po zniesieniu stanu wojennego. Był wykonywany w kraju i w czasie występów polonijnych z wielkim powodzeniem i przy ciągłych „kolizjach" z cenzurą. Po wielu zabiegach taktycznych udawało nam się go jednak wielokrotnie wykonać publicznie.

Nie do zniesienia

Restrykcje zniesione, a życie nie do zniesienia – klauzula najwyższego uprzywilejowania... A motywacji nie ma... za złotówki... Czasy teraz takie, że „Prawdę" można tylko spod lady dostać... Jeszcze trochę, a zaczną drukować w drugim obiegu... Bo w pierwszym obiegu będą już tylko drukować pieniądze... coraz wartościowsze... Jeden banknot ma już wartość dziesięciu tysięcy złotych, a dolar tylko tysiąc pięćset... Ale nasz ma wizerunek Wyspiańskiego, bo on pierwszy powiedział: „Miałeś chamie złoty róg"... A więc priorytet złota i... dodatkowe punkty za pochodzenie... I dlatego musieli ci Amerykanie znieść restrykcje... Nie mogli wytrzymać konkurencji... z Japonią...

A my spokojnie – najpierw zbudowaliśmy drugą Polskę, potem drugą Japonię. Tylko ta pierwsza nam się trochę wali... No cóż, nie mieliśmy czasu na remonty... Ale nie szkodzi... Za rok, dwa zajmiemy się rewaloryzacją tego zabytku... W tej dziedzinie byliśmy zawsze mocni – zabytki, pomniki i... narady... Wojewodowie teraz radzą, żeby narady robić tylko pięć razy w tygodniu... W końcu dyrektorom też się wolna sobota należy... Podobno Sejm ma uchwalić taką ustawę, żeby jeden dzień w tygodniu przeznaczony był na pracę... bez narad i kontroli... Chyba że niezapowiedziana wizyta, ale nie wiadomo, czy to przejdzie... Związki zawodowe się sprzeciwiają... te najnowsze...

Bo związki to myśmy mieli najpierw stare, potem nowe, a teraz jeszcze nowsze... U nas związki tak się unowocześniły, że nawet przemysł za nimi nie nadąża... ze związkiem na czele... Jeszcze trochę, a większość fabryk zamienimy na muzea techniki i będziemy żyli z turystyki... Tylko że znowu z bazą hotelową są przejściowe trudności, a śpiwory lekkomyślnie wysłaliśmy do Ameryki dla tych bezdomnych bezrobotnych... Minister Urban chciał się osobiście podzielić własną kołdrą z jednym z bezrobotnych..., ale tamten tak się wystraszył, że pobiegł do burmistrza Nowego Jorku i powiedział, że woli spać na golasa, przykryty „New York Timesem" na ławce w Central Parku niż w Warszawie pod jedną kołderką z naszym rzecznikiem prasowym...

Właściwie nie wiadomo dlaczego, bo poprawa u nas jest na każdym kroku – na przykład spożycie alkoholu stale wzrasta, mimo że pijemy tylko od trzynastej. Polak, jak chce, to potrafi... U naszego sąsiada to teraz „głasnost" i pieriestrojka, nawet Tatarzy chcą wracać na Krym... Ciekawe skąd? U nas tatara to już od paru lat nie widać, a jak się trafi, to taki mały, że ledwie spod sardynki widać, zwłaszcza że żółtkiem przykryty... Jeżeli idzie o ceny, to udało się osiągnąć standard światowy... Rozwinęliśmy takie tempo, że jak się kupuje kilka jajek, to kiedy się sięga po drugie, to już jest droższe od pierwszego... bo są to ceny kroczące... A mimo to zadłużenia nie możemy spłacić... Słyszałam ostatnio w telewizji, że co sekundę przybywa nam osiemdziesiąt dolarów zadłużenia... Więc musimy wstrzymać zegary albo cofnąć czas – to jest jedyna szansa wyjścia z kryzysu... W przeciwnym razie czarno widzę...

Zresztą jeżeli chodzi o te zaległości w spłacaniu, to wynikły one nie z naszej winy... Jakby nam znowu pożyczyli, tobyśmy oddali, ale nie chcą pożyczyć, no to niby z czego mamy oddać?... Zwłaszcza że chcą w dolarach... A u nas dolarów za granicę wywozić nie wolno... chyba że z konta A... a nasz rząd konta A nie posiada... Zresztą nawet jakby miał, to z czego uzbiera?... Zanim taki minister coś z diet odłoży, to już nie jest w rządzie... bo u nas waluta niewymienialna, za to rząd zmienia się co kilka tygodni... Łatwiej wymienić ministra niż złotówkę..., więc taki minister nie tylko nie ma konta A, ale ani be, ani me... Marszałek Rakowski powiedział, że mamy znacznie lepszą politykę jak gospodarkę i to widać na każdym kroku – generał w Watykanie, kardynał w „Litieraturnej Gaziecie", a Doktor Żywago w „Polityce"... Zresztą to jedyny doktor, któremu się u nas ostatnio nieźle powodzi... Mniej od lekarzy zarabiają u nas już tylko naukowcy... i słusznie... niech nie kombinują niepotrzebnie. Myślenie ma u nas kolosalną przyszłość, ale teraźniejszość ma marną... Statystyka na to wskazuje, a statystyka jest jak rajstopy krajowej produkcji – naciągnąć można, ale oczka lecą...

Żyjemy w epoce redukcji etatów, redukcji zbrojeń i redukcji... marzeń... mimo klauzuli najwyższego uprzywilejowania... Czasem tak sobie marzę, żeby zostać rakietą średniego zasięgu... Tylko sama nie wiem, czy lepiej, żeby mnie wycofali z Europy, czy lepiej, żeby mnie wystrzelili... do drugiego obszaru płatniczego... jako wyrzutnię społeczną... Tylko komu w tej sprawie odpalić?... Bo u nas nawet detonacji nie ma bez dotacji... Kiedy czytam w naszej prasie, że nasz rząd dotuje żywność, dotuje węgiel, dotuje przemysł... to czasem się zastanawiam, skąd oni na to wszystko biorą?... Chyba mają jakieś boki... albo klauzulę najwyższego uprzywilejowania...? Bo przecież z gołej pensji by im nie starczyło, zwłaszcza że pracują na państwowej posadzie... Dlatego błagam, zostawcie mnie na moim miejscu i przestańcie do mnie dokładać, bo nie wiem, kiedy wam oddam...

W tych moich wspomnieniach podkreślałem, już kilka razy zresztą, podział kreacji artystki na sferę „teatralną, estradową" i „cywilną, czyli prywatną" (pozornie oczywiście). Była też inna sfera podziału na „życie domowe, czyli stołeczne" i „życie w objeździe, czyli terenowe". Żadna z tych sfer czy stref nie obejmowała działalności charytatywnej lub jakiejkolwiek filantropii. Ta część życia czy aktywności pani Hani objęta była „klauzulą najwyższej tajności" i dyskrecji. W tym względzie artystka była niezwykle konsekwentna, a wszelkie próby nagłośnienia owej sfery jej życia przez przyjaciół czy dziennikarzy uznawała za nietakt i nielojalność. Sądzę, że ten temat wymaga osobnego omówienia w innym miejscu, a z tajemnicy zwalnia mnie śmierć artystki i potrzeba pokazania również mniej znanych pól działalności pani Hani – świadczących dowodnie o pięknych cechach charakteru tej niebanalnej osobistości. Na razie jednak wróćmy z zakamarków duszy do... efektownych kapeluszy, czyli spraw artystyczno-zawodowych.

Jak już pokazałem, dla pani Hani absolutnym priorytetem był teatr, a dokładniej prawie przez pięćdziesiąt lat Teatr Syrena. Można śmiało powiedzieć, że Syrenie artystka zaprzedała ciało i duszę. Wszystkie plany wyjazdów krajowych czy zagranicznych podporządkowane były terminom teatralnym, które skrupulatnie, często z wyprzedzeniem kwartalnym, z każdą aktualną dyrekcją precyzyjnie uzgadniała i potem ściśle ich przestrzegała. W tym względzie postępowała bardzo konsekwentnie, a w przypadku kolizji, jeżeli wymagał tego interes teatru, rezygnowała nawet z najbardziej lukratywnych propozycji. Ze strony dyrekcji teatru domagała się pełnej lojalności i jeżeli terminy zostały wcześniej ustalone, słusznie oczekiwała ich przestrzegania.

Poświęcam tej sprawie tyle miejsca, bo przy popularności Hanki Bielickiej i wiecznym oczekiwaniu na jej pojawienie się w różnych miejscach naszego kraju czy w zagranicznych ośrodkach polonijnych taka dyscyplina graniczyła z heroizmem. Jeżeli do tego dodamy fakt, że swoją niezwykłą popularność zawdzięczała w największym stopniu Polskiemu Radiu, a konkretnie *Podwieczorkowi przy mikrofonie*, a później filmowi i telewizji, to ten szacunek i priorytetowa pozycja teatru muszą się wydawać dzisiejszym gwiazdeczkom--celebrytkom pewnym dziwactwem starszej pani... Nie zgadzam się z tym i uważam, że był to najwyższy hołd wielkiej aktorki dla wielkości i nieprzemijalności teatru. Temu zresztą zawdzięczała nie tylko swoją nieprzemijającą popularność, ale i powszechny szacunek publiczności, którym się cieszyła do ostatecznego końca kariery.

Teatr to taka dziwna instytucja, która lubi być kochana... z wzajemnością zresztą. Ta wierność teatrowi ze strony największych gwiazd naszego kabaretu i estrady, do których zaliczam Hankę Bielicką i Irenę Kwiatkowską, dała im też specjalną pozycję w stosunku do innych artystek tego gatunku, cieszących się dłużej lub krócej popularnością estradową czy kabaretową. Kto dzisiaj pamięta Marię Chmurkowską, Lidię Wysocką, Hankę Sobolewską i całe zastępy różnych parodystek czy monologistek, za którymi kiedyś publiczność szalała i zaśmiewała się do łez z ich produkcji. W tym względzie jeszcze gorzej jest z panami. Nawet starsze pokolenie zapomniało o takich tuzach, jak: Wiktor Śmigielski, Andrzej Rumian, Marian Załucki, Jarema Stępowski czy Alojzy Potempa.

W ten sposób zapędziłem się w wielki traktat o przemijaniu sztuki aktorskiej i dezaktualizacji satyry, związanej najczęściej ze współczesnością, którą komentuje, ale zwykle tu i teraz – i to jest powód przemijalności tego gatunku bez względu na formę i jakość komentarza. Z największych nawet komentarzy satyrycznych szanse przetrwania mają jedynie chwytliwe powiedzonka, kalambury i parafrazy – reszta wymaga punktów odniesienia, a więc osobistych wspomnień, historii, a może raczej historyjek, ale to już zupełnie inna historia, jak mawiała moja babcia, której nigdy nie znałem i od której nigdy nic podobnego nie usłyszałem. Obie babcie zeszły z tego świata przed moim urodzeniem. Stąd pewnie moja późniejsza tęsknota i pogoń za babkami w wieku młodzieńczym, a nawet dojrzałym – bo tak za moich czasów nazywano to, co dzisiaj młodzież określa mianem laski czy lasek.

Hanka Bielicka przez całe życie wspominała babcię Czerwonkową. Z jej nazwiskiem związane było dzieciństwo i wczesna młodość artystki, mieszkanie razem całej rodziny Bielickich – jednym słowem czarujący okres łomżyński, który z rozrzewnieniem opisywała. Jedynym koszmarnym wspomnieniem z tego okresu była wyklinana przez panią Hanię matematyka, ale o tym pisałem już w innym miejscu. Było jeszcze jedno nie najlepsze wspomnienie z tego czasu – fortepian, na którym musiała grać i akompaniować innym wykonawcom, a przecież znała na pamięć wszystkie role z przedstawień szkolnego teatrzyku, a także wszystkie pieśni i piosenki. Czuła, że wykona je lepiej od innych, ale od tej wymarzonej sfery działań artystycznych oddzielał ją... fortepian. Zgodnie z marzeniami ojca uczyła się grać, a nawet dosyć dobrze grała, bo przecież zgodnie z ojcowską wolą miała zdawać do konserwatorium muzycznego i zostać sławną pianistką.

Jak już wiemy, tę ojcowską wolę wypełniła tylko w połowie – przez całe życie grała, ale bez fortepianu. Z czasem ukochany ojciec wybaczył to odstępstwo swojej ukochanej córce, a fortepian pomógł jej trochę w trudnym okresie wojennowileńskim, o czym już pisałem. Z fortepianowej nauki został artystce wielki szacunek, miłość do muzyki i szczególny podziw dla perfekcyjnych akompaniatorów. Zawsze powtarzała, że gdyby miała taki głos jak słuch, byłaby

Callas, a na to złośliwy Kazio Brusikiewicz replikował: „A ja gdybym miał taki słuch, jakiego nie mam głosu, to nigdy nie poszedłbym do opery, w której śpiewasz, chyba że w przerwie pomiędzy aktami zaśpiewałabyś balladę *Aniele mój*". Sądzę, że tego sporu już nie rozwiążemy, ale jedno jest pewne, że gdyby zaśpiewała Hanka Bielicka *Halkę*, to byłaby to niewątpliwie najzabawniejsza *Halka* w historii naszej opery.

O ile mnie pamięć nie myli, to artystka miała na sumieniu parodię *Halki*, a jednym z jej popisowych monologów była *Genia na Halce* Stefana Wiecheckiego-Wiecha, który zresztą należał do jej ulubionych autorów i którego językiem posługiwała się w sposób perfekcyjny. Pan Stefan, z którym od czasu do czasu pijałem kawę w Kawiarni Europejskiej, dopuszczony do stolika „starszych", przy którym zasiadali zwykle Ludwik Starski (scenarzysta i autor tekstów piosenek), Władysław Szpilman, Wiech, Ludwik Sempoliński, Jerzy Petersburski i wymiennie Edward Dziewoński, Jerzy Ofierski, Zenon Wiktorczyk, Wojtek Młynarski i niekiedy kilku „młodszych" autorów. Wiech był urzeczony Hanką Bielicką, a ona wykonywała też wiele jego felietonów i monologów, grała w filmie *Cafè pod Minogą*, a pod koniec swojej kariery w Syrenie występowała w teatralnej adaptacji tej powieści.

Jak z dotychczasowych opowieści wynika, z teatrem dramatycznym na dobre rozstała się w 1954 roku, kiedy to związała się z Teatrem Syrena, któremu dochowała wierności do 1998 roku, kiedy to rozstała się z Syreną, jak sama mówiła „niezupełnie z własnej woli" i zaraz dodawała, że „ujawniła się zbyt mała różnica płci między mną a ówczesna dyrekcją", a „co do zmienności humorów kobiecych w pewnym wieku jestem samowystarczalna i dlatego na starość postanowiłam się usamodzielnić". Nie wchodząc w szczegóły, myślę, że pani Hania niezbyt dobrze znosiła przywództwo kobiece w sprawach zawodowych. Pod tym względem była pewnie dosyć konserwatywna, i trzeba przyznać, że w tej kwestii przez całe swoje życie pozostała konsekwentna. Paradoksalnie po odejściu z Syreny wpadła natychmiast w objęcia swojej artystycznej administratorki Małgorzaty Potockiej, która zaproponowała jej honorowe miejsce w swoim prywatnym teatrze przy ulicy Foksal. Tam pani Hania królowała, o ile pamiętam, przez dwa czy trzy sezony, dorywczo zagrała jeszcze gościnnie na kilku scenach Panią Dulską, ale jej temperament rozsadzał zbyt małe jak na taką osobowość teatry. Tęskniąc po cichu za ukochaną Syreną, oddała się prawie bez reszty objazdowemu szaleństwu (piszę „prawie", bo coraz częściej można ją było zobaczyć na szklanym ekranie w serialach, wielkich widowiskach rewiowych specjalnie dla niej lub wokół niej tworzonych).

Zaraz, zaraz, bo ja tu się rozpędziłem w tej mojej szaleńczej narracji, a przecież powinienem najpierw wyjaśnić, co przez tyle lat wiązało panią Hanię z teatrem przy ulicy Litewskiej. Pierwszy akt zdrady dramatu nastąpił, jako się rzekło, 29 maja 1954 roku w *Żołnierzu królowej Madagaskaru* Juliana Tuwima z muzyką Tadeusza Sygietyńskiego, w reżyserii Janusza Warneckiego. *Diabli nadali* to kolejna premiera programu składankowego w reżyserii Stanisławy Perzanowskiej (10 lipca 1955 roku).

Krótko mówiąc, w czasie swojej czterdziestokilkuletniej obecności w Syrenie Hanka Bielicka zagrała w ponad czterdziestu premierach różnych przedstawień w tym teatrze. Większość z nich grana była przez kilka sezonów przy wypełnionej po brzegi widowni. Przypomnijmy więc te najważniejsze w kolejności ich wystawiania.

Rym-cym-cym Juliana Tuwima, program składankowy z repertuaru Qui Pro Quo, w reżyserii Adolfa Dymszy – premiera 5 maja 1956 roku.

Kłopoty z popiersiem – spektakl składankowy w reżyserii Barbary Kilkowskiej – premiera 25 października 1956 roku.

Pan Vincenzio jest moim ojcem – komedia Eduarda Scarpetta, w reżyserii Czesława Szpakowicza – premiera 18 kwietnia 1957 roku.

Mama do wzięcia Adama Grzymały-Siedleckiego, w reżyserii Kazimierza Krukowskiego – premiera 24 sierpnia 1957 roku.

Nasze jajko – program rewiowy w reżyserii Kazimierza Krukowskiego – premiera 14 czerwca 1958 roku.

Madame Sans-Gene Antoniego Marianowicza i Janusza Minkiewicza według sztuki Wiktoryna Sardou, w reżyserii Andrzeja Łapickiego – premiera 15 listopada 1959 roku.

Maestro Janusza Minkiewicza i Antoniego Marianowicza, w reżyserii Kazimierza Krukowskiego – premiera 23 grudnia 1959 roku.

Jim strzela pierwszy Jiriego Brdečki, w reżyserii Stanisława Wohla – premiera 23 grudnia 1959 roku.

Hallo Romeo! Terence'a Rattingana, w reżyserii Jerzego Śliwińskiego i Kazimierza Krukowskiego, premiera 19 marca 1960 roku.

Nasza żartoteka – rewietka w reżyserii Kazimierza Krukowskiego oraz Tadeusza Olszy, premiera 12 sierpnia 1960 roku.

Hajże na stolicę – rewia w reżyserii Kazimierza Krukowskiego, premiera 20 października 1960 roku.

Hrabina z importu – komedia Krystyny Berwińskiej, w reżyserii Kazimierza Krukowskiego, premiera 1 kwietnia 1961 roku.

Dom otwarty – komedia Michała Bałuckiego, w reżyserii Józefa Słotwińskiego, premiera 31 grudnia 1961 roku.

Szafa gra – rewietka w reżyserii Adolfa Dymszy, premiera 25 kwietnia 1964 roku.

Gorący uczynek – komedia Wandy Falkowskiej i Aleksandra Rowińskiego, w reżyserii Mariana Wyrzykowskiego, premiera 10 października 1964 roku.

Nasza Jubilatka – program składankowy w reżyserii Kazimierza Krukowskiego, premiera 10 grudnia 1964 roku.

Seans dla zakochanych – program składankowy w reżyserii Czesława Szpakowicza, premiera 25 marca 1965 roku.

Inne czasy, czyli 20 lat później – rewia w reżyserii Czesława Szpakowicza, premiera 29 stycznia 1966 roku.

Pani prezesowa – komedia Maurice'a Hennequina, Paula Vebera, w reżyserii Jadwigi Chojnackiej, premiera 5 czerwca 1966 roku.

Stoimy na głowie – program składankowy, reżyseria zbiorowa, premiera 2 lipca 1966 roku.

Wielki jarmark – rewia w reżyserii Tadeusza Wiśniewskiego, premiera 25 marca 1972 roku.

Miasto cudów – program składankowy w reżyserii Jadwigi Marso, premiera 28 kwietnia 1973 roku.

Kabaretro, czyli salon zależnych – składankowy program kabaretowy, w reżyserii Lecha Wojciechowskiego, premiera 14 grudnia 1975 roku.

Dzieje cnoty – program składankowy w reżyserii Witolda Fillera i Tadeusza Plucińskiego, premiera 7 grudnia 1975 roku.

Śmiech na linii – widowisko kabaretowe w reżyserii Witolda Fillera, premiera 19 kwietnia 1986 roku.

Prosimy o bis, pani Hanko – program składankowy – widowisko jubileuszowe Hanki Bielickiej, w reżyserii Andrzeja Marii Marczewskiego, premiera 10 listopada 1986 roku.

Seks i polityka – Ryszarda Marka Grońskiego, w reżyserii Witolda Fillera, premiera 17 października 1988 roku.

Sprawa Romana K. – Zbigniewa Korpolewskiego, w reżyserii Janusza Bukowskiego, premiera 23 czerwca 1989 roku.

Żona pana ministra – Branislava Nusica, w reżyserii Józefa Pary, premiera 9 listopada 1989 roku.

Obyś żył w ciekawych czasach – Ryszarda Marka Grońskiego, reżyseria Witold Filler, premiera 8 czerwca 1990 roku.

Poczekalnia – scenariusz i reżyseria Zbigniewa Korpolewskiego, premiera 11 października 1991 roku.

W inne czasy – widowisko rewiowe w reżyserii Krzysztofa Jaślara, premiera 3 października 1992 roku.

Tych lat nie odda nikt – program rewiowy w reżyserii Zbigniewa Korpolewskiego, premiera 15 maja 1993 roku.

Cafè pod Minogą – Stefana Wiecheckiego-Wiecha, adaptacja Jana Majdrowicza, w reżyserii Zbigniewa Korpolewskiego, premiera 31 lipca 1994 roku.

Benefis pani Hanki – program składankowy w reżyserii Zbigniewa Korpolewskiego, premiera 25 listopada 1994 roku.

Jedziemy na Bielany – program składankowy w reżyserii Zbigniewa Korpolewskiego, premiera 31 marca 1995 roku.

Rewia na luzie – program rewiowy w reżyserii Zbigniewa Korpolewskiego, premiera 14 lipca 1995 roku.

Warszawka (z)bawi się – program rewiowy w reżyserii Zbigniewa Korpolewskiego, premiera 18 października 1996 roku.

50-lecie działalności artystycznej Teatru Syrena w Warszawie – premiera 12 grudnia 1998 roku.

Jak wynika z powyższego zestawienia premier z udziałem Hanki Bielickiej, znaczna część repertuaru Teatru Syrena odbywała się z jej udziałem i to znaczącym. We wszystkich tych przedstawieniach grała role pierwszoplanowe, a w programach składankowych – rewiowych – była gwiazdą główną. W tym czasie, jak już wspominałem, Syrena była teatrem gwiazd, premiery odbywały się zwyczajowo dwa razy do roku, tak więc połowa repertuaru opierała się na Hance Bielickiej.

Pewien kryzys nastąpił w latach 1975–1985 (na styku dyrekcji Gozdawy i Stępnia z dyrekcją Witolda Fillera), kiedy to związki artystki z teatrem uległy pewnemu rozluźnieniu. Pani Hania „dogrywała” jedynie przedstawienia, w których wcześniej brała udział, a większość pozostałego czasu poświęciła tworzonym wokół niej programom wyjazdowym krajowym i zagranicznym. W tym czasie miała też mnóstwo występów kabaretowych i „podwieczorkowych” w Warszawie. Dyrektorowałem wtedy przez dwa lata Zakładowi Widowisk Estradowych Zjednoczonych Przedsiębiorstw Rozrywkowych w Warszawie, w którym jednym z najbardziej kasowych był zespół Hanki Bielickiej. Kiedy po ogłoszeniu stanu wojennego zostałem odwołany ze stanowiska dyrektora i kierownika artystycznego, pani Hania wraz z całym zespołem postanowiła również odejść z tej instytucji, a po odwołaniu stanu wojennego występowaliśmy wspólnie zarówno w Polsce, jak i za granicą.

Przyglądając się dzisiaj z perspektywy czasu niezwykłej karierze Hanki Bielickiej, stwierdzam ze zdumieniem, że artystka przez kilkadziesiąt lat, poczynając od roku 1954, była, jak to się dzisiaj mówi, na topie. Jej popularność ani na moment nie spadła, no, może z jednym krótkim na szczęście wyjątkiem, który później opiszę, bo byłem tego świadkiem. Był to drobny epizod wynikający z całkowitego nieporozumienia. Zaryzykowałbym wręcz stwierdzenie, że nawet Hanka Bielicka stała się w jakimś stopniu spóźnioną ofiarą stanu wojennego, co jawnie dowodzi, że nawet w tragicznych wydarzeniach mogą się trafić momenty komiczne, pod warunkiem że brała w nich udział pani Hania.

W czasie mojej ponadpięćdziesięcioletniej pracy zawodowej obserwowałem wiele wspaniałych gwiazd estrady, z niektórymi z nich nawet występowałem w okresie ich największego powodzenia i popularności. Do takich zaliczyłbym: Michaja Burano, Bogusława Wyrobka, Czesława Niemena, Jerzego Połomskiego, Bohdana Łazukę, Violettę Villas, Jana Pietrzaka, Jaremę Stępowskiego, Jerzego Ofierskiego i wiele, wiele innych gwiazd. Były to kariery zawrotne i niezwykle błyskotliwe. Wszyscy oni mieli swoje pięć minut, czyli swój szczyt popularności, który trwał od kilku do kilkunastu lat.

Niektórzy występują do dzisiaj, po wielu ślad zaginął. Są znani, ale pozostał im jedynie ślad dawnej popularności. Gdzie te Rosiewicze, Smolenie, a nawet Laskowiki czy Fedorowicze? Co się stało, czym zawinili? Tego nikt nie wie. Często są sprawniejsi zawodowo i intelektualnie, mają świetny repertuar, znacznie ciekawszy od tego sprzed lat, a jednak ich popularność przybladła. Tak na dobrą sprawę fachowiec nie wie, na czym to polega i od czego to zależy; Kubą Wojewódzkim się bywa, Bielicką się zostaje.

Na czym polega ten fenomen, nie wiem, ale mogę się domyślać... To jest profesja wyjątkowo zachłanna, niezwykle żarłoczna. Wymaga wielu wyrzeczeń, ale też bezwzględnego umiłowania tego zawodu i poświęcenia całego czasu i sił, którymi się rozporządza. Trzeba kochać nie tylko to, co się robi, ale i tych, dla których się to robi. Publiczność kocha swoich ulubionych artystów, ale też wymaga od nich pełnej wzajemności. No i jeszcze jedno, jak mawia młodzież, wielki szacun, czyli szacunek wzajemny. Na estradzie można żartować z siebie, można żartować z publiczności, ale pod warunkiem wzajemnej sympatii, bo jak śpiewał klasyk gatunku Wojciech Młynarski: „Róbmy swoje", ale i „Lubmy się trochę", bo znowu powtórzę za innym klasykiem – „publiczka niby głupia, lecz swój rozumek posiada".

Inna Polska to monolog który powstał już w innych, nowych warunkach ustrojowych – w nowej, czyli wolnej Polsce. Zechcą Państwo jednak zauważyć, że chociaż liczy sobie już kilkadziesiąt lat, to nie dużo stracił na swojej aktualności.

Inna Polska

Gdzieś tak pod koniec zeszłego roku dowiedziałam się od rządu, czy od koalicji, już dokładnie nie pamiętam... że drugiego stycznia obudzimy się w innej Polsce... Początkowo zastanawiałam się, dlaczego ta nasza Polska ma być inna od drugiego zamiast od pierwszego, ale domyśliłam się, że mało który Polak budzi się pierwszego stycznia... bo zwykle odsypia sylwestra... z rządem, koalicją i opozycją na czele... Tak więc nie wiem jak państwo, ale ja się w końcu obudziłam, drugiego stycznia oczywiście... Przetarłam oczy, wstałam, wyjrzałam przez okno... Patrzę, patrzę i oczom nie wierzę... Miałam się obudzić w zupełnie innej Polsce, a tu na pierwszy rzut oka nic się nie zmieniło. Żadnych reform, z wyjątkiem własnych, które leżały na swoim miejscu... Już zamierzałam reklamować u premiera, ale przypomniałam sobie, że najlepiej reklamować w telewizji...

Zanim jednak włączyłam telewizor, żeby ujrzeć zadowoloną twarz ministra zdrowia, poczułam ostry ból brzucha... Zadzwoniłam po pogotowie. Już po trzech godzinach połączyłam się i powiedziano mi, że pogotowie nie podpisało jeszcze kontraktu z kasą chorych, więc albo chora zapłaci z własnej kasy chorego, czyli mojej, albo pogotowie musi wezwać lekarz domowy pierwszego kontaktu... Poszłam więc do przychodni, żeby nawiązać kontakt z tym lekarzem pierwszego kontaktu... Kiedy zobaczyłam tłumy otaczające ten niepozorny budynek, zrozumiałam, że reforma zdrowia weszła w życie i jeżeli ktoś chce to życie ratować, musi mieć zdrowie do czekania...

Po trzech dniach dotarłam... do okienka, gdzie dowiedziałam się, że kontakt z lekarzem pierwszego kontaktu mogę nawiązać w połowie lutego, ale jako chora mam małe szanse, bo lekarz domowy przyjmuje wyłącznie pacjentów zdrowych... bowiem leczenie kosztuje i obciąża mu konto w kasie chorych, a on musi wyjść na swoje... Nieśmiało zauważyłam, że nie chodzi o jego, tylko o moje... zdrowie i że od trzech dni mam bóle brzucha... Wobec tego poradzono mi, żebym się pozbyła brzucha albo zgłosiła się bezpośrednio na porodówkę, bo do ginekologa można bez skierowania... Zdążyłam jeszcze krzyknąć, bo nie jestem w ciąży, że z porodem mogą być pewne komplikacje, ale pani z okienka oświadczyła, że nic na to nie poradzi, więc jeżeli koniecznie chcę się dostać do szpitala, to najlepiej, żebym wpadła pod samochód... To będzie śmiertelne zagrożenie, pogotowie przyjedzie i zabierze mnie do wybranego szpitala, bo dzięki reformie rejonizacja nie obowiązuje, a za takiego pacjenta, który może szybko umrzeć, kasa chorych chętnie płaci...

Zdecydowana na wszystko, na czerwonym świetle wkroczyłam na jezdnię... Usłyszałam zgrzyt hamulców, poczułam silne uderzenie i straciłam świadomość... ale jakby niezupełnie... Nagle znalazłam się w innej Polsce... Troskliwie pochylał się nade mną minister zdrowia, w górze unosił się uśmiechnięty premier Buzek i tylko z boku zatroskany premier Balcerowicz pytał, kto za to zapłaci, bo tego w budżecie nie przewidział... W szpitalu dyżurny lekarz stwierdził, że mam ostre zapalenie wyrostka robaczkowego, ale nie mogą mnie operować, bo jest strajk anestezjologów i znieczula tylko jeden... w razie zagrożenia życia... Ponieważ nie każde zapalenie wyrostka kończy się śmiercią, więc musiałabym poczekać do zakończenia strajku, chociaż nie wiadomo, czy warto, bo po strajku anestezjologów ma być strajk chirurgów, którzy przygotowują właśnie strajk pielęgniarek i dlatego lekarz poradził mi, że jeżeli chcę żyć, to muszę zacząć jak najszybciej umierać... Zrozumiałam... Kiedy doktor wyszedł, wcisnęłam salowej dziesięć złotych z prośbą o pomoc... Jako osoba wysoko wykwalifikowana zdzieliła mnie kaczką w skroń, a kiedy krew mnie zalała, poprawiła basenem w ciemię... Świat mi zawirował, a jako w ciemię bita z zagrożeniem życia, wylądowałam na stole operacyjnym...

Po kilku godzinach zjawił się dyżurny anestezjolog... Nie spał podobno cały tydzień, więc zamiast mnie uśpić, usnął obok mnie... Przytuliłam go do piersi i zasnęliśmy razem... Przez sen usłyszałam, jak chirurg naradza się z asystentem, w jaki sposób usuną mi anestezjologa, bez uszkodzenia wyrostka robaczkowego... Kiedy postanowili to zrobić bez znieczulenia, zerwałam się z tego stołu, cisnęłam w nich anestezjologiem i goła, z tkwiącym w brzuchu skalpelem, uciekłam ze szpitala... Kiedy wreszcie owinięta rurkami od kroplówki dotarłam do domu, poczułam z ulgą, że ból minął... Wtedy zrozumiałam wreszcie, jak bardzo potrzebna nam była reforma służby zdrowia... Kto ją przeżyje, ten naprawdę znajdzie się w innej Polsce... Może tylko szkoda, że nie z innym rządem... Ale z drugiej strony nie wszystko można mieć naraz... jak powiedział pewien pacjent chory na przepuklinę, któremu przez pomyłkę amputowano nogę... Podobno potem z trudem doszedł do siebie.

Żeby w pełni ocenić fenomen zjawiska pod tytułem Hanka Bielicka, trzeba sobie uświadomić, że przez znaczną część swojej ponadpięćdziesięcioletniej kariery gwiazdy estradowej pracowała w warunkach peerelowskich, a więc „na akord", do czego zmuszały ją taryfikatorowe ministerialne stawki, obowiązujące wszystkich aktorów, bez względu na ich kasowość.

Jak większość popularnych artystów estrady występowała około czterdziestu do pięćdziesięciu razy w miesiącu w najróżniejszych programach. Taka „wydajność" wymagała ogromnej dyscypliny, kondycji i sprawności zawodowej. Niekiedy w tym samym dniu o różnych godzinach można było zobaczyć artystkę w Warszawie w teatrze, *Podwieczorku przy mikrofonie* i w kabarecie. W każdym z tych miejsc prezentowała zwykle inny repertuar, w przeciwieństwie do kolegów, którzy na ogół ułatwiali sobie życie, nie zmieniając występu. Publiczność wbrew pozorom takie szczegóły zauważa i bardzo je ceni.

Warszawiacy uważali Bielicką za rodowitą warszawiankę – była laureatką wszystkich stołecznych nagród i plebiscytów, Warszawianką Roku, laureatką Nagrody Miasta Stołecznego Warszawy i wielu innych nagród i wyróżnień. Za swoje osiągnięcia artystyczne dostała najwyższe odznaczenia państwowe i ministerialne. Oprócz wspomnianego już wcześniej Złotego Krzyża Zasługi otrzymała również Krzyż Kawalerski i Komandorski Odrodzenia Polski. Była laureatką wielu konkursów i plebiscytów radiowych i telewizyjnych. Była niezwykle dumna z telewizyjnego Wiktora, estradowego Prometeusza czy tytułu Mistrza Mowy Polskiej. Nigdy nie zabiegała o nagrody czy odznaczenia, ale powszechnie dostrzegano jej zasługi i osiągnięcia. Ostatnie i zarazem najwyższe otrzymała pośmiertnie z rąk pani prezydentowej Marii Kaczyńskiej, która ją, jak wspomniałem, pożegnała w imieniu prezydenta.

Przez kilka lat miała pani Hania swoje ulubione miejsce w Warszawie, kawiarnię Pod Gwiazdami, która mieściła się na najwyższym piętrze wieżowca przy ulicy Marszałkowskiej w samym centrum Warszawy. Było to miejsce szczególne, bardzo ekskluzywne, będące czymś na pograniczu salonu, kawiarni i kabaretu. Występowali tam zarówno znani artyści, goście pani Hani, jak i utalentowana młodzież estradowa, adepci sztuki piosenkarskiej, czyli tak zwana szkółka Klekowa. Ludwik Klekow był dawnym dyrektorem Teatru Syrena, a potem dyrektorem Festiwalu Piosenki w Sopocie, a pod koniec życia animatorem warszawskich kabaretów w Bristolu i Nowym Świecie. Przy fortepianie zasiadali zwykle znani kompozytorzy i pianiści. Najczęściej jednak na estradzie pojawiał się Julian Sztatler, bardzo w owym czasie popularny piosenkarz, który przy własnym akompaniamencie śpiewał swoje aktualne przeboje i przedwojenne piosenki warszawskie.

Było to miejsce magiczne, urokliwe i... dosyć trudno dostępne ze względu na swoje położenie i niewielką liczbę miejsc, osiągalne wyłącznie za pomocą windy. Spotkania-seanse odbywały się późnymi wieczorami i niekiedy przedłużały nieoficjalnie do wczesnych godzin porannych. Nic więc dziwnego, że takie miejsce nie mogło być tolerowane przez ludową władzę, bo dosyć silnie odbiegało od struktur i wzorców kulturowych socjalistycznej ojczyzny, tak więc po kilku latach heroicznych bojów z kontrolami społecznymi, handlowymi i skarbowymi artystka, dotkliwie atakowana różnymi domiarami i karami, zbankrutowała ku chwale socjalistycznej rzeczywistości.

Nie pomogły zabiegi doświadczonego gastronomika pana Władysława Strugały, który w imieniu Hanki Bielickiej dzielnie zajmował się stroną administracyjną i gastronomiczną. Pani Hania straciła sporo pieniędzy i zdrowia, a warszawiacy jedno z uroklliwych miejsc wieczorno-nocnych spotkań. „Gwiazdy" wtopiły się w ogólną szarość stołecznej gastronomii, a nam pozostały jedynie wspomnienia tego niezwykle sympatycznego miejsca spotkań nocnej Warszawy, odkrytego i prowadzonego przez nasza ukochaną koleżankę.

Z miejscem tym wiąże mnie również kilka anegdotycznych wspomnień, którymi, jeżeli sobie przypomnę, podzielę się z Państwem w innym miejscu. Jak z powyższych relacji wynika, artystka w młodszym wieku objawiała naturę birbantki i dosyć silnie uwierał ją ciasny gorset socjalistycznych norm życia, a gorący temperament domagał się doznań nie zawsze klasowo słusznych. Wyniesione z rodzinnego domu drobnomieszczańskie nawyki wyraźnie kolidowały z otaczającym ją realizmem socjalistycznym. Całe szczęście, że Dziunia Pietrusińska nosiła ślady proletariackiego pochodzenia, co pewnie artystkę w owym trudnym okresie ratowało... przed poważniejszymi represjami.

W każdym razie debiut Hanki Bielickiej w inicjatywie prywatnej, jako jednej z pierwszych agentek, czy ajentek (jak się to wtedy wymawiało), które prowadziły na własny rachunek kawiarnię, zakończył się plajtą czy nawet ekonomiczna klęską. Pani Hania raz na zawsze wyleczyła się ze swoich inicjatyw gospodarczych, podobnie jak w kilka lat później z prób samodzielnego prowadzenia samochodu. Po paru nieudanych próbach poszerzenia bram wjazdowych za pomocą karoserii własnego pojazdu uznała, że zdolności ekonomiczne i techniczne nie są jej przez opatrzność dane. Nowy, chociaż mocno poobijany samochód sprzedała i do końca życia korzystała z usług profesjonalnych kierowców, o czym już wspominałem.

W czasach peerelowskich należała w swojej dziedzinie do osób najwyżej honorowanych i jak na tamte czasy zarabiała dużo, ale też nie dużo mniej wydawała. Żyła na bieżąco, jak mawiała – inwestowała w siebie, ale też znacznie wspomagała innych. Oszczędność nie należała do jej głównych cnót, a w dziedzinie wydatków jej ukochany mąż – Jerzy Duszyński – wydatnie ją wspomagał. Czy żyli ponad stan? Nie sądzę, starali się tylko w owych nienormalnych czasach żyć normalnie, co się wtedy nie bardzo udawało. Stało się to też pewnie jedną z przyczyn kryzysu małżeńskiego, który nastąpił, bo musiał w tym dosyć dziwnym związku nastąpić. Zakończył się rozwodem, ale chyba niepełnym rozstaniem, o czym opowiem za chwilę.

MĘŻCZYŹNI W JEJ ŻYCIU

Jak już wcześniej wspomniałem, mężczyźni w życiu Hanki Bielickiej od-grywali szczególną rolę. Od najmłodszych lat otaczali ją dziarscy chłopcy rówieśnicy, partnerzy wspólnych zabaw i pierwszych dziecięcych zalotów. Niedoścignionym wzorem do naśladowania był ojciec, którego w czasie woj-ny straciła. Największymi autorytetami zawodowymi także byli mężczyźni: Zelwerowicz i Sempoliński, ale niewątpliwie największą, a być może jedyną prawdziwą miłością jej życia był Jerzy Duszyński, z którym zresztą zawarła jedyny formalny związek małżeński i chociaż po latach się rozeszli, miłość – albo tylko trwałe wspomnienie miłości – pozostało... zwłaszcza w jej pamięci i sercu.

Brzmi to zapewne trochę zbyt romantycznie, ale to była miłość roman-tyczna, a zawarty związek małżeński miał w znacznym stopniu charakter platoniczno-towarzyski czy też może raczej przyjacielski. Zawarty został dosyć przypadkowo, w warunkach nadzwyczajnych – wojennych – w Wilnie i właś-ciwie był ukoronowaniem młodzieńczej miłości czy też przyjaźni. Znałem obie strony tego związku osobiście i słuchałem ich bardzo szczerych zwierzeń na ten temat, ale jak było naprawdę, dokładnie nie wiem; jakie było wza-jemne zaangażowanie uczuciowe, jakie proporcje, trudno orzec. Łączyło ich wiele, ale dzieliło wszystko, a jednak mąż był największą miłością pani Hani i taką pozostał na zawsze według jej najszczerszych moim zdaniem relacji. Jerzy ją też kochał, ale na swój sposób. Ile było w tym podziwu dla jej talentu i osobowości, a ile prawdziwego uczucia, trudno dziś ocenić.

Z relacji obojga wynikało jedno; że najmniej w tym związku było sek-su, co chyba stało się najważniejszą przyczyną rozstania. Jerzy Duszyński był mężczyzną niezwykle przystojnym i eleganckim, amantem filmowym

w dawnym hollywoodzkim stylu. Z domu rodzinnego wyniósł świetne wychowanie. Od dziecka był rozpieszczany przez macochę (to nie przejęzyczenie,
choć dalece nietypowe), która go kochała i uwielbiała, podobnie jak tabuny
dziewcząt, otaczających go w gimnazjum, liceum, a potem w Piscie, gdzie
zaprzyjaźnił się z panią Hanią. Fascynowała go swoim talentem, poczuciem
humoru i temperamentem, podziwiał jej pracowitość i inteligencję. On sam
dzięki warunkom zewnętrznym zaliczył studia bez większego wysiłku. Ona,
jak większość koleżanek, była w nim zakochana, ale ich relacje w tamtym
okresie nigdy nie przekroczyły granic bliskiego koleżeństwa z elementami
platonicznego flirtu. Takie ograniczenia narzucała pani Hania z uwagi na swoje
konserwatywne wychowanie. Była bowiem w owym czasie, jak sama twierdziła,
„panienką mocno pruderyjną".

Sytuacja zmieniła się radykalnie po przeniesieniu całej PIST-owskiej grupy
do Wilna. Tam, jak twierdziła późniejsza gwiazda, zaszła konieczność zamieszkania w jednym pokoju z Jurkiem, co w jej przekonaniu było niemożliwe bez
ślubu. Wymogła więc na nim zawarcie związku małżeńskiego, na co jako
dżentelmen z ochotą przystał. Nie wiem, ile w tej anegdotycznej opowiastce
Hanki Bielickiej było prawdy, a ile żartu na użytek słuchaczy.

Relację Jurka Duszyńskiego usłyszałem po kilkunastu latach w Olsztynie,
gdzie reżyserowałem jakiś program estradowy z jego udziałem i bardzo się z nim
zaprzyjaźniłem. Jerzy utrzymywał, że był w Hance zakochany, że małżeństwo
było przemyślane, a rozpad nastąpił później na skutek różnej filozofii życia
obojga małżonków. Ta wersja bardziej mnie przekonuje i w znacznym stopniu
potwierdzały ją wspomnienia pani Hani. Faktem jest, że w dużym stopniu
zaważyły też warunki mieszkaniowe. W Wilnie w gruncie rzeczy wspólne
mieszkanie z całą grupą koleżeńską, a potem rozstanie małżonków na skutek
wyjazdu Jurka do Warszawy i znów powrót do Wilna. Po wojnie mieszkanie
kątem u przygodnych znajomych w Białymstoku, potem półhotelowe mieszkanie w Łodzi i Warszawie wraz z mamą i siostrą artystki, a później wieloletnie
wspólne mieszkanie w Warszawie.

No i wreszcie rzecz pewnie najważniejsza – różnice w rozwoju kariery
zawodowej obojga i ich różne podejście do życia. Ona – pełna optymizmu,
łakoma pracy, obdarzona aktorskim temperamentem, poświęcająca temu
zawodowi cały czas i siły, odnosząca sukcesy i zdobywająca coraz większe uznanie i popularność. On – nieznoszący teatralnej codzienności i wyczerpującej
pracy na scenie i estradzie. Jerzy nienawidził wielokrotnie powtarzających się
codziennych przedstawień. Nie lubił kabaretu i estrady, chociaż dzięki swoim
warunkom mógł tam zarabiać krocie. Z powołania był typowym aktorem

filmowym, uwielbiał kilkudniową czy kilkutygodniową koncentrację i pracę na planie filmowym, a potem długotrwały odpoczynek i odcinanie kuponów dzięki zyskanej popularności. Kochał wytworne i komfortowe życie towarzyskie. Lubił grać w karty i korzystać z innych różnych „bezsennych rozrywek nocnych". Z drugiej strony, chciał mieć też spokojny azyl rodzinny z żoną i dziećmi w tle. Wszystko to byłoby możliwe w innych warunkach ustrojowych niż te, w których przyszło mu żyć w latach pięćdziesiątych ubiegłego wieku. Jego warunki i sylwetka słabo przystawały do wymogów obowiązującego w ówczesnym filmie realizmu socjalistycznego.

Rola akowca w *Zakazanych piosenkach* Buczkowskiego przyniosła mu ogromną popularność, ale kolejne propozycje były coraz mniej atrakcyjne. Zapotrzebowanie na pozytywne postacie przedwojennych oficerów czy akowców stawało się coraz mniejsze, a amantów w dawnym stylu zastępowało nowe pokolenie aktorów w typie Zbyszka Cybulskiego. Jerzy postrzegał teatr i estradę wyłącznie w kategoriach zarobkowych, nie mając koniecznej w tym zawodzie satysfakcji artystycznej. Życie towarzyskie coraz bardziej wypierało pracę zawodową, a pieniądze żony w zupełności wystarczały na utrzymanie domu.

Osobiście w moich wspomnieniach zawodowych zapamiętałem go jako aktora solidnego i zdyscyplinowanego, uroczego człowieka, ale pracującego bez entuzjazmu i wiary w sukces. Pani Hani mimo wysiłków nie udawało się go namówić na zmianę trybu życia ani też zarazić swoim wrodzonym optymizmem. Jurek coraz bardziej zamykał się w sobie i tracił entuzjazm dla otaczającego go świata i pracy, którą z konieczności wykonywał. Pani Hania z właściwym sobie poczuciem humoru opowiadała różne anegdoty z ostatnich lat ich małżeństwa, kiedy to większość nocy spędzał w stołecznym SPATiF-ie (obecnym Klubie Aktora) albo grywał w brydża lub pokera do wczesnych godzin rannych.

Jedną z tych anegdot zapamiętałem. Działo się to w Sopocie w czasie letnich występów gościnnych. Artystka po przedstawieniu udała się do hotelu, w którym mieszkali, a Jurek jak zwykle wrócił nad ranem. Rano wstała i poszła na plażę, zostawiając go śpiącego. Kiedy koło południa wróciła, przez otwarte na oścież drzwi łazienki zobaczyła odwróconą tyłem namydloną sylwetkę męża. Podeszła cichutko na palcach i delikatnie chwyciwszy namydlone genitalia, zawołała: „Dyń, dyń, dyń, obiadek...". Namydlona sylwetka odwróciła się gwałtownie – i to wcale nie był Jurek, tylko jego znajomy, który przed chwilą przyjechał z Warszawy i zmywał pod prysznicem trudy podróży.

Z Bogumiłem Kłodkowskim i Ireną Kwiatkowską w *Pan Vincenzio jest moim ojcem*
E. Scarpetty, reż. C. Szpakowicz, Teatr Syrena w Warszawie, 1957

Z Kazimierzem Rudzkim i Jerzym Duszyńskim w *Madame Sans-Gene* J. Minkiewicza
i A. Marianowicza, reż. A. Łapicki, Teatr Syrena w Warszawie, 1958

Z Ludwikiem Sempolińskim w *Madame Sans-Gene* J. Minkiewicza i A. Marianowicza, reż. A. Łapicki, Teatr Syrena w Warszawie, 1958

Fot. E. Hartwig

Z Jerzym Duszyńskim w *Madame Sans-Gene* J. Minkiewicza i A. Marianowicza, reż. A. Łapicki, Teatr Syrena w Warszawie, 1958

Rewia *Nasza żartoteka*, reż. K. Krukowski,
T. Olsza, Teatr Syrena w Warszawie, 1960

Z Kazimierzem Krukowskim w rewii *Hajże
na stolicę*, reż. K. Krukowski, Teatr Syrena
w Warszawie, 1960

Z Jerzym Bielenią, Teatr Buffo w Warszawie

W przedstawieniu rewiowym,
Teatr Syrena w Warszawie

Od lewej: Jerzy Ofierski, Lidia Korsakówna, Kazimierz Brusikiewicz, Hanka Bielicka, Janina Guttnerówna, Mieczysław Pręgowski, Janusz Sent

W przedstawieniu rewiowym,
Teatr Syrena w Warszawie

Z Kazimierzem Brusikiewiczem
w *Domu otwartym* M. Bałuckiego,
reż. J. Słotwiński, Teatr Syrena
w Warszawie, 1961

Szafa gra, reż. A. Dymsza,
Teatr Syrena w Warszawie, 1964

Kabaretro, czyli salon zależnych,
reż. L. Wojciechowski, Teatr Syrena
w Warszawie, 1975

Z Bohdanem Łazuką,
Teatr Syrena w Warszawie

W *Moralności Pani Dulskiej* G. Zapolskiej

Anegdota jak anegdota, taka może więcej sytuacyjna, ale w czym zawinił Jurek, tego nie wiem do dzisiaj... Po rozwodzie Duszyński zawarł nowy związek małżeński z bardzo piękną panią, bodajże kelnerką ze SPATiF-u. Z tego związku przyszedł na świat syn Marcin, dzisiaj już mężczyzna czterdziestokilkuletni, podobno świetnie wykształcony, mieszkający na stałe w Stanach Zjednoczonych.

Mimo rozwodu i nowego małżeństwa Jurka pani Hania pozostawała z nim w przyjaźni, a kiedy samotnie umierał w szpitalu na chorobę nowotworową, odwiedzała go prawie codziennie, prosząc, by pozwolił się zabrać do jej mieszkania. Tej propozycji chory nie przyjął. Był człowiekiem ambitnym, chociaż pozbawionym sił i energii, wyniszczonym przez chorobę i niezbyt udane życie. Duszyński to jedyny mężczyzna, którego naprawdę kochała i którego grób odwiedzała regularnie, chociaż twierdziła, że zakończyła ten związek jako półdziewica. Mówiła to serio, bez żartobliwych podtekstów, więc jeżeli to prawda, a wszystko na to wskazuje, była to miłość wielka, romantyczna, w starym stylu. Za tą wersją przemawiają późniejsze fakty, których następstwa mogły się okazać tragiczne.

Hanka Bielicka nigdy nie mogła narzekać na brak powodzenia u mężczyzn. Ale jak sama twierdziła, miała naturę monogamistki, więc dopóki jej małżeństwo z Duszyńskim trwało, nawet wyłącznie formalnie, żaden z adoratorów nie miał u niej szans. Po rozwodzie prawie natychmiast pojawiły się tłumy wielbicieli-uwodzicieli różnego autoramentu. Co kilka tygodni warszawka powtarzała sobie nową plotkę. Jakiś młody, przystojny, średnio zdolny aktor karierowicz, a to znowu majętny przedstawiciel prywatnej inicjatywy, ktoś z Polonii amerykańskiej, znany aktor czy reżyser. Panią Hanię bardzo te rewelacje bawiły, w równym stopniu mile łechtały kobiecą ambicję jak i wrodzone poczucie humoru.

Ponieważ jednak w każdej plotce może się zdarzyć odrobina prawdy, więc się zdarzyło. Początkowo niewinny flirt ze znanym radiowcem satyrykiem, który napisał dla niej tekst do *Podwieczorku*, przerodził się w romans. Jak po latach wspominała, był to mężczyzna, z którym doznała po raz pierwszy pełnej satysfakcji seksualnej. Odkrył przed nią zupełnie wcześniej nieznane jej tajniki życia erotycznego. Była już w tym czasie kobietą w pełni dojrzałą, więc to nagłe olśnienie uzależniło ją całkowicie od tego partnera. Ten mężczyzna, przystojny, inteligentny i utalentowany, z solidną pozycją zawodową, miał tylko jedną wadę – był żonaty.

Nieformalny związek nabierał w środowisku coraz większego rozgłosu, wreszcie radiowiec zdecydował się na rozwód, który po długich staraniach, zgodnie z oczekiwaniami pani Hani, otrzymał. Tyle tylko że celem rozwodu, jak się okazało, było zawarcie nowego małżeństwa z pewną młodą, mało w środowisku znaną dziewczyną, która jak się później okazało, powiła redaktorowi dziecko.

Ten zupełnie nieoczekiwany zwrot zdarzeń był dla pani Hani jak grom z jasnego nieba. Poczuła się głęboko zraniona i publicznie sponiewierana. W wyniku załamania psychicznego targnęła się na własne życie. Na szczęście samobójcza próba została udaremniona, ale uraz pozostał. Po pewnym czasie artystka wróciła do normalnego życia, poświęcając się już bez reszty zawodowi, który z pełnym oddaniem uprawiała.

Cały ten epizod znam z relacji pani Hani i długo się zastanawiałem, czy powinienem go opisywać, ale w końcu doszedłem do wniosku, że dla pełnego poznania jej psychiki i zrozumienia, dlaczego artystka tak bez reszty poświęciła się swojej pracy, i tę sprawę trzeba przypomnieć. Zdarza się bowiem, że uśmiechnięta twarz i bijący na odległość optymizm w rzeczywistości kryją uczucia znacznie poważniejsze, często wręcz tragiczne.

Jak z tej relacji wynika, udział mężczyzn w życiu osobistym artystki był znacznie mniejszy niż w życiu zawodowym. Przyczynił się do tego bagaż wieloletnich własnych doświadczeń.

Opisane wcześniej doświadczenia były w gruncie rzeczy słabo porównywalne. Z jednej strony wielka, wieloletnia, pełna poświęceń, a przecież nie do końca spełniona miłość, z drugiej niezbyt długi w czasie, a przecież silny, zmysłowy epizod z dramatycznym zakończeniem. Dzisiaj tego typu zdarzenia stają się wdzięcznym tematem dla szukających sensacji tabloidów.

Dla osoby tak ambitnej i wrażliwej jak pani Hania stały się nie tylko przestrogą, ale i gorzkim urazem życiowym, rzutującym nieodwracalnie na prywatne relacje z mężczyznami. W tej sferze stała się niezwykle ostrożna, unikając ryzykownych zbliżeń i poważniejszego zaangażowania uczuciowego. Nikt nie jest w stanie zgłębić do końca tajemnic kobiecej alkowy, ale w przypadku bohaterki tych wspomnień jestem przekonany, że chociaż liczba plotek na ten temat przekraczała znacznie liczbę noszonych przez nią kapeluszy, to jednak liczba kapeluszy znacznie przewyższała liczbę domniemanych flirtów i romansów.

Były to raczej flirciki i romansiki, z których bardzo pokpiwała. Ile w tych autoironicznych opowiastkach było prawdziwej kpiny, a ile samoobrony przed „kolejną wpadką", trudno mi powiedzieć. Podejrzewałem, że w cichości ducha tęskniła za prawdziwym wielkim uczuciem równego jej talentem i siłą charakteru mężczyzny.

Z wiekiem te marzenia słabły i szukała spełnienia wyłącznie w uprawianym ukochanym zawodzie, a zawodowo była niezawodna. Co to właściwie znaczy? Ano tyle, że swój zawód wykonuje się nie tylko perfekcyjnie, ale też, co szczególnie ważne w artystycznej profesji, z pełnym wyczuciem miejsca, czasu i adresata naszych artystycznych działań.

Oczywiście w aktorstwie adresatem jest publiczność zasiadająca na widowni, przed ekranem telewizora czy przy odbiorniku radiowym. Tak więc aktor czy aktorka muszą znać nie tylko swoje warsztatowe możliwości, ale też umiejętnie się nimi posługiwać, aby ten przekaz był skuteczny, sugestywny i oddziaływał na wyobraźnię odbiorcy. O ile w radiu, telewizji czy filmie aktor może tylko w przybliżeniu określić mentalność widza czy słuchacza, podobnie jak jego poziom intelektualny, o tyle w teatrze bądź na estradzie wszystko to odbywa się na żywo. Aktor staje oko w oko z publicznością i w ciągu kilku minut sam musi podjąć decyzję o sposobie grania i przekazywania tekstu. Tu wszelkie reakcje odbywają się błyskawicznie i niekiedy mogą nastąpić w zupełnie innych miejscach, niż to przewidywał autor czy reżyser.

Dlatego wielcy artyści teatru czy estrady preferują występ bezpośrednio na scenie czy estradzie. Przecież tylko w tych warunkach odbywa się owo prawdziwe misterium artystyczne, jakim jest spektakl teatralny, estradowy, czy kabaretowy. Tu następuje prawdziwa konfrontacja artysty z widzem, bez ingerencji elektronicznych środków przekazu, montażu i innych tego typu zabiegów realizacyjnych. Tak więc prawdziwemu koneserowi sztuki – wyrobionej artystycznie i intelektualnie publiczności – żadna telewizja czy internet nie zastąpią żywego występu.

Dzisiejsza współczesna technika elektroniczna potrafi podrasować niejedną miernotę muzyczną i stworzyć z niej namiastkę piosenkarza, a nawet wykreować poprzez częste telewizyjne czy radiowe występy na gwiazdę czy celebrytę. Jedynie występ na żywo pokazuje prawdę i obnaża różnych artystycznych hochsztaplerów.

Podobnie rzecz się ma z aktorstwem. Niejeden z bohaterów i filarów telewizyjnych seriali na żywo może się okazać zupełnym aktorskim ignorantem. Dlatego pewnie Hanka Bielicka w swojej karierze zawsze preferowała występy teatralne bądź objazdowe. Propozycje serialowe czy filmowe przyjmowała z wielką ostrożnością , bo technika aktorska jest w nich inna niż na estradzie, być może nawet mniej ryzykowna, ale końcowy rezultat nie zawsze zależy od aktorki.

Oczywiście nie bez wpływu na rodzaj ról i kreacji ma wiek artystki, a co zatem idzie jej warunki zewnętrzne. W wypadku pani Hani miało to mniejsze znaczenie, bo starzała się wraz z publicznością, a komentując na bieżąco otaczającą rzeczywistość, zawsze utrzymywała kontakt ze współczesnością. Więc chociaż zaczynała swoją karierę w wieku dwudziestu kilku lat, a kończyła ją w dziewięćdziesiątym pierwszym roku życia, to bez szkody dla jakości i sensu ballady czy monologu mogła przypominać niektóre pozycje swojego repertuaru sprzed lat.

Robiła tak często pod koniec życia, kiedy pamięć już ją trochę zawodziła i nie była równie chłonna jak dawniej. Lepiej funkcjonowała tak zwana pamięć wsteczna. Przez większość swojego zawodowego życia miała doskonałą pamięć i bardzo szybko uczyła się nowych tekstów. Trudności tego typu pojawiły się, jak już wspomniałem, w bardzo sędziwym wieku, równolegle zresztą z kłopotami wzrokowymi. W tym względzie niewiele pomagały kolejne zabiegi okulistyczno-chirurgiczne. Teksty odbijano więc na ksero, powiększając litery do granic możliwości technicznych, ale nawet w tym schyłkowym okresie nie rezygnowała z nowego repertuaru, uważając, że tego wymaga szacunek dla publiczności.

Ten kolejny tekst omawia okres rządów lewicowych z ministrem finansów profesorem Kołodką. Premierem był Józef Oleksy. Dzisiaj to już czasy dosyć odległe, więc może warto je przypomnieć.

We własnym domu

No, nareszcie żyjemy we własnym domu. Tyle tylko że te czynsze bardzo podskoczyły... A podskakiwać to teraz też za bardzo nie można, bo nie ma z czego... Nawet w karnawale wyłącznie dobroczynne bale... Towarzyszy niby już nie ma, tylko tańce towarzyskie zostały – walc żebraczy, tango proszone, lambada – jednemu zabierze, drugiemu da... Wszyscy proszą wszystkich... Wszyscy zbierają, więc już dokładnie nikt nie wie, na co... Przeważnie na rząd – podatki... Teraz nie tylko trzeba zapłacić, ale jeszcze wypełnić PIT-a... Przez czterdzieści parę lat rząd nam wszystko zabierał, to teraz każdy daje na rząd dobrowolnie... Bo nareszcie żyjemy w wolnym kraju... Wolniej się pracuje, wolniej produkuje, wolniej rosną zarobki...

Tylko ceny rosną szybko... Najpierw rosły zgodnie z planem Balcerowicza, a teraz bez planu Kołodki... Ale w końcu przeżyliśmy Jaroszewicza, przeżyliśmy Balcerowicza, przeżyjemy Kołodkę... Według Kołodki – spirala inflacji opada... Tylko szkoda, że na nasze plecy... Cały świat podobno patrzy na nas z podziwem... jak długo to jeszcze wytrzymamy... A długi mamy takie, że z samych odsetek można by wybudować drugą Japonię albo co najmniej Nagasaki... Zresztą nagie ssaki to my już jesteśmy... Ale nie załamujmy się, bo nie ma innej alternatywy, jak mówią w sejmie. A w sejmie to mówią i mówią... bo co, jak co, ale pogadać to my lubimy... zwłaszcza od rzeczy... ale jest parę rzeczy, które cieszą... Rzeczy – pospolita i rzeczywistość nowa... Nowa jakość. To się widzi na każdym kroku... zwłaszcza w polityce.

Twarze i nazwiska stare, a jakość nowa... Aż się wierzyć nie chce, jak ci dawni budowniczowie socjalizmu pokochali kapitalizm... Okazuje się, że oni zawsze byli kochliwi, a w dodatku mieli, za przeproszeniem, silny aparat... Teraz aparat miękki, za to rzeczywistość twarda – rządzą prawa rynku... Dawniej to się nazywało prawo dżungli, ale u nas teraz dżungli nie ma, a prawa też zabrakło... Policja ma tyle roboty, że aż zaczęła strajkować i organizować związek zawodowy, bo ktoś przecież policję musi bronić przez napadami... Bo u nas najlepiej zorganizowana jest przestępczość... To jest jedyna dziedzina, która nie domaga się dotacji z budżetu państwa... Sama sobie bierze, ile potrzebuje... Oni pierwsi wzięli sprawy w swoje ręce... Do wszystkiego doszli sami... Nikt im nie dawał, sami musieli brać... A uzbrojenie mają lepsze niż cała nasza armia z policją włącznie... Transportu też im nikt nie organizował... Sami do niego doszli i... odjechali najlepszymi samochodami... To jest jedyna część naszej gospodarki, która nie stawia żądań płacowych... tam każdy pracuje na własne ryzyko...

No, ale to się skończy, jak zapowiedział pan premier Oleksy... W MSW ogromne zmiany – ubecja przeszła do uopcji, milicja do policji, policja do sodalicji, więc działa teraz w aureoli prawa... Tylko że jak oni tak będą działać jak teraz, to boję się, czy im ktoś tej aureoli nie zwędzi... Cała nadzieja w samorządach... szkoły samorządowe, mieszkania samorządowe, teatry samorządowe i to jest konieczność, bo telefony działają tak, że nie można usłyszeć centrali... Łatwiej połączyć się z Nowym Jorkiem jak z Mokotowem, więc póki co – łączymy się z obcym kapitałem, bo swojego kapitału mamy tyle, że ledwo wystarcza na diety radnych i posłów... Bo oni dostają tyle, żeby nie musieli brać... A oni i tak biorą dwa razy tyle, ile dostają, i dlatego ich praca dla społeczeństwa jest najcenniejsza... w złotówkach... wymienialnych i zdenominowanych...

Pomyślcie kochani – przez tyle lat, nie bacząc na trudności, budowaliśmy socjalizm po to, żeby przekonać się w końcu, że budowa kapitalizmu jest jeszcze trudniejsza... Co pozwala sobie zauważyć z inflacyjnym uśmiechem – Hanka Bielicka!

I jeszcze jedno – tak naprawdę, to nie najważniejsza jest wymienialność złotówki. Najważniejsza jest wymienialność uśmiechu... Więc śmiejmy się z siebie, śmiejmy się z Europy, śmiejmy się ze świata – to w końcu i świat zacznie się do nas uśmiechać. Bo tak naprawdę to wszystko śmiechu warte, a w dziedzinie śmieszności zawsze byliśmy samowystarczalni... Buźka!

Przeczytałem te ostatnie strony i dochodzę do wniosku, że trochę się rozpędziłem, wyprzedzając wiele faktów. Wróćmy więc do tych mężczyzn pani Hanki. O ile ich rola w życiu prywatnym uległa poważnym ograniczeniom na skutek opisanych wyżej doświadczeń, o tyle w życiu zawodowym nadal odgrywali wielką, a nawet powiedziałbym najważniejszą rolę.

Artystka, jako się rzekło, korzystała z ich doradztwa artystycznego (Zelwerowicz, Kielanowski, Sempoliński, a potem Gozdawa i Stępień, Baranowski i kilku innych), a w sprawach finansowo-ekonomicznych Władysław Strugała (Pod Gwiazdami), trasy występów objazdowych przez wiele lat organizował jej Jerzy Jaksztas (brat zaprzyjaźnionego z nią jeszcze z okresu wileńskiego Antoniego Jaksztasa, który w latach powojennych był bardzo popularnym konferansjerem i często prowadził różne programy z udziałem pani Hani).

Jerzy Jaksztas był świetnym fachowcem, człowiekiem inteligentnym i dobrze wychowanym, ale miał też swoje wady. Był alkoholikiem i hazardzistą. Jak większość organizatorów estradowych okresu, w którym działał, zarabiał stosunkowo dobrze, miał jedynie kłopoty z lokowaniem zarobionych pieniędzy, obie bowiem jego namiętności były bardzo „kapitałochłonne". Kiedy, jak to się popularnie mówi, spłukał się do suchej nitki, na pewien czas popadał w coś w rodzaju zadumy czy półdepresji, stawał się rozważny i wyciszony. W sobie tylko wiadomy sposób zdobywał gdzieś jakieś zaliczki czy pożyczki i ruszał w teren, organizując kolejną trasę pani Hani, która, jak wiemy, była wraz z towarzyszącym jej zespołem – samograjem.

Kiedy już pan Jurek stanął na nogach, natychmiast przemieniał się w króla życia i równolegle do trasy koncertowej (albo chałturowej, jak to się wówczas mówiło) odbywał trasę towarzyską, wypełnioną hulankami i różnego rodzaju imprezami alkoholowo-hazardowymi. Miewał w tym zwykle silne wsparcie męskiej części zespołu artystycznego, której zwykle przewodził uroczy, pełen humoru i temperamentu „nadworny" akompaniator – Henio Młynarski. Był, jako się rzekło, człowiekiem pełnym wdzięku osobistego i rozpierającej go radości. Akompaniował biegle, w dodatku natura obdarzyła go pięknym „wokalem", którego w miarę upływu upojnych biesiad chętnie używał, budząc zarówno podziw, jak i oburzenie śpiących w hotelu gości. Miał jedną niewzruszalną zasadę – nigdy nie śpiewał na trzeźwo.

Echa owych wyczynów trafiały co jakiś czas do wiadomości artystki, a pani Hania tego rodzaju ekscesów nie tolerowała, uważając słusznie, że mogą one zepsuć dobrą opinię zespołowi, który swoim nazwiskiem firmowała. Epilog tych zajść odbywał się zwykle po zakończeniu trasy w Warszawie i miał swój specyficzny rytuał, z którym zetknąłem się osobiście jako dyrektor Zakładu Widowisk Estradowych, któremu zespół podlegał.

Zwykle następnego dnia po zakończeniu trasy i nocnym zazwyczaj powrocie zespołu do Warszawy na moim biurku odzywał się telefon. Po podniesieniu słuchawki rozpoznawałem niezwykle zdenerwowany głos pani Hani, która żądała natychmiastowego dyscyplinarnego zwolnienia Jaksztasa, Młynarskiego i innych uczestników „tych skandalicznych orgii". Jeżeli nie zrobię tego natychmiast, to ona zrywa współpracę z przedsiębiorstwem. Żąda natychmiastowego ukarania winnych i zmiany obsady organizacyjnej i muzycznej.

Próbowałem uspokoić ukochaną artystkę, przyrzekając zbadanie sprawy i właściwą reakcję. Moja rozmówczyni nie przyjmowała żadnych argumentów, żądając natychmiastowej i ostatecznej kary. Za pierwszym razem nolens volens wezwałem kierowniczkę działu, której zespół podlegał bezpośrednio, powtórzyłem żądania gwiazdy i zarządziłem natychmiastową zmianę obsady. Moja doświadczona pani kierownik uśmiechnęła się wyrozumiale i odpowiedziała: „Zachowajmy spokój do jutra, rano będzie pan miał telefon z prośbą o przywrócenie do pracy «złoczyńców»". Z niedowierzaniem uległem.

Okazało się, że miała rację. Nazajutrz usłyszałem w telefonie rozszczebiotany, szczęśliwy głos pani Hani, która prosiła mnie o utrzymanie poprzedniej obsady, bo „chłopakom trzeba dać jeszcze jedną szansę", bardzo przepraszali i przyrzekli poprawę.

Jak się później dowiedziałem, wszyscy winni „skandalicznych zajść panowie" zjawili się po pełnym wytrzeźwieniu, to jest po pierwszym telefonie pani Hanki, w jej mieszkaniu, wyposażeni w wielki bukiet róż, przyrzekli poprawę, prosili o wybaczenie, wzruszyli tym artystkę do łez, wycałowali jej rączki, ona im buzie. Na dowód przebaczenia zaprosiła ich na kieliszek koniaku, a potem na drugą nóżkę i po kilku godzinach opuścili mieszkanie pani Hani w nastroju „wzajemnego porozumienia i współpracy". Ta sytuacja powtarzała się za mojej dyrekcji jeszcze kilka razy, zawsze z tym samym epilogiem. Przyznaję, że każdorazowo wysłuchiwałem skargi z pełną powagą, ale już bez zbędnych emocji.

Co pewien czas pani Hania zwracała się do mnie o wymyślenie kilku puent do jej różnych wywiadów czy wypowiedzi. Nazywałem to złotymi myślami i co jakiś czas dostarczałem jej taką porcję powiedzonek, które okazjonalnie wygłaszała. Komentowała to zwykle – „a niech sobie myślą, że taka jestem dowcipna". Ze swej strony zapewniam Państwa, że była dowcipna, niezależnie od tych napisanych złotych myśli.

Złote myśli pani Hanki

Ja jestem taka „La Donna De Mobile" – czyli Kobieta z Demobilu... przecież ja tyle wojen przeżyłam, że z takim doświadczeniem mogłabym zostać ministrem obrony narodowej albo Miss NATO i co pan na to?

*

Jeżeli chodzi o seks, to ja już raczej jestem wierząca niż praktykująca.

*

Ja mam mniej lat niż kapeluszy... bo lata lecą, a kapelusze wychodzą z mody... ale kapelusze nie przysparzają zmarszczek...

*

Co się tyczy mojego głosu, to ja jestem taki Louis Armstrong polskiej estrady... tyle że nie gram na trąbce...

*

Moją specjalnością jest pluralizm humorystyczny, czyli humor ponad podziałami... W przeciwieństwie do polityków, którzy zajmują się wyłącznie podziałami bez poczucia humoru...

*

U nas rząd trzyma rękę na pulsie i panuje nad sytuacją... i dlatego nie ma czasu na rządzenie.

*

W Warszawie poza sejmem nie ma już stałego kabaretu.

*

Teraz wszyscy zakładają jakieś nowe partie, nowe platformy. Gdybym była młodsza, to założyłabym platformę humoru, na której wszyscy by się zmieścili. Od Buzka do Tuska i... jazda mi do Buska... Zdroju – na kurację borowinową... Nareszcie mogliby się do syta obrzucać błotem...

*

W Polsce najbardziej znane zakony to siostry urszulanki i bracia Kaczyńscy...

*

U nas teraz wszyscy chcą wejść do Europy... żebyśmy tylko nie wdepnęli!

Mam nadzieję, że przekonałem wszystkich czytelników do swojej wiedzy na temat właściwej roli panów w życiu zawodowym artystki, pokazałem też w sposób właściwy najlepsze strony jej skomplikowanej kobiecej natury, pełnej tolerancji dla błądzących bliźnich. Jej słabość do kwiatów była nie mniejsza niż do kapeluszy. Otrzymywała ich zawsze dużo (kwiatów, nie kapeluszy), zabierała je wszystkie skrzętnie do domu, skąd następnego dnia pani Helenka czy pani Joasia (kolejno panująca gosposia) zanosiła je do pobliskiej kaplicy, ale to już zupełnie inna historia.

Gadaologia jest typowym przykładem monologu politycznego, które w pewnym momencie artystka wprowadziła do swojego repertuaru. Ten monolog pochodzi z czasów „przełomu" i dotyczy okresu rządów M.F. Rakowskiego, firm polonijnych wicepremiera Wilczka, Szałajdy, Kozioła i innych. Był to już okres nieco rozluźnionej cenzury, chociaż formalnie jeszcze istniała.

Gadaologia

Nie wiem, czy państwo zauważyli, że u nas ostatnio w dziedzinie tak zwanej wolności słowa postęp jest znaczniejszy jak w innych dziedzinach... Reglamentacja słowa przestała obowiązywać... Właściwie mówić teraz można

137

wszystko o wszystkich i na każdy temat... Szkoda tylko, że wszyscy mówią równocześnie i chyba dlatego tak trudno się z kimkolwiek dogadać na tematy zasadnicze. Bo to najpierw rząd mówi, a naród nie słucha, potem naród mówi, a rząd nie słucha. Taki dialog głuchoniemych. Jak tak dalej będzie, to przegadamy kolejny etap reformy gospodarczej i to w dodatku po wyższych cenach. W każdym razie mówić można. W takiej Anglii na przykład, która szczyci się od lat wolnością słowa, istnieją pewne ograniczenia... Nie można nic złego powiedzieć o królowej... A u nas o królowej można... O pani Thatcher – można... Na prezydenta Busha – można i to ostro, publicznie... Ale nawet na członków naszego rządu można... zwłaszcza byłego i to po nazwiskach, ostro... Można na przykład powiedzieć, że wicepremier był Szałajda..., albo że wicepremier był Kozioł... To wszystko są nazwiska. Przed wojną nie do pomyślenia, żeby kozioł był w rządzie..., a teraz jest – pluralizm! Z tym, że na eksport to myśmy w tamtym rządzie mieli Gwiazdę... Wysyłaliśmy ją to tu, to tam, ale nigdzie jej nie chcieli. Najpierw wysłaliśmy ją do Stanów Zjednoczonych, ale tam furory nie zrobiła... Widocznie była za mało sexy... U nas zawsze gwiazdy sprawdzały się lepiej na estradzie czy w kabarecie niż w rządzie... Więc wysłaliśmy tę gwiazdę do Indii... Też duży kraj, a zadłużenie mamy mniejsze jak w Stanach..., ale tam też jakoś nie wyszło, więc został nam jeszcze Bangladesz... No kraj niby uboższy, ale zawsze łatwiej dogadać się biednemu z ubogim niż bogatemu z biednym... A taki sojusz bidy z nędzą może z czasem doprowadzić do dobrobytu... Bywały już takie próby... No więc ustaliliśmy już, że po nazwisku u nas można... ale ja powiem więcej – po imieniu można. Pewien mój znajomy dał synowi na chrzcie imię Wojciech... i nic mu się nie stało... Ani jemu, ani synowi... Ksiądz tylko dyskretnie prosił, żeby na drugie nie dawać generał... Ja myślę, że to wszystko wynika z tego, że myśmy do niedawna mieli najbardziej utytułowany rząd w Europie... Zasiadali w nim sami profesorowie... Z doktoratem to już ledwie się można było wepchnąć na wiceministra... i to przy dużym poparciu... To jest o tyle dziwne, że przecież w naszym kraju władzę sprawuje klasa robotnicza, a w rządzie zasiadali sami profesorowie... Może to i słusznie, bo skoro rządzi klasa, to uczyć muszą profesorowie... Doszło do tego, że zamiast posiedzeń Rady Ministrów mieliśmy posiedzenia rady pedagogicznej..., a naród zaczął do Sejmu na wywiadówkę ganiać... Co z tego wynikło, sami państwo wiedzą... A wszystko przez to, że my w Polsce mamy ogromną nadprodukcję inteligencji...

To się przejawia zwłaszcza w eksporcie... W ostatnich latach do samej Kanady wyeksportowaliśmy ponad dwa i pół tysiąca inżynierów... I to za darmo...

Nic nas to nie kosztowało... Sami wyjechali... na własny koszt – wycieczkami Orbisu albo pielgrzymkami do Rzymu... Ci Kanadyjczycy to podobno chcą u siebie zlikwidować politechniki... Bo po co im taki wydatek, skoro mogą z Polski za darmo inżynierów importować... Podobnie rzecz ma się z lekarzami... Z tym, że lekarzom to ja się trochę dziwię, bo taki lekarz to jednak zarabia u nas miesięcznie jakieś piętnaście tysięcy..., a w takiej Kanadzie ledwo pięć... Z tym, że oni płacą w dolarach... Ale taki lekarz to ma na Zachodzie dużo trudniejszy start od inżyniera, bo musi się zapoznać z najnowocześniejszą aparaturą medyczną, taką jak strzykawka jednorazowego użytku czy termometr... U nas młodsze roczniki lekarskie już tych urządzeń nie znają... U nas teraz termometr to można spotkać w szpitalu specjalistycznym... albo za oknem... Jeden z moich znajomych czekał w szpitalu na zmierzenie gorączki trzy tygodnie... aż mu sama opadła i wystawili go za okno... A mimo to nasze społeczeństwo jest znacznie zdrowsze jak na Zachodzie... i dłużej zachowuje młodość.

Ostatnie badania opinii publicznej w naszym kraju wykazały, że w niektórych regionach czeka się na mieszkanie około pięćdziesięciu lat... A żeby zostać członkiem spółdzielni mieszkaniowej, trzeba być osobą pełnoletnią, a więc ukończyć lat osiemnaście. Tak więc już w wieku sześćdziesięciu ośmiu lat możemy otrzymać swoje pierwsze mieszkanie... sześćdziesiąt osiem lat to na całym świecie już starość, a u nas – młodość... Facet otrzymuje mieszkanie, zaczyna się meblować, wiesza firanki, urządza parapetówę – życie przed nim...

Oczywiście może się zdarzyć, że jeden czy drugi delikwent nie dożyje tego momentu, nie szkodzi. Nowe prawo lokalne przewiduje taką ewentualność – można dziedziczyć miejsce... w kolejce po mieszkanie... Tak więc jeżeli młody człowiek zapisze się do spółdzielni, to ma realną szansę, że już jego wnuczek odziedziczy po nim miejsce... w kolejce... Ale nie narzekajmy, wszystko idzie ku lepszemu – mamy nowy rząd... Nasz nowy premier, zanim sformował rząd, udał się z wizytą do kardynała Glempa... po błogosławieństwo... Kardynał mu błogosławieństwa nie udzielił, ale dał trzysta dni odpustu... Co z tego wyniknie – zobaczymy...

W każdym razie nowy rząd działa bardzo energicznie – wicepremierem został minister Sekuła i co prawda jedna Sekuła wiosny nie czyni, ale dzieje się dużo... Kiedyś mówiło się, że wilk pożarł owce, a teraz Wilczek połknął stocznię... ze względów ekonomicznych – podobno bał się, że suchy dok będzie na niego szczekać... Minister Wilczek jest ewenementem w naszym rządzie... Po raz pierwszy po wojnie milioner został ministrem...

Dotychczas było odwrotnie, do rządu wchodzili biedni, a z rządu wychodzili z milionami... Ten wszedł z milionami, a może wyjść z... torbami... W każdym razie najważniejsze, że reformy trwają, a na najwyższym szczeblu następuje redukcja stanowisk, podobno za kilka miesięcy rząd będzie się składał wyłącznie z trzech ministrów – zdrowia, szczęścia i pomyślności.

PLOTY I ANEGDOTY
czyli psy i koty

Mam zawsze wiele wątpliwości, kiedy oczekuje się ode mnie opowiadania anegdot na temat znanych mi osób, podobnie zresztą gdy słucham historyjek opowiadanych przez inne osoby na temat znanych mi postaci czy sytuacji. Zauważyłem, że w obiegu znajduje się wiele anegdot tej samej treści, które odnosi się do kolejnych osób. Nie byłoby w tym nic nadzwyczajnego ani zdrożnego, gdyby nie to, że bardzo często opowiadający zaklina się, że sam brał udział w zdarzeniu albo był jego naocznym świadkiem. Otóż wiele razy słyszałem anegdotyczną relację z sytuacji, w których osobiście naprawdę uczestniczyłem, a wersja przedstawiona przez opowiadającego nijak się miała do rzeczywistości.

Zawsze w takich wypadkach zastanawiam się, czy powinienem prostować opowiadanie, dezawuując jednocześnie wiarygodność opowiadającego „w imię prawdy historycznej", czy rzecz całą zmilczeć, nie robiąc przykrości „opowiadaczowi". Otóż przyznam się Państwu, że postępuję różnie, w zależności od tego, czy osoba opowiadająca jest sympatyczna, czy też nie. Czy ją lubię, czy nie lubię. Jeżeli lubię, to milczę, jeżeli nie, to bezlitośnie demaskuję. Jest to pewnie niesprawiedliwe i godne potępienia i stąd moje wątpliwości.

Byłem też jednak wiele razy świadkiem, kiedy ktoś opowiadał anegdotę o wydarzeniu, w którym brał udział, i też zmieniał czas, miejsce i okoliczności opisywanej sytuacji. Zawsze się zastanawiałem, czy wynika to ze złej woli, skłonności do koloryzowania czy też braku pamięci? Jestem przekonany, że w przypadku pani Hani (a kilka razy ją na tym „nakryłem") zachodziły wyłącznie dwie ostatnie okoliczności, a więc zniekształcenia następowały w „dobrej wierze".

Mam ochotę zaproponować teraz Państwu monolog z czasów rządu pani premier Suchockiej. Napisałem go zarówno na potrzeby krajowe, jak i zagraniczne, zwłaszcza dla Polonii szwedzkiej, do której pani Hania w tym czasie jeździła. Przyjmowany był znakomicie i miał również swoje wykonania radiowe i telewizyjne.

Poradzimy sobie

Co państwo tacy poważni? Strajk okupacyjny czy blokada dróg? Teraz u nas – kto nie strajkuje, ten nie je... Nikt nie pyta: „Gdzie pan pracuje", tylko „Gdzie pan strajkuje?". Ale jakoś sobie poradzimy... To jest dopiero wstępna faza kapitalizmu... To jest taki ustrój, który wszędzie na świecie się sprawdził, więc my staramy się go ulepszyć... Bo my musimy zadziwić świat... To nam się już udało!... Cały świat się dziwi, jak to u nas dziwnie... My bowiem budujemy kapitalizm bez kapitału i bez kapitalistów... To jest kapitalne doświadczenie...

W kapitalizmie najważniejsze są banki, bo gwarantują stabilność, obroty pieniężne, płacą procenty i dają kredyty. U nas jest inny system bankowy. Bank służy do włamań, oszustw, napadów i afer... Między naszym bankiem a bankiem zagranicznym jest mniej więcej taka różnica jak między bankowcem a bankructwem... W każdej dziedzinie mamy nowe rozwiązania... Z wyjątkiem parlamentu, który się nie chce sam rozwiązać... Ale jakoś sobie poradzimy... Bo my, jak mówią w Sejmie, budujemy taki ustrój, jakiego jeszcze nikt przed nami nie budował...

Tylko rządu premierzy nie umieli zbudować..., bo budownictwo teraz leży... Ale co za problem... Oddaliśmy rząd kobiecie – pani Suchockiej... To ma być nasza pani Thatcher... Pierwsze objawy taczeryzmu już u nas były... Górnicy przyjechali do Warszawy z taczkami... pod parlament... A przecież najważniejsza jest teraz prywatyzacja... U nas przebiega wolno, ale skutecznie... Skutecznie można się dorobić prywatnie, prywatyzując państwowe... Jak się wie, od kogo wziąć... Proszę mnie źle nie zrozumieć. Łapówek teraz nikt nie bierze, u nas obowiązuje prowizja... Jak ktoś da prowizję, to dostaje koncesję... No i moim zdaniem jakoś sobie poradzimy...

Ale ja zaczęłam mówić o rządzie... Dawniej to kobieta była najważniejsza w sypialni albo w buduarze, a teraz w gabinecie... Przed wojną jak kobieta szła z mężczyzną do gabinetu, to był wstyd, a teraz to jest sukces... Bo w tym gabinecie pani Suchockiej są wyłącznie ministrowie... Z tym, że teraz, żeby dostać tekę ministra, to nie można mieć teczki... Dawniej bywali u nas ministrowie bez teki, a teraz obowiązkowo muszą być bez teczki... Ci z teczkami to przeważnie zasiadają w parlamencie... Co drugi to albo Bolek, albo Lolek... Tylko patrzeć, jak zamiast parlamentu będziemy mieli agencję gadająco-głosującą... i dlatego najważniejsza jest lustracja... Więc reasumując – mamy rząd bez teczek, panią premier z torebką, a naród z torbami... Takie słowiańskie kangury...

Więc młodzież najchętniej hyc do Australii albo do Ameryki... a my starzy jakoś sobie damy radę... Tylko żebyśmy się czasem nie stali krajem rad... Bo chociaż wojska radzieckie powoli opuszczają nasz kraj, to na jednego wyjeżdżającego żołnierza przyjeżdża dziesięciu cywilów... Można powiedzieć – taka cywilizacja wschodnioeuropejska... Najbardziej u nas cywilizuje się wojsko... Na górze cywile, na dole lustracja... Minister Onyszkiewicz powiedział, że gdyby w wojsku przeprowadzić lustrację, to zostałby tylko jeden generał – ksiądz biskup Sławoj Leszek Głódź... i pewnie awansowałby na marszałka... Z tym, że zamiast buławy miałby kropidło, którym prześwięciłby każdego wroga...

Na szczęście my już podobno nie mamy żadnych wrogów – otaczają nas wyłącznie przyjaciele... Ale, jak to się mówi, zachowaj nas, Panie, od przyjaciół, z wrogami sami sobie poradzimy... przy pomocy kosynierów pana Leppera... Kosa to jest podobno jedyna skuteczna broń, którą można odciąć zadłużenie bankowe, kredytowe, odsetkowe, a może nawet popiwkowe... Ale ja myślę, że jakoś sobie poradzimy bez tej „samoobrony"... Przy pomocy denominacji złotówki... Podobno lada dzień dolar będzie wart złoty pięćdziesiąt... W ten sposób będziemy mieli jedną z najmocniejszych walut świata... i całe nasze zadłużenie możemy zwrócić bilonem... na dowód, że mamy wreszcie twardą walutę... A nie mówiłam, że sobie poradzimy?!!!

Zauważyłem u wielu znanych postaci, że chętnie przypisują sobie pewne dowcipne sytuacje dotyczące innych. Dzięki temu krąży pewna liczba atrakcyjnych historyjek dotyczących rozmaitych osób, w których przebieg akcji i puenty są identyczne. Jest to w gruncie rzeczy zjawisko mało szkodliwe, świadczące wyłącznie o ludzkiej próżności, nieobcej gwiazdom ani celebrytom.

Zresztą podobnie rzecz się ma z dowcipami. Dzisiejsze o blondynkach są dawnymi peerelowskimi kawałami o milicjantach, a te z kolei dawnymi, sprzed stu lat, dowcipami o neofitach – i tak w tym poszukiwaniu pierwowzorów moglibyśmy cofnąć się pewnie do starożytności... W życiu artystów, przede wszystkich w ich popularności, ogromną rolę odgrywają dotyczące ich anegdoty i... plotki. Plotka w naszym społeczeństwie ma zresztą wielkie znaczenie we wszystkich dziedzinach, dotyczy nie tylko artystów, ale też polityków. Towarzyszy nam w pracy, na urlopie, nawet na cmentarzu.

Plotki bywają niewinne, pożyteczne i szkodliwe. Plotka może zarówno pomóc w karierze, jak i mocno zaszkodzić. Współczesna plotka dzięki rozwojowi nowoczesnych środków przekazu jest szczególnie niebezpieczna, bo łatwa do utrwalenia z możliwościami przekazu praktycznie nieograniczonymi.

Wielokrotnie powtarzana plotka z czasem nabiera mocy faktu, a jak wiemy, z faktami się nie dyskutuje... Hanka Bielicka, jak każda osoba popularna i znana, była częstym obiektem plotek. Krążyły plotki o jej niesłychanej zamożności, niezwykle wybujałym temperamencie, a co za tym idzie o rozhukanym życiu erotycznym, tabunach kochanków, nadużywaniu alkoholu (o czym miał świadczyć zachrypnięty głos). Plotka o zamożności i bogactwie artystki doprowadziła do włamania się do jej domu, splądrowania go i kradzieży kilku cennych pamiątek i dzieł sztuki. Stało się to pod nieobecność pani Hanki. Najbardziej ucierpiała gosposia, która nieopatrznie otworzyła bandziorom drzwi; została pobita, związana i o mało ze strachu nie wyzionęła ducha, jako że była osobą wiekową i schorowaną.

Napastnicy nie wiedzieli, że większość swoich zarobków artystka przekazywała różnym schroniskom dla zwierząt, zwłaszcza psów i kotów, które otaczała wielką miłością i którym na starość oddawała połowę swojej zasłużonej emerytury. Znaczna część dochodów wspomagała różne dziecięce hospicja i fundacje.

Dużą część swoich zarobków pani Hania „inwestowała w siebie", co zawsze podkreślała, a więc było to „światowe życie" – sukienki, kostiumy, masaże, biżuteria i... oczywiście kapelusze, które zresztą potem zasilały różne dobroczynne imprezy i aukcje. Plotki dotyczące panów już chyba wcześniej rozwiałem, kwestia alkoholu zaś jest szczególnie zabawna. Pani Hania owszem przy bardzo wyjątkowych spotkaniach czy uroczystościach dawała się namówić na kieliszek likieru lub koniaku albo na lampkę wina, ale generalnie nie tolerowała picia alkoholu w swoim najbliższym otoczeniu, o czym też już pisałem.

Oczywiście fakty dla plotkarzy nie mają większego znaczenia, jeżeli nie potwierdzają plotek. Co do anegdot, to krąży ich po kraju mnóstwo. Większość zresztą była już wielokrotnie publikowana w różnych czasopismach czy książkach. Wiele z nich pani Hania osobiście opowiadała w radiu i telewizji, gdzie te nagrania krążą do dzisiaj. Przypomnę tutaj kilka tych, które najbardziej lubię i które zapamiętałem. Jeżeli Państwo ich nie znają lub nie pamiętają, to bardzo się cieszę, a jeżeli je znają i pamiętają, to przeczytają jeszcze raz.

Moją ulubioną anegdotą (zresztą byłem świadkiem tej sytuacji) jest ta: Byliśmy na występach w Opolu. Po wyjściu z hotelu weszliśmy do pobliskiego domu towarowego, gdzie pani Hania zrobiła jakieś babskie zakupy – o ile pamiętam buty, jakieś rajstopy, jakieś szale – zebrała się tego spora torba. Artystka zapłaciła i zwróciła się do młodziutkiej ekspedientki: „Kochaniutka, czy mogę tę torbę tutaj zostawić? Jak będziemy wracali, to ją zabiorę. Moje nazwisko...". Tu ekspedientka jej przerwała: „Nie musi pani mówić, ja panią doskonale znam. Pani jest albo Bielicka, albo Ćwiklińska, tylko nie pamiętam, która z was nie żyje..." (to jest moja wersja, pani Hania opowiadała inną, przenosząc akcję za granicę). Bardzo też lubiłem tę: „Wiesz, byłam u lekarza, zrobił wszystkie badania i powiedział, że wszystko w porządku. Ja się najbardziej boję, że umrę zdrowa".

Kiedy ksiądz chodził po kolędzie i upominał panią Hanię, że rzadko ją widzi w kościele, odpowiedziała: „To dla dobra księdza i całej parafii, przecież gdybym ja w tym swoim kapeluszu wparowała do kościoła, to rozwaliłabym księdzu całe nabożeństwo. Wszyscy by się na mnie gapili i ryczeli ze śmiechu, więc modlę się w domu, a na tacę to Joasia rzuca w moim imieniu...".

Jak Państwo z pewnością zauważyli, monologi Hanki Bielickiej w pewnym momencie zaczęły być bez mała kadencyjne. Stały się równoległe do kadencji rządowych, bo były też komentarzem do rzeczywistości politycznej i obyczajowej. Artystka z wiekiem i zgodnie z zachodzącymi w naszym kraju zmianami pogłębiła dosyć radykalnie swój repertuar, co pozwoliło jej utrzymać swoją pozycję wśród nowego, młodszego pokolenia wykonawców estradowych i kabaretowych. To jeszcze jeden przykład jej inteligencji i niezwykłej umiejętności nadążania za współczesnością, która ją otaczała. Ten nawyk pozostał jej z dawnych lat i była mu wierna do końca swojej działalności zawodowej. Tak jak przed laty dbała bardzo o aktualizację swojego repertuaru, dzięki czemu potrafiła do końca utrzymać swoją wysoką pozycję artystyczną i niezwykłą popularność.

Porobiło się

Ale się porobiło... Nowy etap... Same zmiany... Zmiana koalicji... Zmiany cen, zmiany ministrów i zmiany ustaw... i to jakie tempo... Ceny co miesiąc, ministrowie w półtora miesiąca, ustawy co dwa tygodnie, wojewodowie na dwa lata... bez zawieszenia... Dawna koalicja w nowej opozycji, a dawna opozycja w nowej koalicji... To, co miała lewica, odebrała prawica... Władza przeszła z rączki do rączki... Można powiedzieć – na starych stołkach nowe półdupki... Matko Buzka! Profesora Buzka zrobili premierem w reformach profesora Balcerowicza... Rząd planuje zmianę reform... tylko przy takich cenach trudno będzie o reformy na zmianę... A wszystko przez to, że gospodarka nam się przegrzała i dlatego musimy ją zamrozić... Było tak dobrze, że musi się skończyć źle... Podobno postkomuna doprowadziła do tego... U nas zawsze tak było i dlatego młodzież wzięła na siebie wyprowadzanie nas z tego kryzysu... Wszystkie pampersy przeszły z telewizji do Rady Ministrów... Mają tam teraz zrobić dla nich nowy żłobek...

Nawet lewica postawiła na młodzież – Józefa Oleksego zastąpił Leszek Miller – młodszy o całe dziesięć dni... Młodziutki, ale doświadczony – siwy jak gołąbek... widocznie nad wiek rozwinięty... Nasza największa szansa w przyroście naturalnym... bo im większy przyrost, tym mniejsze zadłużenie na głowę ludności... My co prawda jesteśmy gospodarczym tygrysem Europy, ale z deficytem eksportowym... Żyjemy na kredyt, jak mawia pani Gronkiewicz-Waltz... Za gotówkę to żyje jedynie Andrzej Gołota... Przez półtorej minuty brał po mordzie od pewnego Murzyna tyle, że dostał za to trzy i pół miliona dolarów gotówką... W tej cenie to sama bym się dała znokautować... To była najdroższa pyskówka świata... Ja też niby żyję z pyskówki, ale przez całe życie nie zarobiłam nawet dziesięć procent tego, co on przez półtorej minuty... Na miejscu premiera Buzka wzięłabym Gołotę na ministra finansów... Ma łeb do interesów, umie bić poniżej pasa, a przy jego posturze to nawet prezydent Kwaśniewski bałby się wetować ustawy, mimo że na mizernego nie wygląda... W przeciwieństwie do naszych nowych ministrów, co to w większości wychudzone, nieogolone, mizeraki bez garniturków, w sweterkach, co to im teściowa na drutach zrobiła... Podobno większość z nich nie ma stałego zameldowania w Warszawie, mieszkają kątem u rodziny albo na dworcu... Więc jako bezdomni mają dostać zapomogę mieszkaniową... Bo w ramach tego wychłodzenia gospodarki rząd podniósł opłaty za ogrzewanie, żeby się naród nie spocił...

Trzeba przyznać, że ten nowy gabinet wziął się ostro do pracy, z miejsca podniósł wysoko poziom cen... ogrzewanie o sześćdziesiąt procent, paliwo o dziesięć procent, energia o pięćdziesiąt procent, alkohol i papierosy o dziesięć procent... wszystko to w ramach programu prorodzinnego... Każda rodzina od razu poczuła, że rząd o niej myśli... A swoją drogą ciekawa jestem, co rodziny myślą o rządzie... Właściwie drgnęło w każdej dziedzinie – na kolejach – płaci się więcej, ale za to jedzie dłużej – kolosalna oszczędność czasu...

Najwięcej czasu oszczędzają budowlani... Mniej budują, ale za to dokładniej... W tej dziedzinie nabraliśmy takiej wprawy, że średni blok mieszkalny buduje się sześć lat, a wielki kościół w dwa lata... i jak tu nie wierzyć w cuda?... Myślę, że nowa koalicja powinna na ministra budownictwa powołać kardynała Glempa... Tylko kogo dać na prymasa? Walendziaka? ...Tożby naród przestał do kościoła chodzić... Niech więc już lepiej zostanie po staremu – najgorsze są eksperymenty... Na szczęście rynek zaczyna nam się stabilizować... Opłaty telekomunikacyjne poszły znowu w górę, ale telefony łączą tylko co trzecią rozmowę...

Największe zmiany zaszły w sejmie... Nowy marszałek – nowe porządki... Dawniej marszałek ogłaszał krótkie przerwy w obradach, a teraz w długich przerwach odbywają się krótkie obrady... Marszałek przestał używać laski, na dowód, że nowa koalicja nie kuleje... W tym największą zasługę ma Radio Maryja i Marian Krzaklewski – ładny i w trzech osobach – przewodniczący Związku Zawodowego Solidarność, przewodniczący AWS i przewodniczący partii... Nic więc dziwnego, że naród na jego widok woła: o Boże Krzaklewski... Ale skończmy z tą polityką... najważniejsza jest teraz lustracja i wejście do Europy...

Podobno ma teraz wejść nowa ustawa lustracyjna, która ma zlikwidować PRL... Tych czterdziestu pięciu lat podobno w ogóle nie było... Nasza historia ma się toczyć bezpośrednio od Śmigłego-Rydza do ojca Rydzyka... To, co było w międzyczasie, to była przerwa na przygotowanie Okrągłego Stołu... Ja osobiście bardzo się z tego cieszę, bo jak mi odejmą te czterdzieści pięć lat, to będę kobitką z ledwością dojrzałą i jako młodzież w średnim wieku mam jeszcze ogromne szanse rozwojowe... Może wystartuję u pana Manna w *Szansie na sukces* albo wyborach miss... Sama jeszcze dokładnie nie wiem, bo w tym wieku człowiek ma jeszcze różne niedojrzałe pomysły... No cóż, rozmarzyłam się trochę...

Wróćmy jednak do teraźniejszości. Przeczytałam ostatnio w prasie, że najwięcej ludzi ginie w Polsce na drogach, więc mam propozycję, żeby zlikwidować drogi... W Warszawie już się dużo robi w tym kierunku... jeszcze trochę i staną wszystkie samochody i nie będzie wypadków... tanio i bezpiecznie. Opowiadała mi niedawno sąsiadka, że poszła do przychodni zaplombować dolną czwórkę, a kiedy wróciła do domu, zauważyła, że zginęła jej górna jedynka... Jak poszła reklamować, to powiedzieli, że to nie kradzież, a ubytek i że za rzeczy pozostawione w szatni przychodnia nie odpowiada... Ale się porobiło co?... Służba zdrowia też wymaga reform i lustracji. Inne czasy, inni ludzie...

Kiedy tak ostatnio rozglądam się wśród moich koleżanek i kolegów, to coraz częściej widzę jubilatki i jubilatów... Ciągle jakieś obchody i jubileusze, a przecież taki jubileusz to właściwie renowacja zabytku i pewnie dlatego ministrem kultury została pani Wnuk-Nazarowa, żeby odmłodzić resort... Ale dlaczego o kobiecie mówimy wnuk, a nie wnuczka? Pewnie dlatego, że w szkołach nie wprowadzono jeszcze wychowania seksualnego i przeciętny Polak z trudem odróżnia kobietę od mężczyzny. W tej sytuacji trudno zrozumieć, z czego u nas biorą się dzieci i w jaki sposób my się w ogóle rozmnażamy.

Pewnie przez podział... i dlatego dopóki istnieją podziały w naszym społeczeństwie, spokojna jestem o naszą przyszłość... Tak więc w moim wystąpieniu apeluję: Panie premierze! Panie profesorze! Pani minister! Prowadźcie nas dzielnie!... Prowadźcie nas mądrze ku nowemu, ale zachowajcie trochę serca dla antyków!!!

O co prosi w imieniu wszystkich starszych artystów średniego pokolenia Hanka Bielicka – najnowszy obiekt zabytkowy po lustracji i rewaloryzacji!!! Buźka dla Buzka!!!

W czasie występów w Wielkiej Brytanii w przerwie koncertu na estradę wpadła jakaś bardzo wzruszona starsza pani. Rzuciła się na szyję przerażonej pani Hance z okrzykiem: „Nie poznajesz mnie? Siedziałyśmy przed wojną w czwartej klasie w jednej ławce. Nic się nie zmieniłaś!". Nigdy nie zapomnę miny pani Hani...

Przed wielu laty jedną z gwiazd Syreny była przedwojenna tancerka i aktorka z Qui Pro Quo – najsłynniejszego kabaretu dawnej Warszawy – Stefcia Górska, która miała chyba sporo młodszego męża, aktora Wacława Zadrozińskiego. Był to mężczyzna przystojny, zawsze dobrze ubrany, z umiarkowanym talentem, za to z silnym tikiem – mrugał w najmniej oczekiwanych momentach. Robiło to dosyć zabawne wrażenie. Pamiętam, że kiedy jeździliśmy na wspólne występy, Stefcia bez przerwy zwracała mu uwagę, mówiąc: „Wacek, przestań mrugać... uspokój twarz... co ty wyrabiasz z rysami... Do kogo ty mrugasz? Popatrz, czy Zbyszek mruga?... Pozwól odpocząć twarzy... to jest twój warsztat...". Wacek denerwował się coraz bardziej i mrugał coraz gwałtowniej, czym doprowadzał biedną Stefkę do szewskiej pasji, a pozostałych kolegów do dziwnych konwulsji na skutek z wielkim trudem hamowanego śmiechu...

Któregoś wieczoru siedzieliśmy z panią Hanią, kilkorgiem tancerzy, aktorów i znanym wówczas, bardzo dowcipnym krytykiem teatralnym i literatem – Jerzym Macierakowskim. Ten bardzo wytworny pan o arystokratycznych manierach jak zwykle był duszą towarzystwa, opowiadał dowcipy i wspaniale gawędził. Zajmowaliśmy suto zastawiony stół w gościnnym barze sopockiego Grand Hotelu. Nagle pojawił się wspomniany przeze mnie Wacław Zadroziński, zatrzymał się przy stoliku, przerwał nasze rozmowy, wypytując, co tu robimy, czy mamy występy itp. Po kilku minutach takiej niezręcznej paplaniny odszedł bez pożegnania. „Zmrożony" Macierakowski zwrócił się do nas z pytaniem: „Kto to był?". Odpowiedzieliśmy chórem: „Mąż Stefci Górskiej", a na to Jurek – „Nigdy nie lubiłem Stefci Górskiej. Od dzisiaj nie lubię jej z mężem...".

Ulubioną anegdotą pani Hani była opowieść o jej pierwszym występie w Stanach Zjednoczonych. Działo się to w połowie 1962 roku, na jednym z pierwszych występów zespołów krajowych dla Polonii amerykańskiej i to tej najstarszej emigracji, mającej już dość słaby kontakt z językiem polskim. Pani Hania mówiła wiersz – „pyskówkę" Jerzego Jurandota: *Nie przeproszę.* Ten wiersz mówiła zawsze w tempie narastającym od wolnego do bardzo szybkiego. Kiedy po pierwszej zwrotce zawiesiła głos, chcąc nabrać oddechu, na widowni wstała jakaś starsza pani i zawołała: „Jaskółecko kochana. Ty psyleciałaś do nas psez cały ocean. Nie męc się tak okropnie i nie mów tak sybko, bo my i tak ani słowa z tego nie rozumiemy...". Oczywiście cały zespół „ugotował się" ze śmiechu, a pani Hania zwolniła znacznie tempo w następnych zwrotkach.

Przyznać trzeba, że w kolejnych trasach polonijnych mówiła w swoim prawie normalnym rytmie i była rozumiana i akceptowana przez Polonię. Z czasem zaś stała się ulubienicą tamtejszej publiczności. Pamiętajmy jednak, że chociaż mówiła zawsze szybko, to jednak była Mistrzynią Mowy Polskiej, który to tytuł przyznano jej w Polsce w późniejszych latach i zawsze była z niego niezwykle dumna.

Ten szybki sposób mówienia stał się nie tylko jej znakiem firmowym, ale też stanowił wielki przełom w tradycji polskiego teatru, kabaretu i estrady. To była prawdziwa awangarda językowa. Dzisiaj w takim tempie mówi całe nowe pokolenie młodzieży aktorskiej, zwłaszcza w teatrze i w filmie, czemu nikt się nie dziwi, bo tak przecież mówią współcześni Polacy, z wyjątkiem większości polityków i dziennikarzy telewizyjnych, którzy dukają nieznośnie, ale za to mają okropne kłopoty ze składnią i gramatyką, chronicznie myląc drugi przypadek z czwartym. No ale nie wymagajmy zbyt wiele od osobników, których głównym źródłem lektur są esemesy.

No nazrzędziłem trochę, ale zrzędzenie jest zdobyczą i przywilejem mojego pokolenia. Powiem więcej – zrzędzenie to narracja pesymistów, a pesymizm miał u nas zawsze największe branie. W tej sytuacji posłużę się zakończeniem jednego z moich monologów: „Nasz kraj ma tę przewagę nad innymi, że tutaj umiera się z ulgą...". Co zauważywszy, życzę dalszej miłej lektury.

Przedstawię teraz Państwu tekst pochodzący z repertuaru Teatru Syrena. Hanka Bielicka z charakterystyczną dla siebie stanowczością wykonywała *Agencję* wyłącznie w teatrze mimo nadzwyczajnego powodzenia tego monologu. Uważała, że tekst ten mógłby zaszkodzić popularności jej postaci, którą przez wiele lat lansowała na estradzie, a którą publiczność w całości zaakceptowała. Tak więc chociaż tekst ten pokazał jej zupełnie nowe możliwości repertuarowe i interpretacyjne, to wolała nie ryzykować swojego wizerunku, jaki zaakceptowała publiczność. Tak więc uważała, że w teatrze może ryzykować nawet dwuznaczne teksty, ale na estradzie wizerunek jest najważniejszy, bo trzeba na niego bardzo długo pracować. To zdaje się mocno wzmacniać moją ocenę jej wielkiego kunsztu artystycznego – aktorskiego, ale też wielkiego znaczenia jakie nadawała pozycji gwiazdy, ale i celebrytki w jednej osobie. Moim skromnym zdaniem nie ma w tym nic zdrożnego.

Agencja towarzyska

(wchodzi pani w peniuarze, z telefonem – dzwonek telefonu)

Hallo... Sosziel Ejdżensy Calineczka... If ju hew a krasz on e hot gerl dżast koll dzis namber... Aaa to pan krajowiec?

Pod tym telefonem w gorącej potrzebie jestem dla ciebie... Słucham pana... Niestety, Lolitka zabukowana na kilka dób... Obsługuje zjazd techników leśnictwa... Nic na to nie poradzę... Że co? Że pan dzwoni w nagłej potrzebie? Bez potrzeby nikt do nas nie dzwoni... Pan chciałby ze mną? Kochany, ja pracuję w administracji, a nie w pionie usług... Że głos się panu podoba? Nie dziwię się, u mnie już dawno lepsza fonia niż wizja... dlatego siedzę na telefonie... No, nie dosłownie... tak się tylko mówi... Mariola na szkoleniu we Francji... Wraca w przyszły poniedziałek... Wyjechała z jednym ruskim... nie do Lourdes, tylko do Cannes... w ramach stypendium Wspólnoty Europejskiej... No więc, na co pan reflektuje? Nie możemy tak długo blokować telefonu... inni też czekają... Co? Dwunastolatkę? No nie, pan przesadza... Latem z nieletnią?... Zresztą u nas pracują tylko dojrzałe kobiety... Jak pan kocha dzieci, to dzwoń pan do przedszkola albo na kolonie letnie... Smakosz się znalazł! Zboczeniec! *(odkłada słuchawkę)*.

Co za ludzie? Mężczyźni to jak dzieci – jak im się czegoś zachce – to pędź na sygnale... Im się wydaje, że agencja towarzyska to pogotowie seksualne... *(dzwonek telefonu)* Słucham?... Agencja Towarzyska Calineczka... Blondyneczka, bruneteczka, biust trójeczka lub czwóreczka. Czym mogę służyć?... Masaż wenecki?... Bardzo proszę... Na miejscu czy do nas pan przyjedzie?... Dwa miliony z dojazdem... Milion z góry, reszta po zabiegu... Co na książeczkę?... Na książeczkę ubezpieczeniową? Że pan ma dyskopatię? To dzwoń pan do przychodni rejonowej, a nie do agencji... A co mnie obchodzi, że pan rencista?... Żona niech pana wymasuje... Nie pan jeden nie lubi z żoną... Trzeba było się nie żenić... A pan wdowiec? To idź pan do koła emerytów i tam znajdź pan sobie jakąś kobitkę... *(odkłada słuchawkę)*.

Erotoman – dyskopata! Masaż wenecki mu zrób – na książeczkę ubezpieczeniową. Psychopata! *(telefon)*. A to pan inżynier? Czym dzisiaj możemy służyć? Niestety, w tej chwili nie mam żadnej na miejscu... Wyjechały z wizytami domowymi... Violetta będzie wolna za dwie godziny... Natychmiast to ja mam tylko ochroniarzy... Jak to, po co panu ochroniarz? Domu panu popilnuje, dziećmi się zajmie, dowcip panu opowie... Nic na to nie poradzę... Niech pan zadzwoni nad ranem... My pracujemy całodobowo... Że co? Że nad ranem pan nie lubi, to niech pan sobie na razie weźmie saunę... z ochroniarzem... Violetta dojedzie później... *(odkłada słuchawkę)* Miernota seksualna! Później nie może... Jakby teraz mógł, toby nie dzwonił po Violettę... *(telefon)*. Agencja Towarzyska Calineczka... Wycieczka z Suwałk?... Ile osób?... Niestety, zbiorówek nie przyjmujemy... Nie mamy warunków lokalowych... Niech pan zadzwoni do Gejszy, oni się specjalizują w imprezach zbiorowych... Chcieliście tylko popatrzeć? Rozumiem... U nas oglądania nie ma. Calineczka to przyzwoita agencja... Jak chcecie oglądać, to włączcie sobie telewizor i obejrzyjcie *WC – kwadrans*... Nic na to nie poradzę, że nie lubicie Cejrowskiego... Pretensje to do Walendziaka – zróbcie sobie kwadrans z prezesem... *(odkłada słuchawkę)*.

Jakie to ludzie mają zachcianki... W zeszłym tygodniu zgłosiła się do nas pielgrzymka – chcieli po bożemu, a potem skończyło się masażem tajlandzkim... *(telefon)* Słucham, Calineczka... Wpadnij do nas, nie będziesz rozczarowany... Szeroki wachlarz usług... Dyskrecja zapewniona... Pan minister?...

Niestety, rządu nie masujemy... Rząd musi się sam wymasować... Jeszcze by tego brakowało, żeby do seksu wkroczyła polityka... W naszym kraju niezależna jest już tylko telewizja i agencje towarzyskie, i dlatego żyje się u nas tak rozkosznie. (*odkłada słuchawkę*) Kochani – seks to zdrowie... o ile mnie pamięć nie myli... I niech mi żaden z panów nie mówi, że chciałby, ale nie może... Polak jak chce, to potrafi!

Wróćmy jeszcze na chwilę do szybkości i rytmu tekstu wypowiadanego na scenie czy estradzie. Często słyszę dzisiaj narzekania publiczności na to, że aktorzy mówią za szybko i nie można ich zrozumieć. Otóż moim zdaniem, aby mówić szybko, trzeba mieć perfekcyjną dykcję, a taką mają tylko aktorzy z doskonałym profesjonalnym przygotowaniem. Dlatego pyskówka Bielickiej mimo narzuconego przez artystkę zawrotnego tempa dochodziła do każdego widza czy słuchacza, a współczesny dialog części młodzieży aktorskiej jest niezrozumiały i niesłyszalny, co wynika z niedostatku warsztatu.

Pewna część naszego narybku aktorskiego robi wrażenie, jakby potrzebowała nie tylko wskazówek reżysera, czy inscenizatora, ale też wydatnej pomocy logopedy. Publicznie mówić można szybko i wolno w zależności od potrzeb i okoliczności, ale słowo wymaga szacunku i musi dochodzić do słuchacza. Bez zrozumienia słowa nie ma porozumienia i pewnie dlatego mamy tak wiele nieporozumień artystycznych, politycznych i społecznych. Nasze stare przysłowie mówi, że mowa jest srebrem, a milczenie złotem..., więc raczej milczmy, jeżeli mówić nie umiemy bądź też nie mamy nic do powiedzenia – i to tylko tyle i aż tyle – reszta jest milczeniem, jak mawiał pewien angielski poeta i dramaturg.

Poniżej zamieszczam skecz jednej z ostatnich rewii Syreny za mojej dyrekcji, w którym Hanka Bielicka zrobiła furorę wraz z panami Grzywną i Stockingerem, aktorami tego teatru, którzy jej w tym obrazku perfekcyjnie partnerowali.

Bliski sąsiad

Bliski Sąsiad
Właścicielka Mieszkania
Policjant

(B.S: *wchodzi na scenę z walizkami i innymi sprzętami – obładowany – rozgląda się*)

W.M.: (*wchodzi z walizkami – z podróży*) A pan co tu robi?

B.S.: Mieszkania pilnuję... Majątek zabezpieczam.

W.M.: A kto pan jest?

B.S.: Bliski sąsiad jestem...

W.M.: Sąsiadów to ja znam... Pan jesteś złodziej. Ratunku! Policja! Złodziej!

B.S.: Policja! Ratunku!!! Napad!

P.: (*wchodzi*) Co to za krzyki po nocy? Sąsiadów chcą państwo obudzić? Nie wstyd wam po nocy policję wzywać?

B.S.: To ona wzywała.

W.M.: Tylko nie ona, dla ciebie jestem pani, złodziejaszku jeden. Trochę kultury, ty marginesie w recydywę szarpany. Nie dosyć, że się włamał, to jeszcze do tykania się zabiera...

P.: Broń państwo posiadają?

W.M.: Jakbym broń posiadała, to dawno bym go zastrzeliła...

B.S.: Sam pan słyszy, panie władzo, że zamiar zbrodniczy miała, usiłowała mnie zastrzelić.

P.: Proszę o spokój! Ręce na ścianę!

W.M.: A skąd my panu ścianę weźmiemy? Dekoracja umowna. Na ścianę dotacji nie dali.

P.: Nie narzekać! Ręce do góry! Przeszukania osobistego dokonam.

W.M.: Tylko niech pan władza uważa, bo ja mam łaskotki.

B.S.: A ja brata w więziennictwie...

P.: Pracuje?

B.S.: Nie. Siedzi.

P.: (*obszukując zatrzymanych*) Dawno?

B.S.: Pół roku, ale wyjdzie za kaucją – właśnie na nią zbieram.

W.M.: Już dwie walizki zebrał w moim mieszkaniu, pasożyt społeczny.

P.: To pani mieszkanie?

W.M.: No pewnie, że moje.

P.: Dowód osobisty pani posiada?

W.M.: Posiadałam, ale na dworcu mi skradli, jak z pociągu wysiadałam, całą torebkę – klucze, dokumenty, pieniądze.

P.: To jak pani tu weszła?

W.M.: Normalnie, drzwiami, były otwarte i zastałam tu tego włamywacza.

P.: To pan się włamał?

B.S.: Ja się nie włamałem. Normalnie wszedłem drzwiami. Kluczami otworzyłem.

P.: Skąd pan miał te klucze?

B.S.: Od pani na dworcu przejąłem.

P.: Z torebką i dokumentami.

B.S.: Oczywiście. Nie chciałem nosić luzem, żeby się nie pogubiły. W końcu to nie moje mieszkanie. Ja tylko się opiekuję. Bliski sąsiad jestem w ramach tej akcji, co to policja nawoływała.

P.: Pan mieszka w tym domu?

B.S.: Nie. Na Ursynowie...

P.: To jaki pan bliski sąsiad?

W.M.: No właśnie. Samotną kobietę okradł.

B.S.: Nie okradł, tylko zabezpieczał mieszkanie – już mówiłem, a to, że mieszkam daleko, znaczenia nie ma. Uczucie się liczy. Szlag mnie, panie władzo, trafiał, że mieszkanie cały miesiąc stoi puste i nikt się nim nie opiekuje. Znieczulica taka, to postanowiłem kobiecie pomóc. Trzeci dzień na nią na dworcu czekałem.

P.: Czekał na panią?

W.M.: Czekał, czekał i torebkę zabrał.

P.: Ale mieszkanie otworzył i dzięki temu mogła pani wejść do domu.

W.M.: Otworzył moimi kluczami...

P.: Z tego wynika, że nie dorabiał, tylko klucze od pani otrzymał. Powinna mu pani podziękować. Przecież mógł się włamać, łomem drzwi uszkodzić, a po pani powrocie z urlopu z bronią w ręku na pani cnotę i życie nastawać. Pani nie ma pojęcia, jaki teraz bandytyzm. Mnie samemu w zeszłym tygodniu broń i kajdanki skradli.

W.M.: To jak go pan teraz aresztuje?

P.: Sama pani widzi, że środków przymusu jestem pozbawiony, dlatego namawiam do polubownego zakończenia sprawy.

W.M.: No, ale te dwie walizki zostawić musi.

P.: Ja bym odradzał. Jak nic nie weźmie, to będzie tu wracał, włamywał się. W końcu za fatygę coś mu się należy, sama pani mówiła, że na dworcu na panią czekał, drzwi otworzył.

W.M.: Ale on tam na pewno ukradł mi najwartościowsze rzeczy.

P.: Tym lepiej. I tak prędzej czy później ktoś się do pani włamie, ale już nic wartościowego nie znajdzie i w ten sposób wystrychnie pani następnego złodzieja na dudka.

W.M.: Może pan ma rację. Jak dobrze, że na policję zawsze można liczyć.

B.S.: To do widzenia pani. (*do policjanta*) A pan mógłby mnie też trochę pomóc. Widzi pan, że starszy człowiek się męczy – weź pan chociaż jedną walizkę.

P.: O przepraszam. (*bierze walizkę – wychodzą*)

W.M.: Swoją drogą jak to miło, że po urlopie ktoś na nas w mieszkaniu czeka. Nawet trochę szkoda, że już poszli... Zaraz, zaraz, ale kluczy nie oddał – to znaczy, że jeszcze wróci.

CHAŁTOUR DE POLOGNE

Hanka Bielicka, jak z dotychczasowych rozważań wynika, była osobowością czy osobą dosyć osobliwą, zwłaszcza w warunkach Polski Ludowej. Wszędzie, gdzie się pojawiła, budziła powszechną radość i sympatię. Jej wrodzony optymizm i radość życia, które z niej emanowały, wyzwalały jakąś powszechną życzliwość i sympatię wzajemną. W przeciwieństwie do innych gwiazd nigdy nie unikała bezpośrednich spotkań z ludźmi, wysłuchiwała ich zwierzeń, często daleko przekraczających tematy artystyczne i stopień zażyłości z rozmówcami. Jak już wspomniałem, uważała swój zawód za rodzaj misji, a aktorstwo w jej przekonaniu było zawodem wędrownym, związanym z natury rzeczy z podróżowaniem, nie zawsze w warunkach luksusowych.

W jej przekonaniu do zadań aktora należało nie tylko przekazywanie powierzonej mu roli, czy uczestniczenie w kolejnym przedstawieniu, ale też pokazywanie społeczeństwu ładniejszych stron życia nie tylko na scenie czy estradzie, ale też w sytuacjach codziennych. Artystka poprzez swoją osobę, a więc wygląd, sposób ubierania się, poruszania czy maniery ukazywać powinna barwy otaczającego nas świata, jego koloryt i atrakcyjność. Temu miały między innymi służyć te ciągle zmieniane kapelusze i kolorowe kreacje. Zwykle pytano ją o te słynne kapelusze, z którymi się nie rozstawała. Odpowiadała z uśmiechem: „Kapelusz noszę głównie dla siebie. Dzięki niemu wydaje mi się, że mam mniej zadarty nos, większe oczy i zgrabniejsze nogi...". „Zaraz, zaraz – protestowano... Co ma wspólnego kapelusz z nogami?". „Jak to co? Kiedy patrzycie na kapelusz, nie widzicie nóg" – triumfowała.

Wymienione tu walory, nie tylko artystyczne, sytuowały ją zawsze w centrum naszego życia estradowego. Niezależnie od pozycji w teatrze popularność radiowa, filmowa, a później telewizyjna powodowały wielkie zapotrzebowanie na jej udział w różnych programach estradowych krajowych i zagranicznych. Do roku 1956 na występy zagraniczne wyjeżdżały prawie wyłącznie zespoły państwowe, głównie teatry muzyczne i zespoły pieśni i tańca jak Mazowsze czy Śląsk. Trasy ich wyjazdów obejmowały głównie tak zwane demoludy, a więc Związek Radziecki, Chiny, Mongolię, Czechosłowację i inne należące do „rodziny państw socjalistycznych".

Nieliczne wyjazdy na zachód kończyły się kompromitującym zdziesiątkowaniem zespołu, bo znaczna część młodych artystów pozostawała na trasie tournée, prosząc o azyl, a tym samym kompromitując ludową ojczyznę i jej wspaniały przodujący ustrój. Nie pomagały całe zastępy „pilnowaczy" towarzyszących zespołowi. Młodzież, kiedy tylko przekroczyła granicę i odetchnęła zgniłym zapachem kapitalizmu, dawała dyla przy pierwszej nadarzającej się okazji. Tak więc często te owacyjnie przyjmowane występy artystyczne traciły swój sens propagandowy, przysparzając wstydu i zakłopotania ludowej władzy. Dopiero po odwilży, którą przyniósł październik 1956 roku, sytuacja zmieniła się radykalnie. Powołana do życia Polska Agencja Artystyczna PAGART, zajmująca się importem i eksportem artystów, zaczęła stosować zbliżone do normalnych zasady handlowe, podobne do tych, jakie stosowały inne centrale handlu zagranicznego. Artyści wyjeżdżali i przyjeżdżali na podstawie zawartych umów-kontraktów, które za pośrednictwem PAGART-u zawierano z impresariami czy agencjami zagranicznymi. Praktycznie kontrakt w imieniu artysty czy zespołu artystów zawierał PAGART, który następnie podpisywał umowę z artystą lub zespołem, pobierając odpowiednio wysoką prowizję od honorariów lub wydzielając z zakontraktowanej kwoty pewną część, którą wypłacał artystom w dewizach lub częściowo w złotówkach (które w PRL-u były praktycznie niewymienialne).

W praktyce wysokość honorarium, waluta lub procent udziału w wynagrodzeniu waluty obcej albo krajowej zależał w głównej mierze od atrakcyjności artysty dla impresaria, jego pozycji artystycznej w kraju, popularności na rynku zagranicznym i... umiejętności negocjacji artysty i determinacji w wypadku odmowy wyjazdu z powodu zbyt wygórowanych przez niego warunków wynagrodzenia. Mogło oczywiście nie dojść do wyjazdu z powodu odmowy wydania paszportu, ale zgoda w tej sprawie była zwykle uzgodniona przed zawarciem kontraktu albo była uznana w kontrakcie jako siła wyższa.

Rozpisałem się na ten temat szeroko, żeby uświadomić wszystkim czytelnikom, jak atrakcyjny z punktu widzenia ekonomicznego był każdy wyjazd zagraniczny. Przy czarnorynkowym kursie dolara sto do stu dwudziestu złotych (kurs oficjalny wynosił cztery złote), za jednego dolara można było zjeść przyzwoity obiad w luksusowej restauracji, a za tysiąc – tysiąc dwieście dolarów można było kupić skromny domek jednorodzinny w okolicach Warszawy. Honorarium dla wybitnego artysty (ministerialna grupa „S") wynosiło osiemset złotych za koncert, w przypadku cyklu (ponad pięć występów w miesiącu) wynosiło pięćset złotych. Za recital (jednoosobowy spektakl) artysta mógł otrzymać w sali powyżej tysiąca widzów – tysiąc pięćset złotych jednorazowo, a w cyklu – tysiąc dwieście złotych. Jeżeli do tego dodamy, że honoraria zagraniczne nie wliczały się do krajowego opodatkowania, to łatwo zrozumieć, jak atrakcyjne były występy zagraniczne. Zespoły teatralne, estradowe i kabaretowe najczęściej występowały dla Polonii, małe zespoły muzyczne występowały najczęściej w lokalach gastronomicznych albo na statkach pasażerskich, muzycy soliści, dyrygenci i wybitni śpiewacy soliści w operach, teatrach muzycznych i filharmoniach.

Monolog ten pochodzący z lat siedemdziesiątych napisałem dla mojej ukochanej artystki po jej kolejnym powrocie z tournée polonijnego. Wykonywała go wielokrotnie w różnych programach estradowych w całym kraju.

Przymiarka

W Ameryce byłam... W zeszłym roku... Ludzie to teraz jak ptaki... Na zimę wylatują... Jedni za granicę, drudzy z posady... Bo u nich teraz inflacja i redukcja... Redukejszyn... Wiem, wiem, w prasie czytałam... Więc jak jechałam do Stanów na zaproszenie siostry szwagra, bo do nich to tylko można pojechać na zaproszenie... Prywatnie to musi zaprosić ktoś z rodziny, a na wysokim szczeblu to sam prezydent. W telewizji widziałam, jak od nas jeździli, a właściwie lecieli... Z tym, że jak się leci służbowo, to witają z orkiestrą, a jak prywatnie, to z deklaracją celną... skromniej, ale też wesoło... i w dodatku przemawiać nie trzeba na lotnisku...

Więc zanim dostałam tę wizę, to musiałam pójść na rozmowę do ich konsula... Powiedział hał ar ju... to po angielsku, bo oni tam mówią po angielsku i to już od dziecka... Ale po polsku też mnie zapytał – czy będę pracować? Bardzo się zdziwiłam, bo w kraju nie pracuję, to za granicą będę?... Więc ten dyplomata bardzo się ucieszył i powiedział, że gdybym podjęła pracę, to musieliby mnie wydalić... Odwrotnie jak u nas... U nas wydalają z pracy, jak się nie chce pracować, a u nich, jak się chce...

Ta Amerykanka, co mnie zaprosiła, jest bardzo bogata... Ubiera się u Woolwortha... to podobno bardzo ekskluzywna firma... No, ale ona sobie może na wszystko pozwolić... ma męża przemysłowca... W fabryce overtajmy wyrabia... W ogóle nowoczesność to jest u nich na każdym kroku... Mierzy się wszystko inaczej... Centymetry dawno wyszły z mody – nie stosuje się. Rozmiar to u nich sajz jest... Jak się nie zna swojego sajzu, to ci byle sajz wlepią... Najwięcej to u nich jest Murzynów i... samochodów... i to nie fiaty, tylko fordy... różne typy. U nas fiat 125, 126, 127, a u nich ford mustang, ford falkon, Ford... prezydent...

Milionerów to też mają sporo. Co trzeci to Rockefeller, nawet zwykły wice-prezydent też... Ale dorobił się przed objęciem posady... Z samej posady by tyle nie odłożył... Nawet mu to trochę pomogło, bo oni dostają dodatkowe punkty za powodzenie... Nieważne skąd się pochodzi, tylko jak się powodzi...

Biustu to się u nich teraz nie nosi... Jak ktoś lubi, to kupuje sztuczny w seks szopie... Podaje swój sajz i dostaje, co chce... W tej dziedzinie też u nich jest znaczny postęp techniczny... Oni to nazywają rewolucją seksualną – dla każdego coś figlarnego... Można powiedzieć: zabawki głupie w każdym seks szupie... Mówi się „szopie" – wiem, wiem, ale rymu nie ma... Dobre, co?... Sama to wymyśliłam...

Kryzys to się u nich wyraźnie odczuwa i dlatego każdy tam chce zrobić biznes... Dlatego jak się do nich leci, to dobrze jest zabrać coś „na biznes". Na przykład naszyjnik z bursztynu dobrze u nich idzie, pod warunkiem że u nas na cle dobrze przejdzie... Nie chcą wypuszczać. Mówią, że to dzieło sztuki... Dzieło u nas kupić można, ale sztuką jest je przewieźć... Ludzie jednak różnie kombinują... Ja to wzięłam pierze... Bierze się pierze... Nie pierze się pierze, tylko bierze się pierze, robi się pierzynkę, a celnikowi trzeba wmówić, że to jest jasiek, tylko większy – big sajz...

Z mięsem też jest u nich trochę krucho... To znaczy być – jest, tylko wszystko za dewizy, więc lepiej zabrać z kraju... w puszkach... Tyle że oni znowu nie chcą wpuszczać wieprzowiny... Więc jak taki celnik zapyta, czy to jest ham? To trzeba odpowiedzieć, że żaden cham, tylko kau, czyli krowa... Można też powiedzieć fisz, trochę się dziwią, że na etykiecie ryba ma ryjek i odstające uszy, ale w takim razie trzeba im stanowczo wyjaśnić, że i wśród ryb może się świnia trafić...

Ogólnie to oni jedzą mniej od nas... Odchudzają się... Mają różne diety – bananową, pomarańczową, rybną... Tę ostatnią sama stosuję... w połowie... Mięsa już nie jem, a ryb jeszcze nie próbowałam kupić, bo u nich same Pe-weksy... Nawet ryby za dolary – zupełnie powariowali... Za złotówki to nawet złotej rybki kupić nie można... Wybić się w tej Ameryce można dosyć łatwo, tylko trzeba złapać hit... (*śpiewa*) Moja droga ja cię kocham... (*mówi*) To Bob Winton, Amerykanin, który dzięki temu, że zna pół zdania po polsku, zrobił światową karierę... A ja znam pół zdania po angielsku i jakoś światowej kariery nie robię... Moja droga ja cię kocham... (*schodzi, śpiewając*).

Występy dla Polonii miały swój dodatkowy walor nie tylko artystyczny, ale i sentymentalny dla obu stron. Do czasu wyjazdu na zachód pierwszych zespołów estradowych czy teatralnych Polonia zarówna stara, jak i emigracja wojenna czy powojenna skazana była na własne występy amatorskie lub zespoły artystów emigracyjnych. Było tych artystów niewielu, głównie powtarzali swój repertuar przedwojenny i wojenny, którym tamtejsza publiczność była już silnie znudzona. Nic więc dziwnego, że wszyscy po wieloletniej przerwie w kontaktach z krajem, spowodowanej okresem stalinowskim, byli stęsknieni polskiego słowa, współczesnego repertuaru i języka. Nic więc dziwnego, że były to spotkania wzruszające, przyjmowani byliśmy owacyjnie i podejmowani po występach z prawdziwie polską gościnnością.

Pani Hania wyjechała, a właściwie wypłynęła do Kanady i Stanów Zjednoczonych „Batorym", bo tak się wtenczas na tej trasie podróżowało. Podróż naszym flagowym statkiem pasażerskim trwała zwykle dziesięć dni (w zależności od pogody) i była niezwykle atrakcyjna. Dawała pasażerom posmak pewnego luksusu, charakteryzowała się niezwykle rozbudowanym życiem towarzyskim. Na statku obowiązywał przedwojenny protokół, pieczołowicie przestrzegano tradycji, dostarczając pasażerom licznych rozrywek, gier i zabaw. Towarzystwo było mocno zróżnicowane zarówno wiekowo, jak narodowościowo i... klasowo.

Największą część pasażerów stanowili Podhalanie odwiedzający swoje rodziny, znajomych i krewnych głównie w Chicago lub w Kanadzie. Dosyć duży procent stanowiła młodzież duńska i brytyjska, wykształcona i emigrująca w poszukiwaniu lepszych zarobków w Stanach Zjednoczonych lub Kanadzie. Pozostałą część stanowili artyści, urzędnicy, handlowcy i naukowcy udający się na kontynent amerykański na różnego typu stypendia, kontrakty i delegacje służbowe. Pewną niewielka grupę stanowili duchowni płynący za ocean w celach misyjnych lub dla podjęcia różnych funkcji w polonijnych parafiach. „Batory" słynął ze swojej wspaniałej kuchni, dobrze zaopatrzonych barów i świetnej, znakomicie przygotowanej do służenia pasażerom załogi.

Hanka Bielicka po raz pierwszy wyruszyła na tournée po Stanach Zjednoczonych i Kanadzie. Był to chyba drugi zespół, który płynął tam z kraju po wojnie. Pierwszą trasę odbył zespół warszawskiego Teatru Komedia na Żoliborzu, a jako drugi został zaproszony zespół *Podwieczorku przy mikrofonie*. Oprócz pani Hani do zespołu weszły Janina Gutnerówna i Lidia Korsakówna oraz Kazimierz Brusikiewicz, Jerzy Ofierski, Mieczysław Pręgowski i Janusz Sent. Był to więc zespół składający się z wielkich gwiazd ówczesnej estrady. Zespół płynął podobnie jak poprzedni na zaproszenie jedynego wówczas na tym terenie organizatora i impresaria – legendarnego Jana Wojewódki.

Kim był Jasio Wojewódka? Ten niezwykle sympatyczny i wesoły człowiek pochodził z kresów. Przed wojną ukończył szkołę organistowską badajże w Radomiu. Był bardzo muzykalny. Wojenne losy rzuciły go do Wielkiej Brytanii, gdzie służył w lotnictwie polskim. Już w czasie wojny wraz z trójką kolegów lotników założył chór rewelersów Wesoła Czwórka Lotników. Swoimi występami dla sił zbrojnych na zachodzie w krótkim czasie zdobyli ogromną popularność i nagrali kilka płyt.

Po wojnie i demobilizacji najpierw występowali na terenie Wielkiej Brytanii, a potem wraz z wieloma innymi kolegami wyemigrowali najpierw do Kanady, a później do Stanów Zjednoczonych. Przez kilka lat występowali dla tamtejszej Polonii, równocześnie kształcąc się i przygotowując do różnych zawodów.

Janek kontynuował studia muzyczne i uzyskał dyplom dyrygenta. Krótko po uzyskaniu dyplomu stanął do konkursu na dyrygenta orkiestry słynnej amerykańskiej akademii wojskowej West Point. Konkurs wygrał, ale stanowiska nie objął, bo jak sam po latach mówił – stchórzył. Uważał, że zna zbyt słabo język angielski, że jako młody emigrant nie poradzi sobie na tym stanowisku. Jednym słowem nie chciał ryzykować ewentualnej kompromitacji. Żona Jana i koledzy z zespołu też mu odradzali, pewnie trochę egoistycznie, bo Jasiu dał się już poznać jako dobry organizator, poruszający się bardzo pewnie po polonijnych trasach występowych Stanów Zjednoczonych i Kanady.

Kiedy Wesoła Czwórka już się nieco zgrała, część kolegów uruchomiła własne przedsiębiorstwa, w Polsce nastąpiła odwilż, a nasz Jasio zgłosił się jako pierwszy w PAGAR-cie, proponując tournée zespołom krajowym. Rekomendował go słynny amerykański impresario Hurock, któremu organizował część amerykańskiej trasy Mazowsza. Janek Wojewódka jako właściciel wytwórni i sklepu z polskimi płytami w Chicago miał odpowiednie gwarancje bankowe i tak się to zaczęło. Przez ponad czterdzieści lat sprowadzał polskie zespoły najpierw sam, a po kilku latach pojawiła się konkurencja zazdroszcząca mu sukcesów artystycznych i kasowych. Wśród wielu różnych efemeryd impresaryjnych działających na tamtym rynku najpoważniejszym wieloletnim konkurentem stał się późniejszy nowy emigrant z Polski – doświadczony organizator i impresario zawodowy Henryk Michalski.

Przez wiele lat dwaj panowie toczyli ze sobą różne potyczki o publiczność, o sale, o artystów. Dla nas ta konkurencja była bardzo korzystna, rozbijając monopol jednego organizatora, podbijała ceny, poprawiała warunki techniczne, transportowe i hotelowe. Z czasem konkurentów przybywało – poważnych i mniej poważnych, aż doszło do pełnej dezorganizacji i bałaganu, który tam teraz zapanował, ale to już zupełnie inny problem, z całą pewnością niedotyczący autora tych wspomnień ani pani Hani, która już od pięciu lat przemierza z pewnością inne, można powiedzieć śmiało – trasy nie z tej ziemi, z udziałem tysięcy gwiazd...

Wróćmy jednak do pierwszego tournée artystki na ziemi amerykańskiej. Otóż wychwalany przeze mnie transatlantyk okazał się dla naszej gwiazdy środkiem transportu mało przyjaznym. Jak się okazało, zaledwie pani Hania postawiła nogę na trapie, natychmiast zapadła na morską chorobę. Atlantyk przepłynęła w piekielnych katuszach. Nie poznała smaku wspaniałej kuchni „Batorego" ani rozkoszy jego barów. To zresztą uważam za elementarny błąd, bo jak mnie w kilka lat później, w czasie mojego rejsu tym statkiem, zapewniał zaprzyjaźniony barman, pasażerowie wrażliwi nie mają prawa ani cienia szansy, żeby przepłynąć Atlantyk na trzeźwo. Tę wskazówkę wziąłem sobie głęboko do serca i błędów pani Hani nie powtórzyłem. Dzięki temu rejsy „Batorym" będę sławił do końca dni moich.

Niestety pani Hania nie dała się przekonać i nigdy nie podzielała moich w tym względzie zachwytów. Zaraz po wylądowaniu w Montrealu oświadczyła Jankowi, że statkiem nie wróci, a ponieważ on nie był skłonny opłacić jej biletu na samolot, musiała polecieć do Nowego Jorku i stamtąd wrócić samolotem na własny koszt.

Tak więc pierwsza wyprawa do Ameryki zakończyła się finansową katastrofą artystki, bo honorarium ówczesne pochłonęły koszty biletów samolotowych (w tamtych czasach nie było tanich linii lotniczych, a przelot samolotem bez zniżek kosztował fortunę). Na szczęście, jak już pisałem, Hankę Bielicką Polonia amerykańska pokochała od pierwszego wejrzenia, więc też artystka w późniejszych latach odwiedziła Amerykę dwadzieścia kilka razy, ale zawsze samolotem.

Wspomnienie choroby morskiej było tak silne, a uraz tak głęboki, że jak twierdziła delikwentka, od tego czasu zapadała na chorobę morską nawet na widok plaży lub kajaka. Czy tak było naprawdę, nie wiem. Jeżeli o mnie chodzi, to w Kanadzie i Stanach Zjednoczonych byłem dwadzieścia razy z różnymi zespołami. Jeżeli przyjmiemy, że przeciętna trasa kanadyjsko-amerykańska trwała zwykle około czterech–pięciu tygodni, to w sumie spędziłem w Ameryce ponad dwa lata. Z panią Hanią byłem tam kilka razy, zawsze będąc świadkiem jej wielkiego powodzenia, z jednym wyjątkiem, który to incydent nieco później opiszę.

Przytoczę teraz Państwu typowy dla tego okresu monolog napisany specjalnie do programu dla Polonii amerykańskiej i kanadyjskiej pod tytułem *Bądźmy razem*. Program, jak wspominam w tej książce, stał się przedmiotem bezsensownego bojkotu, ale tekst przyjmowany był rewelacyjnie i miał kilkaset wykonań krajowych i zagranicznych.

Monolog dostatni

No i co? Dostałam się... do Stanów... Stałam, stałam, aż się dostałam. Bo u nas, żeby coś dostać, trzeba trochę postać... albo napisać podanie. Takie post scriptum – czyli podanie o stanie... Stan znieśli, ale stanie zostało. Jeżeli chodzi o Stany, to trzeba długo stać, żeby w końcu polecieć LOT-em, czyli samolotem pożyczonym od Amerykanów... razem z załogą. Samych samolotów nie chcieli pożyczyć, bo się bali, że nie oddamy... Niesłusznie. Samoloty oddajemy... zwłaszcza iły... nawet chętnie... do remontu albo na złom. A że Amerykanie nie latają iłami, to nie nasza wina. Na szczęście załoga pokładowa nasza, bo taki amerykański steward to nie umiałby kapsla odkręcić, jeszcze by szyjkę urwał albo ukręcił, bo żeby otworzyć naszą butelkę, to musi być złota rączka – krajowa...

No więc tym DC-8 doleciałam jako rewanż za restrykcje i sankcje... Początkowo trochę się nawet bałam, czy nie będą mnie bojkotować albo molestować o te nasze pożyczki, co ich podobno nie spłacamy... W razie czego miałam ze sobą pięć dolarów, które mi dali w banku na drogę, to myślę sobie, jak będą nalegać, to dam a konto na te procenty od tych pożyczek, co zalegamy... Zresztą my zalegamy nie z naszej winy... Jakby nam znowu pożyczyli, tobyśmy oddali, ale nie chcą pożyczyć... Uparli się czy co? No bo tak naprawdę to niby z czego mamy oddać? Zwłaszcza że chcą w dolarach? A u nas dolarów za granicę wywozić nie wolno... chyba że z konta A... A nasz rząd konta A nie posiada...

Zresztą nawet jakby miał, to z czego uzbiera? Bo zanim taki minister coś z diet oszczędzi, to już nie jest w rządzie, bo u nas waluta niewymienialna, za to rząd zmienia się co kilka miesięcy... Łatwiej wymienić ministra niż złotówkę, więc taki minister nie tylko nie ma konta A, ale ani be, ani me... A złotówek nie chcą... Właściwie nie wiadomo dlaczego, bo przecież te dolary mogliby sobie kupić u cinkciarzy pod Peweksem albo pod dworcem czy lotniskiem, ale skąd ci Amerykanie mogą o tym wiedzieć, jak u nas wszędzie zakaz fotografowania. Przez ten zakaz fotografowania to ja przyleciałam do Stanów sama... bez męża... Nie chcieli mu zrobić zdjęcia do paszportu... Zakaz fotografowania – obiekt wojskowy... Kapral rezerwy... Prawdę powiedziawszy, to ja nawet wolę... Co będzie się za mną włóczył jakiś obiekt... Jeszcze go ktoś zdejmie albo co...

A sama to zawsze łatwiej się gdzieś zahaczę... albo wydam za jakiegoś Amerykanina polskiego pochodzenia... Że co? Że bigamia? Jaka bigamia? Po prostu firma polonijna z mieszanym kapitałem... Ja dam serce, on wkład dewizowy... i będzie spółka z ograniczoną odpowiedzialnością... z mojej strony. Bo u nas teraz w gospodarce ogromne zmiany – drugi etap reformy... Ceny to już są nawet w trzecim etapie. Śmiało wychodzimy z kryzysu, tylko jeszcze dokładnie nie wiadomo, dokąd zajdziemy... Jeżeli chodzi o handel, to też silnie drgnęło – agencje. W co drugim sklepie agent... Dlatego obsługa taka nieuprzejma – agent nie musi być uprzejmy.

Te nasze pożyczki to chcieliśmy oddać w towarach, tylko że nikt naszych towarów nie chce, bo mówią, że marne... Faktycznie – produkty i gospodarkę mamy gorszą od Ameryki, ale za to ustrój dużo lepszy... a też jakoś nie chcą importować... Uprzedzili się czy co? Jak wysłaliśmy tym bezdomnym Amerykanom śpiwory do Nowego Jorku, to nałożyli takie cło, że minister Urban chciał się osobiście podzielić własną kołdrą z jednym bezrobotnym, ale tamten tak się wystraszył, że pobiegł do burmistrza Nowego Jorku i powiedział, że woli spać na golasa, przykryty „New York Timesem" na ławce w Central Parku niż w Warszawie pod jedną kołderką z naszym rzecznikiem prasowym, bo ten podobno strasznie chrapie i zgrzyta przez sen na prezydenta Reagana...

Zresztą zupełnie niepotrzebnie, bo poprawa u nas jest na każdym kroku – na przykład spożycie alkoholu – stale wzrasta, mimo że pijemy tylko od trzynastej... Polak jak chce, to potrafi... Na urlop to się teraz u nas jeździ do Grecji albo do Turcji – przez bratnie kraje. Tylko trzeba mieć dewizy, bo Węgrzy w dewizach biorą kaucję, Jugosłowianie – łapówkę i człowiek dojeżdża do Istambułu goły jak turecki święty, chyba że udaje Greka...

A kiedyś mówili, że Polak, Węgier dwa bratanki... ale najtrudniejsze są rozliczenia rodzinne...

U naszego największego sąsiada, to teraz „głasnost" – nawet Tatarzy chcą wracać na Krym... Ciekawe skąd?... U nas tatara to już od paru lat nie widać, a jak się czasem trafi, to taki mały, że go ledwo spod sardynki widać, zwłaszcza że żółtkiem przykryty... Ja osobiście byłam przeciwna, żeby ci Tatarzy na Krym wracali, bo gdzie nasi będą jeździli na urlop z Orbisem? Chyba że *Ogniem i mieczem*... czyli nowaja sicz...

No, ale ja tu gadu, gadu, a powinnam wracać do biura... bo póki co zahaczyłam się na Manhatanie w biurze... jako biuralistka do... sprzątania po godzinach... na czarno... Ledwo złapałam elektroluks i ścierkę, aż tu wchodzi dwóch cywilów i pytają, czy mam grin karte. Ja mówię, że pierwsze słyszę, że kenkarty to były u nas za okupacji, ale teraz?... To ten jeden zaczyna tłumaczyć. Mówi: „czy pani ma takie zielone?..." Jak ja miałabym zielone, to nie musiałabym pracować, więc mówię, że nie mam. To on się strasznie zdenerwował i zaczął krzyczeć po amerykańsku tak jakoś deportejszen. To ja mówię, że ja aj dont anderstend, to ten drugi tłumaczy, że jak nie przestanę pracować, to on mnie zaraz deportuje.

Dziwny kraj ta Ameryka – u nas, jak ktoś chce pracować, to go dyrektor z wdzięczności w de całuje, a tu de portuje. Więc im powiedziałam, że jak się ode mnie nie odczepią, to złożę skargę do prezydenta, a to mój kolega po fachu – aktor... Musiało to na nich zrobić wrażenie, bo coś poszeptali z moim szefem i on powiedział, że jestem fri, czyli wolna... Bardzo się ucieszyłam, bo my, Polacy, wolność cenimy sobie ponad wszystko, zwłaszcza w kraju – pracujemy najwolniej na świecie...

Ale à propos prezydent, to u nas też był przed wojną i jeszcze zaraz po. Teraz nie ma, bo pewnie byłyby kłopoty z obsadą... Zwłaszcza że to marnie płatne stanowisko i pracować trzeba sporo... Czytałam, że w Ameryce jak prezydent ma operację, to robią mu to w czasie weekendu, a u nas jak kierownik ma katar, to dostaje dwa tygodnie zwolnienia, a potem jedzie jeszcze na miesiąc do sanatorium... Zresztą jeżeli chodzi o władzę w Polsce, to najwyższą ma... ekspedientka u rzeźnika... Ona naprawdę rządzi. Kto się jej sprzeciwi, to niech lepiej dobrowolnie zejdzie do podziemia... Od niej zależy wszystko – czy obywatel dostanie kawałek mięsa z kością, czy bez... Zresztą jak ktoś się dopcha do lady, to już jest bez kości... ma zmielone w kolejce... Czyli klops... na kartki...

Bo u nas obowiązuje system kartkowy – mięso na kartki, benzyna na kartki, przemówienia z kartki... Więc nic dziwnego, że brakuje papieru... zwłaszcza higienicznego – cały zapas idzie na druk kartek i... pieniędzy. Dlatego ostatnio nasz bank wypuścił monetę – wartości dziesięciu tysięcy złotych – najgrubszy bilon świata. Dzięki temu mamy wreszcie twardą walutę, ale tę monetę mogą dostać jedynie emeryci, dzięki czemu zamiast renty ze starego portfela, będą mieli rentę z nowej portmonetki... Jak się teraz temu wszystkiemu przyjrzałam z bliska, to widzę, że jednak u nas w kraju jest dużo lepiej niż w Ameryce, bo u nas wszystko można dostać, a w Ameryce trzeba sobie kupić... i to w dodatku za dolary...

Ja ostatnio dostałam mieszkanie... Po dwudziestu latach... Spadło mi na głowę... Zupełnie nieoczekiwanie... A właściwie sufit spadł nieoczekiwanie... Bo mieszkanie otrzymałam, ale w tym mieszkaniu sufit się utrzymać nie chciał... bo był kładziony eksperymentalnie... Eksperyment się udał, a sufit się utrzymać nie chciał... czy też udawał, że się trzyma... To znaczy – trzymał się do czasu, kiedy zamknęłam drzwi... mieszkania za sobą... A on spadł na mnie... Ten sufit... Na szczęście przy zamykaniu drzwi wypadła futryna, więc ja wypadłam na korytarz i zderzyłam się z sąsiadem, który wypadł ze swojego mieszkania na skutek wypaczonej klepki, o którą się potknął, wchodząc do siebie i dlatego wpadł na mnie...

I to jest najlepszym dowodem na to, że jednak w naszym budownictwie mieszkaniowym coś drgnęło... A budownictwo zawsze było naszym słabym ogniwem... najpierw wznosiliśmy zręby, potem budowaliśmy lepszą przyszłość, potem drugą Polskę, potem drugą Japonię... i zawsze coś nie wychodziło... Albo fundamenty słabe, a może pod sufitem marnie. Dlatego zawsze mieliśmy świetlaną przyszłość, heroiczną przeszłość i tylko z teraźniejszością zawsze były kłopoty!

Występy dla Polonii mają swój bardzo specyficzny charakter, ale Polonia amerykańska niewątpliwie jest największym skupiskiem naszej emigracji na świecie. Liczy sobie kilka milionów Polaków i Amerykanów polskiego pochodzenia. Jest bardzo zróżnicowana zarówno pod względem pochodzenia, jak i wykształcenia i zamożności. Polonia kalifornijska bardzo różni się od chicagowskiej, nowojorskiej czy teksańskiej. Jeszcze inna jest na Florydzie. Ponieważ zjechałem Stany wzdłuż i wszerz, mógłbym sporo na ten temat powiedzieć, ale nie to jest celem tych rozważań.

Występy w Stanach i Kanadzie ze względu na przestrzenie mają swój bardzo specyficzny charakter i pewien specjalny ceremoniał, coś w rodzaju szczególnej liturgii. Tradycyjna trasa od wielu lat zaczynała się zwykle od Nowego Jorku i tam też się kończyła. Z lotniska autokar typu Greyhound zabierał nas zwykle do hotelu Edison (lub któregoś z sąsiednich) mieszczącego się w samym centrum Manhattanu na Czterdziestej Siódmej lub Czterdziestej Szóstej ulicy (był to stary ogromny hotel, usytuowany między tymi ulicami i mający wyjście na każdą z nich) tuż przy Times Square. Tam następnego dnia ruszaliśmy w trasę obejmującą zwykle wschodnie wybrzeże Stanów Zjednoczonych i Kanadę. Trasa była zaplanowana w ten sposób, że w ciągu tygodnia graliśmy w mniejszych ośrodkach polonijnych, a w weekendy objeżdżaliśmy większe ośrodki, jak Chicago, Detroit, Clevland, Nowy Jork (do którego wracaliśmy pod koniec trasy).

Mieszkaliśmy w tym hotelu, który już wspomniałem – w samym centrum Broadwayu. Te dziesięć dni lub dwa tygodnie były dla nas największą frajdą, bo w wolny dzień mogliśmy odwiedzić broadwayowskie teatry, obejrzeć najciekawsze przedstawienia, w nocy lub przedpołudniami zobaczyć najnowsze filmy, powłóczyć się po tym wspaniałym, niepowtarzalnym mieście. Z tej nowojorskiej bazy dojeżdżaliśmy na występy do różnych okolicznych dzielnic i miast położonych w obrębie stanu Nowy Jork lub New Jersey. We wspomnianej wcześniej trasie objazdowej przekraczaliśmy zwykle kilkakrotnie granicę kanadyjską, żeby wystąpić dla tamtejszej Polonii w największych ośrodkach, jak Toronto, Montreal, Ottawa czy Hamilton.

Chałtour de Pologne na tym kontynencie wymagało wspaniałej kondycji, bo zwykle rano wyjeżdżaliśmy z hotelu lub motelu. W autokarze odsypialiśmy nieprzespane noce, po drodze zatrzymując się na jakiś posiłek w przyautostradowych restauracjach. Dlaczego noce były nieprzespane? Ano dlatego, że zazwyczaj po występie odbywało się zorganizowane przez gospodarzy przyjęcie z udziałem przedstawicieli miejscowej Polonii. Zgodnie z polską gościnnością przyjęcia obfitowały zarówno w jadło, jak i napoje. Następowała wymiana zdań z cyklu „co tam w kraju” i „jak się żyje w Ameryce”.

Jeżeli w zespole była pani Hania, to zwykle po kilku godzinach wstawała z okrzykiem – „kochani, komu w de, temu ce, czyli komu w drogę, temu czas”, wygłaszała pożegnalny toast i wracaliśmy do hotelu czy motelu... Tyle że nie wszyscy... Młodsza część zespołu spędzała dalsze godziny nocne w rezydencjach, domach i mieszkaniach dopiero co poznanych Polonusów, którzy w żadnym razie nie chcieli się jeszcze z nami rozstać, wspominając ojczyznę i chełpiąc się swoimi sukcesami w nowej ojczyźnie. Były to spotkania bardzo serdeczne, ale i wymagające zdrowej wątroby i mocnej głowy.

Już po pierwszych występach polonijnych zdałem sobie sprawę z tego, że ta nocna, towarzyska część naszych spotkań była dla naszych rodaków nie mniej ważna niż sam występ. Zadzierzgnięte tam znajomości często przeradzały się w wieloletnie przyjaźnie, podtrzymywane wymianą korespondencji czy chociażby wymianą świątecznych kartek, ale bywało też, że wymianą zaproszeń i prywatnych wizyt czy wspólnych zagranicznych wycieczek. Większość naszych rodaków bardzo tęskniła za krajem, a niektórzy twierdzili nawet, że nostalgia narasta odwrotnie proporcjonalnie do długości czasu spędzonego na emigracji.

Polonia amerykańska czy kanadyjska składała się z trzech różnych pokoleń. Największą grupę stanowiła stara Polonia, często sprzed kilku pokoleń, urodzona już na tamtym kontynencie, często miała kłopoty językowe zarówno z językiem polskim, jak i angielskim. Posługiwała się slangiem polsko-angielskim o dosyć komicznym brzmieniu. Drugą grupę stanowiła emigracja wojenna czy tużpowojenna. To byli zwykle powstańcy warszawscy, żołnierze od Andersa i więźniowie różnych obozów zagłady, którzy cudem przeżyli wojnę i których Ameryka czy Kanada przygarnęła w ramach różnych akcji charytatywnych. Była to zwykle emigracja inteligencka, która skończyła studia wyższe za granicą, znała doskonale angielski, ale też mówiła pięknym językiem polskim. Trzecią grupę stanowiła współczesna emigracja, najczęściej zarobkowa, a po stanie wojennym emigracja postsolidarnościowa, składająca się z działaczy związkowych, ich rodzin, ale też w znacznym stopniu z różnych cwaniaczków i kombinatorów, którzy skorzystali z okazji i wyemigrowali w ramach ogólnej fali wyjazdowej z kraju i chwilowej, krótkotrwałej tolerancji amerykańskich i kanadyjskich władz imigracyjnych.

Dwie pierwsze grupy dosyć łatwo się zintegrowały, trzecia miała z tym pewne trudności. Była skłócona między sobą i dosyć słabo kontaktowała się z dawniejszymi emigrantami. Część tej grupy, lepiej wykształcona, łatwiej integrowała się z rodowitymi Amerykanami niż z Polonią. Pani Hania cieszyła się powszechną sympatią wszystkich emigracyjnych pokoleń i, jak już wspomniałem wcześniej, była akceptowana i miała szacunek wszystkich.

Granicę kanadyjsko-amerykańską przekraczaliśmy w dowolnych, dogodnych miejscach, pod warunkiem że w zespole nie było osoby partyjnej... Jeżeli w zespole była choć jedna taka osoba, przekroczenie granicy mogło nastąpić wyłącznie w wyznaczonym w wizie przejściu. Tak więc w drodze do granicy kanadyjskiej organizator amerykański, niezależnie od tego czy był to Jan Wojewódka, czy Henryk Michalski, zadawał krępujące niektórych pytanie o przynależność partyjną. W zależności od tej odpowiedzi wybierano odpowiednie przejście graniczne.

Bywało jednak i tak, że któryś z członków zespołu zatajał swoją partyjność, sądząc, że na podstawie paszportu na drugim końcu świata jest to nie do ustalenia.

Otóż mylił się bardzo. Służby graniczne natychmiast w sobie tylko wiadomy sposób otrzymywały tę informację i natychmiast kierowały autokar do wyznaczonego przejścia. Gdzie i w jaki sposób odczytywano tę informację, nigdy nie udało nam się ustalić, ale dzięki temu dowiadywaliśmy się w sposób niezawodny, który z naszych kolegów należał do partii, mimo że w kraju bardzo to ukrywał i uchodził wśród nas często za człowieka wrogiego ustrojowi lub wręcz opozycjonistę.

W ten sposób nabrałem ogromnego szacunku dla służb specjalnych Stanów Zjednoczonych i do dzisiaj pozostaję w przekonaniu, że działają one nie mniej sprawnie niż dawne służby sowieckie i chwała im za to, a co do tych naszych kolegów „zapieraczy", to nadal uchodzą u nas w kraju za pokrzywdzonych przez władze PRL-u i silnie prześladowanych w minionym okresie. Proszę się więc nie dziwić, że ciągle mam większe zaufanie do CIA niż do naszego IPN-u i nie wynika to w żadnym razie ze snobizmu.

Wróćmy jednak do naszych wspomnień, z których niezbicie wynika, że pani Hania należała do pionierów polonijnego „Chałtour de Pologne" i wraz z innymi kolegami przecierała szlaki amerykańsko-kanadyjskie między innymi mnie i wielu koleżankom i kolegom. Nic więc dziwnego, że kiedy po kilkuletniej przerwie spowodowanej stanem wojennym i związanym z nim zawieszeniem wyjazdów zespołów estradowych za granicę, Janek Wojewódka wznowił swoją działalność jako pierwszy, zaprosił ulubieńców amerykańskiej Polonii Halinę Kunicką, Jerzego Ofierskiego i najpopularniejszego wówczas sprawozdawcę sportowego Jana Ciszewskiego, kompozytora Janusza Senta i jeszcze kilkoro kolegów.

Zespół ten wyleciał do Stanów krótko po odwołaniu stanu wojennego, na przełomie roku 1982 i 83. Ku zaskoczeniu organizatorów i wykonawców występy były bojkotowane przez zorganizowane grupy najnowszej postsolidarnościowej emigracji. Artystów obrzucano wyzwiskami i rozrzucano ulotki nawołujące do bojkotu występów. Stara Polonia jak zwykle dopisała, ale nowi przybysze byli bezwzględni. Gniew i obelgi skierowane były głównie przeciwko Janowi Ciszewskiemu za to, że prowadził sprawozdanie z meczu Polska–ZSRR bodajże na mundialu w Hiszpanii, ale dostało się też Jerzemu Ofierskiemu za jakiś występ charytatywny na rzecz powodzian w *Podwieczorku przy mikrofonie* w okresie stanu wojennego. Wybijano szyby, rzucano kamieniami w autobus zespołu. Doszło do starć z policją, która starała się wprowadzić porządek wśród niezupełnie trzeźwych demonstrantów. Zespół powrócił do kraju przygnębiony i rozżalony na niesprawiedliwych prześladowców. Załamany Janek Ciszewski, cierpiący na chorobę nowotworową, czuł się coraz gorzej i wkrótce potem zmarł.

PAGART ponownie zawiesił wyjazdy zespołów, nie chcąc narażać artystów na podobne incydenty. Byliśmy kolejnym zespołem, który miał lecieć za ocean. W tej sytuacji wyjazd na kilka miesięcy zawieszono i z przygotowanym dla Polonii programem pod tytułem *Bądźmy razem* daliśmy kilkaset przedstawień w kraju. Występowała Hanka Bielicka, Irena Santor, Kapela Mazowiecka i ja.

Praktyka występów z programem przygotowanym dla Polonii na trasach krajowych stosowana była przeze mnie od wielu lat. Dzięki temu programy przeze mnie przygotowywane były wypróbowane z publicznością i nie musieliśmy niczego poprawiać na trasie zagranicznej. Doświadczenie nauczyło mnie, że publiczność warszawska, poznańska czy krakowska niewiele się różni od widowni chicagowskiej, nowojorskiej czy tej w Montrealu lub Toronto. Publiczność naszych miast powiatowych odpowiadała mniej więcej publiczności mniejszych ośrodków amerykańskich czy kanadyjskich.

Tak więc ze starannie przygotowanym i wypróbowanym programem wylecieliśmy wreszcie w październiku 1983 roku do Stanów Zjednoczonych i Kanady. Był to jubileuszowy program z okazji trzydziestej piątej rocznicy działalności artystycznej Jana Wojewódki. Na miejscu okazało się, że od czasu pobytu poprzedniego zespołu niewiele się zmieniło i mimo że część dochodów z naszych występów impresario postanowił przekazać „Pomostowi" (organizacji solidarnościowej za granicą), mimo że przedstawiciele tej organizacji przed i w przerwie przedstawienia zbierali do puszek na rzecz funduszy tej organizacji, to jednak jakieś opłacone grupy podchmielonej młodzieży rozdawały ulotki nawołując do bojkotu naszych występów. Odbywały się demonstracje przed salami i w czasie przedstawień, wsypywano cukier do baków naszych samochodów, pojawiały się transparenty i wznoszono okrzyki w rodzaju: „kolaboranci", „ruscy artyści", „sługusy generała", „oddaj bilet, zostań z nami".

Nie wiadomo dlaczego, ale najwięcej obelg skierowanych było przeciwko Hance Bielickiej. Podobno, jak mi któryś z demonstrantów tłumaczył, miano jej za złe udział w *Podwieczorku przy mikrofonie* dla powodzian w czasie stanu wojennego. Były napisy i okrzyki w rodzaju: „Bielicka Hanka – generała kochanka". Takie demonstracje miały miejsce w Toronto i w kilku ośrodkach polonijnych pod Nowym Jorkiem. Policja amerykańska próbowała zaprowadzić porządek, zwłaszcza przed wejściem do sal, gdzie dochodziło do starć między dawną Polonią wchodzącą na występ, a pikieciarzami, którzy widzów opluwali, szarpali i nie pozwalali im wejść. Kilkunasto- lub kilkudziesięcioosobowe grupy zaopatrzone w transparenty, ulotki i pochodnie wznosiły okrzyki, gwizdały. Byliśmy przerażeni, chociaż policja zapewniała nam bezpieczeństwo. Z drugiej strony, było to dosyć groteskowe. Jak zapewniali nas nasi znajomi z poprzednich naszych bytności w Ameryce, byli to wynajęci chłopcy, którzy, jak sami mówili, otrzymywali po dwadzieścia dolarów od „przedstawienia".

Do komicznej sytuacji doszło w Toronto, gdzie wynajęta grupa młodych ludzi została opłacona z góry. Demonstranci pomylili godziny i przyszli dwie godziny przed przedstawieniem. W oczekiwaniu na przyjazd zespołu udali się do knajpy naprzeciwko sali, w której miał się odbyć nasz występ. Za otrzymane wcześniej wynagrodzenie zaczęli się krzepić piwkiem i nieco silniejszymi trunkami. W pewnym momencie podobno się zdrzemnęli i przespali zarówno nasz przyjazd, jak i pierwszą część przedstawienia. Pojawili się w przerwie i próbowali wznosić jakieś okrzyki, ale zostali wyśmiani przez rozbawionych widzów i popędzeni ich drwinami opuścili salę.

Nasze przedstawienia odbywały się jak zwykle głównie w salach teatralnych college'ów, często wyposażonych lepiej niż niektóre sale naszych teatrów stołecznych, w salach ośrodków parafialnych o podobnym standardzie czy różnych miejskich centrach kultury.

Zapadł mi w pamięć incydent, który miał miejsce w słynnym Greenpoincie, znajdującym się na nowojorskim Brooklynie. Występowaliśmy w sympatycznej sali miejscowego kina Chopin. Przed salą pojawiła się grupa około dwudziestu młodych ludzi, wznosząca okrzyki, wyposażona w transparenty i głośniki. Młodzi ludzie zachowywali się wyjątkowo agresywnie w stosunku do publiczności wchodzącej na salę. Padały okrzyki w rodzaju „Tylko świnie siedzą w kinie", „Oddaj bilet, zostań z nami" i podobne. Mimo obecności policji zapanowała atmosfera terroru. Część zastraszonej publiczności, zwłaszcza ludzie starsi, zaczęli posłusznie oddawać bilety, co dało później szanse dostania się do sali grupie dziesięciu – dwunastu osób, które próbowały przerwać przedstawienie. W czasie mojego powitania próbowano mi przeszkadzać, ale bez skutku.

Kiedy po moim wstępie na estradzie pojawiła się Hanka Bielicka, usadowiona w tyle sali grupka demonstrantów zaczęła skandować – „Jaruzelski!, „Jaruzelski!", a następnie „Polskie świnie!", „Ruskie świnie!". Początkowo pani Hania usiłowała „przykryć głosem" te okrzyki, ale kiedy zauważyłem, że nie daje sobie rady, że traci panowanie i jest bliska załamania (pierwszy raz i jedyny w życiu zobaczyłem panią Hanię w takim stanie), wyszedłem na scenę, co spowodowało konsternację i okrzyki na chwilę ucichły. Powiedziałem: „Zaraz, zaraz, panowie, przesadziliście. Wyście przyszli tu na akademię ku czci generała Jaruzelskiego? Pomyliliście się z adresem. To nie tutaj..."

Sala ryknęła śmiechem i zaczęła bić gromkie brawa, odwracając się w kierunku grupki bojówkarzy, którą w uzgodnieniu ze mną nasz elektryk Olek Świtaj (kolega Wojewódki z Wesołej Czwórki) oświetlił punktowcem. Zaskoczeni młodzi ludzie, zasłaniając twarze, chyłkiem, wśród kpin publiczności opuścili salę. Hanka Bielicka kontynuowała swój monolog, a po jego zakończeniu powiedziałem, co następuje:

„Wdzięczny jestem Państwu za wyrazy uznania i zarazem czuję się upoważniony do zakłócenia na chwilę toku tego przedstawienia, na początku którego zastrzegłem, że nie będziemy w nim mówili o sprawach politycznych. Zostaliśmy jednak wplątani w politykę wbrew naszej woli, obrzydliwym paszkwilem, który ukazał się kilka dni temu na łamach nowojorskiego »Nowego Dziennika«, podpisany tajemniczymi literkami J.K.-Pomost. Domyślam się, że za tym skrótem kryją się słowa jawny kłamca czy jawne kłamstwo, bo artykuł ten zawiera wyłącznie kłamstwa. Nie rozporządzam środkami finansowymi, które pozwoliłyby mi odpowiedzieć płatnym ogłoszeniem w tej sprawie, ale ponieważ sprawa dotyczy zarówno Państwa, jak i nas, pozwolę sobie odpowiedzieć publicznie na stawiane zarzuty, a moją wypowiedź w przeciwieństwie do autora artykuliku mam odwagę sygnować pełnym imieniem i nazwiskiem.

Pierwszym kłamstwem zawartym w tym paszkwilu jest zarzut, że przychodząc na występy artystów z kraju, wspieracie Państwo budżet rządu generała Jaruzelskiego, bowiem dwadzieścia procent ceny biletu odprowadzane jest do tegoż budżetu i przeznaczone na wyposażenie ZOMO i wojska. Przedstawienia, na które Państwo przychodzą, organizowane są przez impresaria amerykańskiego pana Jana Wojewódkę, który jako obywatel Stanów Zjednoczonych wszystkie swoje zobowiązania podatkowe reguluje z rządem Stanów Zjednoczonych, a nie z rządem PRL-u. Prawdą jest, że z naszych honorariów aktorskich płacimy dziesięć procent prowizji na rzecz Polskiej Agencji Artystycznej PAGART w Warszawie, ale taką prowizję, często znacznie wyższą, płacą artyści na całym świecie na rzecz agenta reprezentującego ich interesy. Pieniądze te zasilają Fundusz Rozwoju Kultury Polskiej, co jest zagwarantowane ustawodawstwem obowiązującym w naszym kraju. Dosyć kiepskie by to było wyposażenie ZOMO i wojska, gdyby miało się opierać na dziesięcioprocentowych prowizjach aktorskich. (Tu wybuchły śmiechy i oklaski).

Kłamstwo drugie: zarzuca się nam, że ponad czterysta przedstawień tego programu w kraju odbyło się w stanie wojennym dla ZOMO i wojska. Sam przecież o tym mówiłem na początku przedstawienia, uznając tę liczbę przedstawień za powód do dumy. Ci z Państwa, którzy niedawno przylecieli z kraju, wiedzą przecież doskonale, że dzisiaj na przedstawienia teatralne czy estradowe przychodzi publiczność, która sama, wyłącznie z własnej kieszeni, podobnie jak Państwo, wykupiła wcale nietani bilet i dlatego chodzi tylko na te przedstawienia, które chce oglądać i oklaskuje tych artystów, których ceni. (Tu znowu rozległy się oklaski).

Wreszcie autor paszkwilu zadaje pytanie, kto ze znanych i szanowanych artystów otrzymał paszport i wyjechał za granicę po trzynastym grudnia. Służę nazwiskami: Penderecki, Lutosławski, Wajda, Żylis-Gara, Ochman, Janda, Olbrychski, Pszoniak, Zimerman, Kulka, Kord, Wiłkomirska, Kisielewski, Tomaszewski i wielu innych. Jeżeli autor wspomnianego paszkwilu chce nas zaliczyć do grona tych artystów, to jesteśmy tym szczerze zaszczyceni. (Tu znowu rozległy się długotrwałe oklaski).

A teraz pozwolę sobie przypomnieć tym z Państwa, którzy częściej bywali na naszych występach i mieszkają za granicą dłużej niż ci niewypierzeni przybysze z Wiednia, którzy próbują uczyć patriotyzmu was i nas... (oklaski)... że przyjeżdżaliśmy do was zarówno za czasów pana Gomułki, za czasów pana Gierka, przyjeżdżaliśmy do was w okresie »Solidarności«, przyjechaliśmy do was również w okresie rządów premiera Jaruzelskiego, a jeżeli starczy sił i zdrowia, być może przyjedziemy do was jeszcze za rządów paru innych premierów (długotrwałe oklaski).

Tak więc zbyt pochopne łączenie kultury z polityką jest dosyć ryzykowne. Sądzę więc, że anonimowy autor paszkwilu jest albo osobą niepoczytalną, albo wrogiem kultury polskiej (długie oklaski). A na koniec pozwolę sobie przypomnieć panu redaktorowi Wierzbiańskiemu, którego miałem sposobność poznać osobiście kilka lat temu, że w okresie »Solidarności« najczęściej głoszonym w kraju hasłem było hasło prasa kłamie. Nie życzę ani jemu, ani innym redaktorom pism emigracyjnych zamieszczających podobne, niesprawdzone wiadomości, żeby mieli się spotkać z takim samym zarzutem ze strony swoich czytelników. Dziękuję za uwagę!" (długie oklaski).

Od tego czasu na każdym przedstawieniu tej trasy wygłaszałem to przemówienie. Wszędzie przyjmowano je znakomicie, a w Nowym Jorku jakiś pan wszedł z widowni, wręczył wielką wiązankę kwiatów, gratulując odwagi i ciesząc się, że ktoś wreszcie powiedział kilka słów prawdy. Po tym incydencie Hanka Bielicka była jeszcze kilka razy w Ameryce i zawsze przyjmowano ją serdecznie i entuzjastycznie.

To jeden z ostatnich monologów, który wykonała w Ameryce i Australii. Został specjalnie napisany do programu jubileuszowego *45 kapeluszy pani Hanki* i cieszył się wielkim powodzeniem u publiczności.

Goło, ale niewesoło

Państwo pewnie ciekawi, co słychać w kraju? Ano słychać... Głównie o reformie gospodarczej... Ale państwo pewnie nie wiedzą, co to reforma gospodarcza?... Po angielsku to się nazywa „science fiction"... My tę reformę wprowadzamy stopniowo... To tak, jakby w Anglii przejść stopniowo z ruchu lewostronnego na prawostronny... Od jutra zaczynają wyłącznie autobusy... W dziedzinie reform to my mamy ogromne doświadczenie... Reformujemy się już ponad czterdzieści lat... i końca nie widać... Chociaż niektórzy twierdzą, że teraz to już koniec widać... Kołderka inwestycyjna się kurczy, nogi wystają, stopa się nie podnosi, a wsad dewizowy opada... Ręce też opadają... zwłaszcza do pracy... Teraz u nas się nie mówi – gdzie pan pracuje? Tylko gdzie pan strajkuje?... Kiedyś się mówiło, kto nie pracuje, ten nie je, a teraz, kto je, ten strajkuje... Goło, ale wesoło!... Ale miało być o reformach... Więc reformy dzielimy na społeczne, rolne, polityczne, gospodarcze i... damskie. U nas najbardziej poszukiwane są te ostatnie... i właśnie dlatego goło, ale wesoło!... Bo mówić teraz u nas można wszystko, o wszystkim i na każdy temat. Gdyby słowa nadawały się na eksport, to bylibyśmy największą potęgą w tej dziedzinie... Głasnost' i pieriestrojka... Władza głaszcze, a naród pier...estroi... i stąd piere stroje w produkcji... Bo najpierw rząd mówi, a naród nie słucha, a potem naród mówi, a rząd nie słucha... Taki dialog głuchoniemych... Więc nikt z nikim dogadać się nie potrafi, chociaż gadają wszyscy...

Goło, ale wesoło!... Nasi ekonomiści podzielili świat na obszary płatnicze. Pierwszy obszar płatniczy – to jest ten, gdzie się płaci rublami... Drugi obszar płatniczy – to ten, gdzie się płaci dolarami... A my jesteśmy trzeci obszar płatniczy – to jest ten, gdzie się nikomu nic nie opłaca i dlatego jesteśmy niewypłacalni we wszystkich obszarach płatniczych świata... Ale dzięki temu należymy do najbogatszych państw na świecie... w dziedzinie zadłużenia... Już teraz na milion mieszkańców naszego kraju przypada ponad miliard zadłużenia...

Właściwie w tej sytuacji uratować nas może już tylko wzmożony przyrost naturalny... Bo im większy przyrost naturalny, tym mniejsze zadłużenie na głowę mieszkańca... Na szczęście w tej dziedzinie kryzys nam nie grozi – jesteśmy samowystarczalni... Rozmnażać się możemy bez wsadu dewizowego... Goło, ale wesoło... Najważniejsze, żebyśmy teraz wzięli ten zakręt historyczno-gospodarczy, ale jak możemy wziąć zakręt, skoro ciągle jesteśmy na rondzie... i kręcimy się w koło – dookoła Wojtek... Że co? Że coś palnęłam?... Teraz wolno. Jeden z moich znajomych dał synowi na chrzcie Wojciech... i nic mu się nie stało... Ani jemu, ani synowi... Ksiądz tylko dyskretnie prosił, żeby na drugie nie dawać generał... Taka wolność i tolerancja... No cóż, goło, ale wesoło... Jak w rewii... A w rewii, jak wiadomo, najważniejsze są gwiazdy. Jedna gwiazda – to solistka, dwie gwiazdki – to duet, dwie gwiazdki i dwie belki – to podpułkownik...

Z naszych gwiazd to w Stanach Zjednoczonych furorę zrobiła ostatnio jedynie Violetta Villas... Bo to wydała się za mąż i w dodatku za grube miliony... No cóż, zawsze lepiej wydawaliśmy, niż zarabiali... zwłaszcza w eksporcie... Od eksportu to my teraz w rządzie mamy też Gwiazdę... minister – takie nazwisko... Wysłaliśmy niedawno tę Gwiazdę do Stanów Zjednoczonych, ale tu furory nie zrobiła... Widocznie była za mało sexy... więc wysłaliśmy ją do Indii... Też duży kraj, a zadłużenie mamy mniejsze jak w Ameryce... Jeżeli tam nic nie wyjdzie, to mamy jeszcze przed sobą Bangladesz... Kraj niby biedniejszy, też im się nie przelewa, więc łatwiej nas zrozumieją, bo zawsze łatwiej dogadać się biednemu z ubogim niż bogatemu z biednym... A taki sojusz bidy z nędzą może z czasem doprowadzić do dobrobytu... My w tym względzie mamy bogate doświadczenia... Próbowaliśmy wiele lat... No cóż, goło, ale... coraz mniej wesoło... Nie wiem, czy państwo wiedzą, co się stanie, kiedy w Polsce umrze ostatni ekonomista?... Ano nic – znowu najgłupsi będą milicjanci... A więc bawmy się goło, byle nie za wesoło!...

Pani Hania do końca została ulubioną gwiazdą Polonii, zresztą nie tylko amerykańskiej. Przypomniało mi się jeszcze pewne zabawne zdarzenie z jednego z tournée amerykańskich. Jak wiadomo, Hanka Bielicka mówiła dobrze po francusku, po rosyjsku i ukraińsku. Gorzej było z językiem angielskim, radziła sobie z nim w sposób umiarkowany. Pamiętam, jak kiedyś zwróciła się do kelnerki zamawiając danie, wskazała na siebie mówiąc: „tu hamburger..." Kiedy kelnerka przyniosła jej dwa olbrzymie hamburgery, twierdząc, że tak przecież brzmiało zamówienie, pani Hania stwierdziła, że ta amerykańska obsługa jest nieznośna, nieuważna, bo przecież wyraźnie jej pokazała, że tu hamburger, a kretynka przynosi dwie porcje nie wiadomo dla kogo...

Byłem też z panią Hanią kilka razy na występach w Anglii i w Australii. W obydwu tych krajach osiedliła się po wojnie emigracja wojskowa z czasów ostatniej wojny. Jest to wspaniała publiczność. Bardzo inteligentna i doskonale orientująca się w sprawach krajowych.

Polonia australijska należy do najlepiej zorganizowanych mniejszości na świecie. Ma bardzo wysoki status w tamtejszym społeczeństwie. W Australii panuje kult Europy i Polacy pochodzący przecież z kraju europejskiego są tam bardzo szanowani. W Australii byliśmy w towarzystwie Ani German. Była już bardzo chora i to były jej ostatnie występy w życiu. Występowaliśmy w największych i najbardziej znanych salach tego kraju. Między innymi w słynnej Sydney Opera House.

Z tej trasy pamiętam dwa zabawne incydenty, jeden miał miejsce w Bangkoku, gdzie zabrałem obie panie na Life Show. Pani Hania swoim kapeluszem wzbudziła powszechny podziw i sensację i chyba nigdy jeszcze nie modliła się tak żarliwie jak w czasie kolejnych scen erotyczno-pornograficznych, kiedy to w przekrzywionym kapeluszu, z zaczerwienionymi z emocji policzkami, powtarzała półgłosem, o Jezu, o Matko Przenajświętsza...". Dopiero w dalekiej Tajlandii mogłem ocenić jej religijność... Ania dyskretnie milczała i głównie była wpatrzona w panią Hanię, a ja robiłem obu paniom wyrzuty, że mnie przywiodły do tego przybytku rozpusty...

Pamiętam też pewien incydent w Sydney. W jednej z prywatnych stacji radiowych jej właściciel przeprowadził wywiad ze mną, a potem z panią Hanią. Wywiad odbywał się na żywo, trwał dosyć długo i wreszcie na koniec prowadzący zapytał, kiedy pani nagra kolejną płytę. Zdziwiona pani Hania stwierdziła, że jeszcze nie wie, a na to prowadzący, że ze wszystkich utworów w jej wykonaniu najbardziej lubi *Eurydyki*. Pani Hania z wrażenia zaniemówiła i wtedy wreszcie okazało się, że redaktor ów przez cały czas audycji był przekonany, że prowadził wywiad z Anną German. Potem wyznał nam, że był trochę zaskoczony zachrypniętym głosem artystki, ale nic nie mówił, bo „nie chciał zapeszyć".

Pani Hania była Australią w równym stopniu zachwycona, co Australia panią Hanią. Wiem, że po kilku latach ponownie odwiedziła ten kraj i była jeszcze serdeczniej przyjmowana jak za pierwszym razem. Naszym ukochanym impresariem brytyjskim był Antek Chmiel. W czasie wojny służył w lotnictwie. Jego brat był jednym z naszych najwybitniejszych pilotów. W czasie powstania był nad Warszawą. Jego podziurawiony przez Niemców samolot prawie cudem na jednym silniku doleciał na któreś z włoskich lotnisk. Po wojnie wyemigrował do Stanów Zjednoczonych, gdzie nadal latał, aż do zasłużonej emerytury. Antoś organizował nasze występy na terenie Wielkiej Brytanii. Współpracowałem z nim przez wiele lat, przygotowując mu kolejne programy.

Antoś był człowiekiem bardzo lubianym w środowisku naszej emigracji brytyjskiej. Pomagał wszystkim znanym mu i nieznanym Polakom. Objechaliśmy z nim wzdłuż i wszerz całą Anglię, Walię i kawałek Szkocji (ożenił się z Walijką, z którą miał trzy córki i syna). Jego syn jest profesorem uniwersyteckim i jednym z najbardziej znanych psychologów brytyjskich.

Antek uwielbiał panią Hanię, z wzajemnością zresztą. Dzięki niemu Polacy mieszkający na Wyspach poznali całą czołówkę polskich śpiewaków i gwiazd naszej estrady. Pomagał bardzo wielu ludziom w kraju i na emigracji. Jego prochy pochowaliśmy na Cmentarzu Rakowickim w Krakowie, gdzie chciał być „rozsypany" wokół rodzinnego grobu, w którym leżą jego siostry. Nie wiem, dlaczego o tym piszę. Chyba dlatego, że pani Hania w równym stopniu lubiła Polonię brytyjską, australijską i szwedzką. Ona ich rozśmieszała i wzruszała do łez... i nigdy nie wiedziała do końca, czy płaczą ze śmiechu, czy z tęsknoty za krajem? Ona się domyślała.

A to znowu próbka abstrakcyjnego dialogu. Była to obok monologów ulubiona forma wypowiedzi artystki. Narzekała tylko na partnerujących młodych aktorów, którzy, jak twierdziła, nie potrafią słuchać partnerki i myślą wyłącznie o swoich kwestiach, których z reguły nie opanowali pamięciowo.

Rozmówki mało towarzyskie

Ona – Hanka Bielicka (*energiczna, dociekliwa*)
On – Zbigniew Korpolewski (*spokojny do czasu*)

Ona: Wolne?
On: Co wolne?
Ona: No to miejsce obok pana?
On: W zasadzie wolne.
Ona: No więc wolne czy zajęte?
On: Powiedziałem przecież, że wolne.
Ona: Powiedział pan, że wolne w zasadzie...
On: Tak mi się jakoś powiedziało.
Ona: Trzeba wiedzieć, co się mówi. Ja to proszę pana lubię ludzi konkretnych, zdecydowanych. Wolne to wolne, zajęte to zajęte. A pan mi tu z zasadami wyjeżdża.
On: Ja nie wyjeżdżam, ja odpowiadam...
Ona: A za co to pan znowu odpowiada? Wielka mi odpowiedzialność za miejsce.
On: Przepraszam.
Ona: Nie ma za co.

On: Ale ja nie panią przepraszam. Powiedziałem przepraszam, bo chciałem zadać pytanie.

Ona: To niech pan zadaje bez przepraszania. Ja to, proszę pana, jestem kobita prostolinijna.

On: Właśnie widzę... Więc może ja zadam...

Ona: Zadam i zadam... Zadam to jest Husejn w Iraku.

On: W Iraku to jest Sadam.

Ona: Wielka mi różnica, Zadam, Sadam, siadam, co mnie to obchodzi, kto jest w Iraku... Niech pan lepiej powie, który to jest ten Alladyna?

On: Jaki Alladyna? Pani ma na myśli Aladyna? To jest mężczyzna...

Ona: No wie pan... Pierwsze słyszę, żeby Alladyna była mężczyzną. Sama widziałam w Teatrze Narodowym, zanim się spalił, jak tam jeszcze za dyrekcji Hanuszkiewicza na motocyklach jeździli do tej Alladyny Słowackiego zresztą... Trzeba znać literaturę...

On: Ależ pani wszystko pokręciła... W Narodowym to była *Balladyna*, a tu Aladyn – Lampa Aladyna, taki quiz...

Ona: Wiem, Zapolskiej...

On: Zapolskiej to jest *Skiz*...

Ona: Quiz, Skiz wielka mi różnica... Pan to się lubi sprzeczać. Jak pan tak wszystko wie, to niech pan powie, gdzie jest ten lampa?

On: Ta lampa...

Ona: Przed chwilą pan mówił, że ten...

On: Ten Aladyn, a ta lampa – jasne?

Ona: No pewnie – jak zapalą lampę, to będzie jasne...

***

Ona: Widzi pan tego?

On: Którego?

Ona: No tego grubego, w turbanie...

On: Widzę...

Ona: Nie wie pan, kto to jest?

On: To jest właśnie ten Aladyn...

Ona: Ciekawe, skąd on ma taką forsę na te wygrane.

On: Od sponsorów.

Ona: Musi mieć niezłą głowę pod tym turbanem. Nie wiem, jak pan, ale ja tobym chciała wygrać główną nagrodę.

On: To niech się pani zgłosi.

Ona: Do niego?

On: No do tego quizu. Grała pani kiedyś?

Ona: Też pytanie... od dziecka grałam i to jak...

On: Tak też myślałem – pani mi kogoś bardzo przypomina... Czy pani jest
może panią... (*mówi do ucha*)

Ona: Zgadł pan. Ale ja pana też już gdzieś spotkałam... Widziałam pana...

On: No, no...

Ona: Tak, to z całą pewnością pan... W zeszłym miesiącu stał pan przede
mną w pralni i odbierał pan pościelową... Zgadłam?

On: Zgadła pani.

Ona: Jak tylko pana zobaczyłam, to od razu wiedziałam, że jest pan ktoś.
To bardzo miło siedzieć obok kogoś znanego...

***

Ona: Czy pan wie, że mój sąsiad w zeszłym tygodniu wygrał?

On: W tym quizie?

Ona: Nie w quizie, tylko w sądzie. Jakiś pijany facet powiedział do niego:
„Ty pośle", on skierował sprawę do sądu i wygrał...

On: Dużo?

Ona: Nie mam pojęcia, nie chce powiedzieć.

On: Pewnie się boi, żeby mu nie wlepili podatku.

Ona: To od wyroku też się teraz płaci?

On: Oczywiście. Teraz od wszystkiego się płaci – dochodowy. Mój znajomy
dostał dwa lata, to połowę zabrał mu urząd skarbowy.

Ona: To nie mógł się odwołać?

On: Odwołał się.

Ona: No i co?

On: Nic nie pomogło, zabrali mu jeszcze telewizor.

Ona: Z domu?

On: Nie, z celi. Przecież mówiłem pani, że dwa lata dostał.

Ona: Patrz pan, co za czasy, teraz nawet posiedzieć nie można spokojnie.

STYL ŻYCIA
czyli żegnaj, smutku

Wspominając Hankę Bielicką, zastanawiam się nad rolą czy misją, jaką wypełniała w otaczającej ją rzeczywistości, a więc przede wszystkim pośród ludzi, z którymi się stykała. Jak każda gwiazda, oddziaływała na swoje najbliższe zawodowe otoczenie, ale w największym stopniu wpływała na swoją publiczność, jej gust, wrażliwość, poczucie humoru, a więc stosunek do życia. Jestem przekonany, że bez przesady można powiedzieć, że nieznośne, a w każdym razie mało znośne codzienne szare życie w PRL-u stawało się znośne dzięki takim „nosicielom radości" czy uśmiechu jak Bielicka, Ofierski, Stępowski czy Laskowik i całe zastępy im podobnych. To oni swoim optymizmem, ośmieszaniem zjawisk z pozoru mało śmiesznych pozwalali nam przetrwać najtrudniejsze chwile naszej trudnej materialnie i psychicznie egzystencji.

Z drugiej strony, te małe zespoły estradowe czy teatralne stanowiły bardzo ważny kontakt z naszą emigracją. Pełniły dla nich podobne funkcje jak dla nas, żyjących w kraju, audycje Radia Wolna Europa czy Głosu Ameryki. Były bowiem sygnałem, że wzajemnie o sobie pamiętamy, że podobnie myślimy i że nie taki diabeł straszny, jak go oficjalnie malują... Władza ludowa doskonale zdawała sobie sprawę z siły przebicia czy rażenia tych małych zespołów i programów, które prezentowała polonijnej publiczności, i w związku z tym starała się bardzo starannie ocenzurować ów eksportowy repertuar.

Temu służyły komisje przyjmujące i zatwierdzające program zespołu wyjeżdżającego za granicę. Od inteligencji i pomysłowości twórców programu i jego wykonawców zależało odpowiednie „wymanewrowanie" komisji, czyli zasiadających w niej przedstawicieli różnych resortów. Byli to zazwyczaj reprezentanci Ministerstwa Kultury, Ministerstwa Spraw Zagranicznych, Wydziału Kultury Komitetu Centralnego Partii, PAGART-u, Komitetu do spraw Współpracy z Zagranicą, Towarzystwa Polonia i dla ozdoby przedstawiciele SPATIF-u (Stowarzyszenia Artystów Teatru i Filmu – dzisiejszy ZASP) i Związku Zawodowego Pracowników Kultury.

Przed tym gronem ponurych, czujnie słuchających i oglądających nas ludzi występował w kompletnej ciszy i skupieniu zespół najczęściej wybitnych, bardzo popularnych artystów (innych impresariowie polonijni kupować nie chcieli) z repertuarem najczęściej rozrywkowym. Wykonawcy, przyzwyczajeni do reakcji publiczności zwykle śmiejącej się i żywo reagującej oklaskami, nagle zmuszeni byli do występu bez cienia reakcji, w atmosferze chłodu i śmiertelnej powagi biurokratów-politruków, czujnie węszących jakieś politycznie niestosowne aluzje czy wrogie ideologicznie potknięcia. Wykonawcom zamierał głos, słowa więzły im w gardle, a ci sadyści z zimnym, mrożącym krew w żyłach spojrzeniem węszyli i nasłuchiwali. Z czasem udało mi się przekonać naszych decydentów, żeby taki pokaz odbywał się jednak z udziałem publiczności, co bardzo poprawiło sytuację występujących zespołów i pozwoliło przerwać tę koszmarną atmosferę matury czy Sądu Ostatecznego.

Po występie następowała dyskusja komisji z zespołem i... walka o każde słowo tekstu. Tu trzeba było się wykazać ogromną zręcznością i umiejętnością postępowania. Wiedzieliśmy przecież, że od ostrości naszych tekstów zależy w decydującym stopniu powodzenie występów u publiczności polonijnej, z drugiej strony, komisja usiłowała „wyczyścić program z błędów i wypaczeń". To zaś w praktyce sprowadzało się do kompletnego wykastrowania tekstów z wszelkich śladów aluzji politycznych i dowcipów.

Stosowaliśmy wobec komisji różne sztuczki. Najczęściej wprowadzaliśmy na pokazie jeden czy dwa teksty politycznie niecenzuralne, wiedząc z góry, że nie mogą być i nie będą zatwierdzone. Rzucając je na pożarcie, odwracaliśmy uwagę komisji, która skupiała się na eliminacji owych wystawionych do skreślenia tekstów. Broniliśmy ich do upadłego, ale w końcu ustępowaliśmy, ratując to, na czym nam naprawdę zależało. Obie strony rozstawały się „w atmosferze wzajemnego zrozumienia i współpracy".

Monolog, który Państwo za chwilę przeczytają (jeżeli zechcecie oczywiście), miał trzy wersje. Pierwsza to *Biała plama*, która następnie zmieniła się (za sprawą autora oczywiście) w *Jubileuszową białą plamę*, która na skutek owacji towarzyszących zakończeniu tego monologu, została poszerzona, czy raczej przedłużona o naddatek w postaci bisu – *Komentarz współczesny*.

Poniżej przedstawiam Państwu część, albo raczej wersję drugą i trzecią. Ten monolog artystka włączyła na stałe do swojego repertuaru i wykonywała go aż do tragicznego zakończenia swojej kariery artystycznej.

Jubileuszowa biała plama

...Jaki głos? Jaki głos?! Ja już głosu nie mam... Bo swój głos oddałam w wyborach... Wołali: „oddaj swój głos", to oddałam... i dlatego jestem zachrypnięta... Nie ja jedna... Tyle głosów wrzucono do urny, że nawet w operze zostały już tylko głosy nieważne... i dlatego na premierze w Teatrze Wielkim słychać tylko solistów zagranicznych... U nas nawet opera musi mieć wsad dewizowy... Tylko patrzeć, jak *Halka* pójdzie z play-backu, a dyrektor Satanowski urządzi w foyer Teatru Wielkiego dyskotekę ze striptizem Marii Fołtyn, żeby ratować *Pierścień Nibelungów* i budżet... Teraz każdy dorabia na boku – Andrzej Wajda reżyseruje filmy, gażę bierze w Teatrze Powszechnym w Warszawie, a dorabia w Suwałkach... jako senator... Bo u was w Ameryce wszystko można kupić na raty, a u nas z rad zostały tylko pracownicze i narodowe..., czyli samorząd terytorialny... Taki organ gadający, który nie ma nic do gadania... Ale à propos gadania, to u nas teraz powszechnie mówi się o likwidacji białych plam, więc i ja chciałabym publicznie wywabić jedną z ostatnich plam naszej historii, a więc zabieram się do przepierki historycznej...

Przyjechałam tu do was z okazji pięćdziesięciolecia wybuchu wojny, a w ubiegłym roku obchodziliśmy siedemdziesięciolecie odzyskania niepodległości, a więc stoi przed państwem równolatek ojczyzny... Jak to się zwykło mówić – niemy świadek wydarzeń... No, w moim przypadku to może nie niemy... W każdym razie towarzyszyłam naszej historii od *Pierwszej Brygady*, do *Pierwszego Korpusu*... i od Bebewueru do Pezetpeeru... No i doczekałam się... Okrągłego Stołu... Po dwóch etapach reform, które nam nie wyszły. Zostaliśmy goli i bez reform... Swoją drogą, jak to się czasy zmieniają – kiedyś bez reform to się szło do łóżka, a teraz do stołu... Aż dziwne, że mnie tam nie zaproszono... Pewnie się bali, że przy mnie nie mieliby wiele do powiedzenia... Już ja bym im wygarnęła... i jednym, i drugim... Kawę na ławę czy raczej na stół... No może z tą kawą to przesadziłam, bo po pierwsze, piętnaście tysięcy złotych kilo, a po drugie, jeszcze by zaczęli wróżyć z fusów... Swoją drogą – ciekawe, gdzie oni ten stół zdobyli...? Moja sąsiadka to za zwykłym taboretem trzy noce stała i się nie doczekała... Dopiero jej mąż dostał asygnatę od ministra... za czterdzieści lat stania przy warsztacie, dopóki się warsztat nie rozleciał... z braku wsadu dewizowego... Więc go wysłali na emeryturę... sąsiada, nie ministra... Minister wraz całym rządem podał się do dymisji... Tego jeszcze po wojnie u nas nie było... Teraz rządy podają się do dymisji... Jeden z naszych premierów powiedział, że „rządy odchodzą, ale problemy zostają", ale naród woli zostać z problemami niż z rządem...

Zresztą w całej naszej niepodległej historii zawsze łatwiej rozstawaliśmy się z rządami niż z problemami... Tak było od marszałka Piłsudskiego do marszałka Malinowskiego, mimo że tamten miał wąsy i buławę, a ten jedynie laskę i ZSL... A problemy zawsze były... Najpierw – czy na Wilno, czy na Kijów? Teraz – czy na pluralizm, czy na socjalizm?... Na razie zwycięża gadalizm... Historia lubi się powtarzać. Najpierw był cud nad Wisłą, a teraz cud nad Wałęsą... Nasz poprzedni premier, Mieczysław Rakowski, zanim sformował swój rząd, udał się z wizytą do kardynała Glempa, prosząc o błogosławieństwo... Kardynał błogosławieństwa nie udzielił, ale dał mu trzysta dni odpustu... Starczyło ledwo do wyborów... Po tych wyborach to wiele się zmieniło... zwłaszcza w teatrze... Aktorzy to teraz głównie występują w Sejmie i Senacie... Każdy chce grać posła albo senatora... Jak tak dalej poleci, to Hamleta w telewizji będzie musiał kreować osobiście minister Urban... a teatry będą wyłącznie wystawiać *Powrót posła* albo *Odprawę posłów greckich*, a publiczność będzie musiała udawać Greka... I to jest nawet dosyć logiczne, bo najpierw władza wzięła się za aktorów, to teraz aktorzy wzięli się za władzę... Zresztą bardzo słusznie, bo ekonomiści doprowadzili do takiej sytuacji gospodarczej, że już wyłącznie aktorzy będą musieli grać dobrobyt... Budownictwo też bardzo ruszyło do przodu – parlament dostał dwie izby, a prezydent fotel, żeby było go gdzie posadzić... W końcu ktoś za to wszystko powinien siedzieć...

U nas zmiany konstytucyjne były konieczne, bo Sejm ostatnio uchwalał po trzy ustawy dziennie, więc nawet jeżeli Senat tylko co drugą zatwierdził, to i tak ustaw będziemy mieli tyle, że możemy nimi całą Europę obsłużyć... i to jest poważna szansa dla naszego eksportu i... gospodarki... Bo gdyby w takim EWG zastosowali tylko połowę naszych przepisów, to i tak ich gospodarka musiałaby runąć... i na tym tle my byśmy się stali potęgą gospodarczą Europy... Ale dosyć tych rozważań –

Cudze chwalicie
swego nie znacie,

sami nie wiecie,

kto siedzi w Senacie...

Jest takie przysłowie ludowe – „nie wie lewica, gdzie zarabia prawica"...
i dlatego władza może z czasem przejść z rączki do rączki... bo na razie nawet
władza jest u nas reglamentowana... Z rozdzielnika... Opozycja trzydzieści
pięć procent, a wyborowa czterdzieści pięć... I to jest uzasadnione, bo jak
dotąd popyt na alkohol jest większy niż na władzę... a wyborowa ma większe
powodzenie niż wybory... Ale mówią, że teraz świadomość społeczna zatacza
coraz szersze kręgi... i to widać nawet na ulicy, gdzie znaczna część społeczeństwa się zatacza... zwłaszcza wieczorami... Jeżeli o mnie chodzi, to uważam,
że w naszej sytuacji, w której polityka staje się komedią, gospodarka – tragedią,
a społeczeństwo ma pod dostatkiem własnych dramatów, bawmy, śmiejmy
się! Nie liczmy na opozycję, nie liczmy na koalicję, liczmy na siebie i na nasze wrodzone poczucie humoru. Tego życzy wszystkim tu obecnym z okazji
jubileuszu wasza jubilatka – Hanka Bielicka!

Komentarz współczesny
(uzupełnienie do Jubileuszowej białej plamy)

...Zmiany u nas w kraju ogromne... Pan pyta, czy na lepsze? A po co? U nas
zawsze było tak dobrze, że już tylko może być gorzej... Pan premier w swoim
exposé powiedział, że będzie jeszcze gorzej i pewnie słowa dotrzyma, bo to polityk poważny... Mecenas Olszewski – do sejmu zwraca się „Wysoki Sądzie",
zamiast „Wysoki Sejmie"... Taki przezorny... Ci jego poprzednicy, co mówili
„Wysoki Sejmie", to teraz będą musieli mówić „Wysoki Sądzie", bo mają stanąć
przed Trybunałem Stanu... za to, że nas tak urządzili... Ten nowy gabinet bardzo się różni od poprzedniego – tamci mieli brody, w które sobie teraz plują...
Więc ten nowy rząd brody zgolił i zapuścił sobie podbródki... Minister spraw
zagranicznych ma jeden, premier ma dwa, a pan prezydent trzy... Pan Urban
twierdził, że rząd się zawsze wyżywi i okazuje się, że miał rację... Mamy teraz
gabinet wypasiony, który powstał w ramach przyśpieszenia na święta Bożego
Narodzenia... Jako niespodzianka pod choinkę, dzięki temu na Wielkanoc
mamy jasełka... Premier tak się śpieszył, że nawet nie zdążył powiedzieć nie-
którym ministrom, jaki mają objąć resort... i słusznie, bo gdyby wiedzieli, toby
nie objęli... Najgorzej minister finansów na tym wyszedł... z rządu... Bo jak

zobaczył, jaka jest dziura w budżecie, to się zaraz podał do dymisji... Powiedział, że do łatania takiej dziury potrzebny jest krawiec, a nie ekonomista...

Więc zmiany są, zwłaszcza w resorcie obrony narodowej. Tego admirała, co był ministrem, to spławili, bo on tylko umiał pływać, a nie dotrzymywał kroku prezydentowi – szedł nie w krok... Z tym kroczeniem to zawsze mieliśmy kłopoty... Najpierw kroczyliśmy do socjalizmu, a doszliśmy do kapitalizmu, teraz kroczymy do Europy, a dochodzimy do Azji. Wygląda na to, że mamy jakiś feler w kroku... Dlatego wojsko ma być teraz zawodowe, a dowództwo poborowe... Sztab Generalny ma się rekrutować z rekrutów. Minister i wiceministrowie cywile... i słusznie, bo na tak krótko, to nawet nie warto mundurów fasować... Jednego wiceministra to nawet sprowadziliśmy z Anglii. Na szczęście nazywa się Sikorski Radek... Wygląda na to, że z tym angielskim paszportem łatwiej wejdziemy do NATO...Tylko czy my się tam znowu nie spotkamy z ruskimi? Bo oni tam mają wejść w ramach dekomunizacji...

U nas dekomunizacja też w pełnym toku... Okazało się, że teraz mamy III Rzeczpospolitą, a PRL-u wcale nie było... Ja to się z tego bardzo cieszę, bo jestem o czterdzieści pięć lat młodsza... Znowu jestem panienką... Zawiesiłam emeryturę, zdałam maturę, wzięłam stypendium i przyleciałam do Ameryki na studia... Bo u nas teraz liczą się wyłącznie specjaliści z zachodu, a my chodu na zachód do Ameryki albo Europy... gonić naszych biznesmenów w skarpetkach, co narobili afery... Premier zapowiedział walkę z przestępczością i to się już zaczęło... Policja teraz chodzi trójkami... jak w stanie wojennym, żeby sobie dodać odwagi... Bo jak u nas powstawała policja, to funkcjonariusze mieli mieć minimum po metr osiemdziesiąt wzrostu, ale ponieważ wynagrodzenie dali im też minimalne, więc ci, co mieli takie warunki, woleli zająć się rozbojem na własnym rozrachunku i dlatego w policji same kurduple... Gołym okiem trudno ich zauważyć. Jak idzie trzech, to razem mają trzy sześćdziesiąt, akurat tyle, ile powinno mieć dwóch. Za to pensje mają takie, że ledwo na jednego starczy... Więc oni nie szukają przestępców, tylko sponsorów... żeby im samochody kupili, bo na razie gonią tych przestępców pieszo. A nasze bandziory zmotoryzowane, jeżdżą samochodami skradzionymi w Niemczech... i słusznie... Niemcy nie chcieli nam płacić odszkodowań wojennych, to sami sobie odbieramy w samochodach...

Od nowego roku powstała u nas policja skarbowa, która wykryje każdą aferę... Bo to są fachowcy finansowo niezależni... Każdy ma dostać od półtora do dwóch i pół miliona złotych... To jak oni będą mieli takie pensje, to na łapówki nawet nie spojrzą... wezmą w ciemno... Poseł Małachowski zażądał publicznie, żeby zamiast dekomunizacji, wprowadzić dekretynizację, ale ten wniosek nie przeszedł ze względu na pluralizm – wszyscy plują na wszystkich i protestują. Doszło do tego, że teraz uczniowie siedzą w szkole, a nauczyciele chodzą na wagary... na znak protestu, więc minister oświaty Stelmachowski grozi im laską, co to ją zwędził z Senatu, na pamiątkę, że był marszałkiem... Napięcie społeczne rośnie. Na szczęście na samej górze mamy fachowca od napięć... W razie spięcia – naprawi albo wymieni korki... A więc, kochani, głowa do góry, nie martwmy się... U nas jeszcze nie było tak źle, żeby nie mogło być gorzej!

Tak więc przeprowadzenie programu przez komisję wymagało, jak już wspomniałem, wielkiego doświadczenia i zręczności. Aktorzy musieli się wykazać specjalnymi zdolnościami interpretacyjnymi, żeby podać tekst w taki sposób, by łagodził niebezpieczne puenty. Pani Hania była w tym względzie mistrzynią. Po wcześniejszym ustaleniu przez nas „punktów krytycznych" tekstu uspokajała mnie: „nie przejmuj się, ja to »zagdaczę«" i istotnie tak robiła. W niebezpiecznych miejscach nagle się zaśmiewała, zakaszliwała, a wszystko robiło wrażenie celowego zabiegu interpretacyjnego i doskonale wywodziło w pole najczujniejszych nawet cenzorów – to był rodzaj „nadaktorstwa".

Dyskusje po pokazie nabierały czasem wręcz groteskowego charakteru. Pamiętam, że kiedyś nie wytrzymałem i po wysłuchaniu kilku „cennych" ideologicznie uwag, co należałoby skreślić, a jakie ulepszenia wprowadzić do programu – wygarnąłem: „Czy Państwo nie przesadzacie? Odnoszę wrażenie, że chcecie całokształt polityki zagranicznej PRL-u załatwić z pomocą jednego sześcioosobowego zespołu estradowego. Czy to nie przesada?". O dziwo, mój protest odniósł skutek i dyskutanci złagodzili swoje uwagi i wnioski.

Tego typu dyskusje czy targi mogły mieć oczywiście miejsce tylko w przypadku zespołów estradowych, bo jak już wspomniałem, ta dziedzina była rozliczana na zasadach rynkowych. Polonijni organizatorzy czy impresariowie byli gotowi zapłacić jedynie za „towar", który wybierali, a nie za to „co usiłowano im narzucić". Pamiętam, jak jeden z nich (chyba Janek Wojewódka) na próbę narzucenia wyjazdu jakiegoś teatru ze „słusznym ideologicznie" przedstawieniem, rekomendowanym jako sztuka na najwyższym poziomie artystycznym, odpowiedział: „Ja wiem, że to wspaniała sztuka, tylko żeby to stwierdzić, musi najpierw ktoś przyjść i zobaczyć. Na nieznanych aktorów nie przyjdą, a jak nie przyjdą, to nie zapłacą za bilet, a jak nie zapłacą, to ja będę musiał zapłacić z własnej kieszeni, a na to mnie nie stać…".

To był argument nie do obalenia, bo w PRL-u, o czym wiedzą moi rówieśnicy, którzy żyli w tych czasach, jedynym argumentem ważniejszym od ideologii były dewizy, czyli dolar. Ten fetysz dolara był w pełni uzasadniony, bo przecież przypominam – na czarnym rynku kosztował sto złotych, a PAGART kalkulował go na poziomie tysiąca złotych. Jak z tego wynika, ów nadzwyczajny kult dolara był absolutnie zgodny z nauką marksizmu-leninizmu, w której „byt kształtował świadomość". Pamiętam te czasy i śmieszą mnie niezwykle dzisiejsze dyskusje na temat przystąpienia Polski do strefy euro, co podobno zagraża naszej niepodległości...

Bzdura! Przecież my przez kilkadziesiąt lat należeliśmy do strefy dolara, więc w końcu tylko zmieniamy strefę, która w tamtym systemie zapewniała nam przynajmniej względną wolność osobistą. Rozpisałem się tu trochę na tematy ekonomiczne owych czasów, a to dlatego, żeby pokazać również aspekt finansowy naszych wyjazdów na zachód. Karkołomny przelicznik dolarowo-złotowy powodował, że nasze nawet najniższe zarobki tam, były najwyższe tu.

W myśl tej zasady, kto z nas potrafił powściągnąć swoje zakupowe apetyty tam, nie kupując bez umiaru różnych kolorowych i niezwykle dla nas wówczas atrakcyjnych, bo niedostępnych w kraju ciuchów czy innych w gruncie rzeczy średnio przydatnych gadżetów, ten przywoził więcej zaoszczędzonych dolarów, za które mógł kupić potrzebne rzeczy w Peweksie lub wymienić dolary po czarnorynkowym kursie u cinkciarza. Pani Hani takie zasady i przeliczniki były obce. Z gestem prawdziwej damy i gwiazdy (nie zawsze te tytuły idą w parze) kupowała dla rodziny, bliższych i dalszych znajomych różne upominki w dodatku w pięknych, ale dość pokaźnych opakowaniach. Nie pomagały żadne dyskretne napomnienia, że bagaż samolotowy jest ograniczony, a za nadbagaż trzeba płacić itp. Pani Hania przyznawała rację, ale zakupy kontynuowała. Horror następował na lotnisku przy ważeniu bagażu. Pamiętam jeden z takich powrotów, kiedy to nasi koledzy, chcąc uniknąć dopłat, wkładali na siebie po kilka różnych sweterków, ubrań itd. (Największą pomysłowością w tym względzie wykazywał się zawsze Jacek Fedorowicz, który na lotnisko wkraczał w charakterze chochoła, bo nijak nie mógł opuścić rąk, przyodziany na cebulkę w różne ciuchy). Lecieliśmy z Montrealu. Pani Hania oprócz bagażu mieszczącego się w normie biletowej, pchała z radością wózek lotniskowy na którym umieściła ogromną stertę swoich okolicznościowych upominków. Na pytania obsługi: „Co to jest?" – odpowiedziała z godnością: „Bagaż podręczny". To oświadczenie wzbudziło radość pośród pracowników lotniska, którzy postanowili zważyć te paczki, paczuszki i torebki, torebeczki. Wynik okazał się porażający, było tego kilkadziesiąt kilogramów, dopłata wynosiłaby kilkaset dolarów. Pani Hania pobladła i o mało nie zemdlawszy, wyszeptała: „Ja nie mam tyle pieniędzy, wszystko przecież wydałam na prezenty".

Zrobiło nam się jej żal, ale nie bardzo wiedzieliśmy, co zrobić, jak pomóc w tej sytuacji, a zniecierpliwiona kolejka pasażerów napierała na nas, chcąc jak najszybciej znaleźć się w samolocie. Rozglądałem się bezradnie i nagle zauważyłem znajomego księdza z Edmonton, który na czele dużej grupy swoich polskich parafian udających się z pielgrzymką na Jasną Górę, stał, czekając cierpliwie na odprawę. W pełnej desperacji podszedłem do niego, przedstawiając nasz problem. Ksiądz uśmiechnął się i powiedział: „Zaraz coś poradzimy, przecież musimy pomóc naszej pani Hani". Odebraliśmy przerażonej pani Hani wózek i jadąc z nim wzdłuż kolejki, rozdaliśmy pielgrzymom cały „podręczny bagaż", który dzięki temu bezpłatnie zaleciał do Warszawy. Wzruszona artystka popłakała się, dziękując rodakom za pomoc, a ci na pożegnanie w hali warszawskiego Okęcia zaśpiewali jej *Sto lat*.

Opisałem tę scenę tak dokładnie, żeby uświadomić, że bohaterka moich wspomnień miała wielki talent aktorski i umiejętności niesienia uśmiechu i radości innym, ale niezbyt wielkie zdolności ekonomiczne czy finansowe. Plotki i legendy o jej majątku i bogactwie były grubo przesadzone. Prawdą jest, że przez większość swojego życia zarabiała dużo, ale też hojną ręką wydawała pieniądze. Zawsze podkreślała, że inwestuje w siebie, żeby zachować zdrowie i móc do końca pracować. Widząc ją jednak z bliska, zauważyłem, że inwestując w siebie, znacznie rozrzutniej inwestuje w bliźnich... Zwłaszcza w naszych braci mniejszych. W tym względzie przypominała nieco króla Popiela. Jego podobno zjadły myszy, a ją w znacznym stopniu podjadały pieski i koty.

Aby tym swoim ulubieńcom dogodzić i sprostać ich potrzebom, brała udział w różnych programach. Oto jeden z ostatnich dialogów, który napisałem i w którym wystąpiłem u boku Hanki Bielickiej w Teatrze Wielkim w Warszawie, skąd nadawano kolejny telewizyjny program *Teraz Polska*.

Dochodzenie
(dialog z Hanką Bielicką)

(*Hanka Bielicka wsparta na ramieniu Zbigniewa Korpolewskiego – podchodzą do miejsca wręczania nagród*)

H.B.: No, jakoś pan doszedł...
Z.K.: Do Europy?...

H.B.: Do jakiej Europy? W Europie to zawsze byliśmy... Do mikrofonu pan
doszedł... z moją pomocą...

Z.K.: Sądziłem, że odwrotnie... W końcu jestem trochę młodszy...

H.B.: Ode mnie?

Z.K.: Nie, od Europy...

H.B.: Co do tej młodości, to młodzi już byliśmy... Ja jestem młoda inaczej...
Właśnie obchodzę sześćdziesiąt pięć lat...

Z.K.: Odnoszę wrażenie, że trochę się pani odmłodziła...

H.B.: Nie odmłodziłam się, tylko obchodzę sześćdziesiąt pięć lat pracy artystycznej...

Z.K.: Teraz?

H.B.: Nie teraz. Teraz to jest *Teraz Polska*...

Z.K.: W Europie!

H.B.: W jakiej Europie? W Teatrze Wielkim...

Z.K.: Trudno się z panią dogadać...

H.B.: Jakby było łatwo, to dawno by się pan ze mną dogadał, kiedy byłam
młodsza... Przecież nie wmówi mi pan, że chce uwieść kobitę po osiem-
dziesiątce...

Z.K.: No może ja się chciałem uwiecznić?

H.B.: Rozumiem... na wieki wieków amant... Weźmy się do pracy, bo mogą
nas odesłać na emeryturę...

Z.K.: Ja już jestem...

H.B.: Ja też, ale muszę dorobić. W Europie emerytka może być leciwa, ale
nie może być goła... Konserwator zabytków na to nie pozwala...

Z.K.: No to wracajmy do współczesności. (*schodzą ze sceny*)

Dzięki swojej pracy miała wielką łatwość zarabiania, ale łatwość wydawania
jeszcze większą. Nigdy od nikogo nie domagała się pomocy, zawsze bardzo
ceniła sobie niezależność. Tak sobie myślę, że swoich spadkobierców nieco
rozczarowała. Pod koniec życia sprzedała część własnego mieszkania, które
z takim pietyzmem urządziła.

Była osobą niezwykle dobrze zorganizowaną. Pracowała zwykle jedenaście
miesięcy w roku. Jeden miesiąc, zazwyczaj lipiec lub sierpień, poświęcała, jak
mówiła, na renowację czy też rekonstrukcję. Przez trzydzieści lat wyjeżdżała
każdego roku do Ciechocinka, a pod koniec życia do Buska-Zdroju. Zawsze
mówiła, że najchętniej żyłaby na przełomie dziewiętnastego i dwudziestego
wieku, więc zgodnie z panującą wówczas, znaną z literatury modą – „udawała
się do wód".

Oczywiście na deptakach kuracyjnych Ciechocinka czy Buska rozpoznawali ją wszyscy; ludzie podchodzili i prosili o autografy i wspólne zdjęcia. Narzekała, że to niezwykle męczące, ale tak naprawdę bardzo to lubiła i uznawała za część jej zawodowych powinności. W kompletowanych przez siebie zespołach lubiła otaczać się ludźmi młodymi, ale utalentowanymi.

Nie odpowiadały jej częste zmiany w zespole. Uważała, że ludzie współpracujący ze sobą powinni się również lubić prywatnie. W branży szanowała osoby nie tylko utalentowane, ale też w miarę ekscentryczne, a w każdym razie oryginalne. Wysoko ceniła Violettę Villas i bardzo ubolewała nad tym tak lekkomyślnie zmarnowanym talentem. Jej ulubionymi piosenkarkami były Ewa Śnieżanka i Lidia Stanisławska. Pracowała z nimi przez wiele lat. Była szczególnie przywiązana do tej ostatniej, ceniąc nie tylko jej śpiew, ale również inteligencję i poczucie humoru. W stosunku do siebie była niezwykle krytyczna. Zawsze twierdziła, że należy oglądać się w lustrze z niesmakiem, jakby się oglądało kogoś brzydkiego, a w każdym razie znacznie brzydszego od siebie.

Młoda inaczej

No co się tak dziwicie, że mnie znowu widzicie?... Właściwie powinnam powiedzieć – że mnie jeszcze widzicie... Kiedy byłam tu ostatnio, mówiłam „do widzenia", a nie „żegnam", więc nie ma powodu, żebyście się żegnali na mój widok... Pewien starszy pan, widząc mnie na ulicy, przeżegnał się i wrzasnął: „Jezus Maria, to pani jeszcze żyje?!". „No pewnie, że żyję, tyle że nie z panem, bo pan dla mnie za stary", zauważyłam. Siusiumajtek się znalazł z pampersem w kalesonach i viagrą w butonierce... Bo ja jestem młoda inaczej... Można powiedzieć podlotek... Podlatuje pod siedemdziesiątkę... Jakaś złośliwa dziennikarka zapytała mnie: „A właściwie w jakim pani jest wieku?". Jak to w jakim? W dwudziestym pierwszym... Bo ja nie jestem leciwa, tylko wiekowa... a to zasadnicza różnica. Bowiem lata lecą, a wieki idą... Więc ja dojrzewam powoli... Starość się musi wyszumieć... To sprawa temperamentu. Gdybym ja miała takie zdrowie jak temperament, to nawet reforma służby zdrowia by mi nie zaszkodziła... Jeden profesor, który mnie ostatnio zbadał, powiedział: „Pani Haniu, pani jest nieuleczalnie zdrowa... Dzięki takim jak pani to nawet kasa chorych mogłaby być dochodowa..." i tego się wystraszyłam... Wyobraziłam sobie, że mogę umrzeć zdrowa... Statystycznie rzecz biorąc, to ja już dawno powinnam być w niebie... Zwłaszcza że jeżeli chodzi o seks, to ja już raczej jestem wierząca niż praktykująca...

Więc jeżeli wierzyć statystyce, to stoi tu przed wami kilkunastolatka... Taka młodzieżówka z odzysku... Czyli błąd statystyczny... Kiedy kręcili *Quo Vadis*, to chcieli mnie obsadzić w roli Ligii, ale jak się pojawiłam na planie, to lwy się spłoszyły, a Neron bał się podpalić Rzym... Więc ze mnie zrezygnowali i gram teraz różne babcie i ciocie w serialach telewizyjnych... Można powiedzieć, że jestem pierwszą babcią filmu polskiego... aż się boję, że lada dzień mogę dostać Oscara za całokształt...

To dziwne, jak byłam młoda, wtedy żaden reżyser moich kształtów nie doceniał... Widocznie reżyserzy byli niedokształceni w kształtach albo moje kształty kształtowały się powoli. Można powiedzieć, że warunki filmowe uzyskałam dopiero po latach... W III Rzeczpospolitej... Ludzie! Nie macie pojęcia, ile ja mam teraz ofert matrymonialnych... Niestety, wszyscy kandydaci są młodsi ode mnie... Jakieś niedojrzałe sześćdziesięciolatki... Więc chociaż niektórzy nawet dosyć atrakcyjni, to przecież ze smarkaczami wiązać się nie będę... Mąż powinien być starszy od żony, a gdzie ja takiego znajdę? Przecież nie będę wlokła do ołtarza pana młodego na wózku... No niby czar czterech kółek, ale w ten sposób „uwieźć" się nie dam... Chociaż przysłowie mówi: „wiózł wilk razy kilka, powieźli i wilka"... Jednak wilk dla babci nigdy nie był wymarzonym partnerem, jak wiemy z bajki o Czerwonym Kapturku... Więc chociaż Czerwonym Kapturkiem nie jestem, to wolę pozostać Wesołą Wdówką i w takim charakterze wylądować w *Krainie Uśmiechu* jako La Donna De Mobile – czyli Kobieta z demobilu... Przecież ja kilka wojen przeżyłam, to z takim doświadczeniem mogłabym zostać ministrem obrony narodowej, albo miss NATO... i co państwo na to?...

Dlatego, kochani, bawmy się, śmiejmy się, bo życie jest krótkie, nawet kiedy trwa długo... o czym zapewnia was babcia Bielicka! Tak, tak, babcia, bo ja już mam czwartego wnuka, chociaż nigdy nie miałam dzieci... Więc babcią zostałam in vitro... Podobno na starość się dziecinnieje, więc zamienię sobie emeryturę na becikowe i będę sobie żyła jako doktorowa Alzheimerowa... zhabilitowana oczywiście... wirtualnie... Więc w razie czego bądźcie ze mną w kontakcie mejlowym oczywiście... Podaję adres: Wu Wu Wu Hanka Małpa Alzheimer Bielicka oczywiście. Baj! Baj!

Śmiech na linii R.M. Grońskiego i D. Passenta, reż. W. Filler, Teatr Syrena w Warszawie, 1986

Z Bohdanem Łazuką, Śmiech na linii R.M. Grońskiego i D. Passenta, reż. W. Filler, Teatr Syrena w Warszawie, 1986

Rewia jubileuszowa *Prosimy o bis, Pani Hanko*, reż. A.M. Marczewski, Teatr Syrena w Warszawie, 1986

Z Romanem Kłosowskim, *Poczekalnia*, reż. Z. Korpolewski, 1991

Żona Pana Ministra, B. Nusic,
reż. J. Para, Teatr Syrena
w Warszawie, 1989

Fot. A. Rybczyński

Fot. E. Hartwig

Z Teresą Lipowską, *Cafe pod Minogą* S. Wiecheckiego „Wiecha", reż. Z. Korpolewski, Teatr
Syrena w Warszawie, 1994

Od lewej: Marek Wysocki, Tadeusz Wojtych, Roman Kłosowski, Hanka Bielicka
i Wiesław Drzewicz, Teatr Syrena w Warszawie, 1994

Z Wiesławem Michnikowskim, *55 kapeluszy Pani Hanki*, reż Z. Korpolewski,
Teatr Syrena w Warszawie, 1994

Z Wiesławem Drzewiczem, garderoba Teatru Syrena

Z Tadeuszem Wojtychem, *Poczekalnia*,
reż. Z. Korpolewski, 1991

Jubileusz 55-lecia pracy artystycznej
Hanki Bielickiej

★ BĄDŹMY CHOĆ RAZ BLIŻEJ SIEBIE ! ★

IRENA SANTOR

ZBIGNIEW KORPOLEWSKI

HANKA BIELICKA

Z okazji 35-lecia pracy artystycznej JANA WOJEWÓDKI – zapraszamy na

OKOLICZNOŚCIOWY PROGRAM ROZRYWKOWY p. t.

"BĄDŹMY RAZEM"

KAPELA MAZOWIECKA (po raz pierwszy w Ameryce)

NAJNOWSZE PIOSENKI
IRENY SANTOR
◄►

SATYRYCZNE MONOLOGI
HANKI BIELICKIEJ
◄►

ZNAKOMITA OPRAWA MUZ.
KAPELI MAZOWIECKIEJ
◄►

SCENARIUSZ I REZYSERIA:
ZB. KORPOLEWSKI
◄►

KIEROWNICTWO MUZYCZNE:
WŁ. KORCZ
kompozytor przeboju
"Żeby Polska była Polską"

ST. CECILIA AUDITORIUM
24 RANSOM STREET N.E., GRAND RAPIDS, MICHIGAN
Wednesday, October 26th, 1983 - 8:00 PM
TICKETS AT $7.00 ON SALE:
WISLA RESTAURANT & GIFT SHOP
644 STOCKING AVE., N.W., Grand Rapids, Mich. — TEL. 458-2903

Afisz programu „Bądźmy razem", 1983

W duecie z Tadeuszem Plucińskim, 2001

W prywatnym apartamencie

Pożegnanie

Hanka Bielicka wyznawała zasadę, że liczy się popularność artysty przy końcu kariery, a nie na początku czy w połowie drogi zawodowej. Myślę, że tej zasadzie była wierna i to jej życzenie zostało spełnione. Zauważyłem, że pod koniec życia bała się jedynie anonimowości i... milczącego telefonu. Pracowała do końca i chociaż nie spełniło się jej przeczucie i obawa, że umrze zdrowa, jednak swój zawód uprawiała do końca.

Kłopoty zdrowotne zaczęły się mniej więcej dwa lata przed śmiercią. Nagły atak w czasie trasy koncertowej i pobyt w szpitalu w Końskich, gdzie, jak wspominała, była otoczona wspaniałą opieką znakomitych lekarzy. Potem szpitale warszawskie, powrót do zdrowia i pracy.

Kolejny monolog pochodzi z programu jubileuszowego transmitowanego przez telewizję z Teatru Polskiego w Warszawie w reżyserii Niny Terentiew.

Monolog żegnalny
(Hanki Bielickiej)

(wchodzi, śpiewając na melodię Wszystkie rybki śpią w jeziorze*)*

Przyszedł Rywin do Bielickiej ciurla la la
A Bielicka dać nie chciała ciurla la, ciurla la la...
(mówi) Bo po pierwsze nie miała, a po drugie nie chciała... A nawet gdybym miała, tobym nie dała... Chociaż teraz wszystko możliwe... Zwykle w tym

miejscu mówiłam na pożegnanie, że dziękuję... że jesteście publicznością nadzwyczajną... Teraz nie mogę, bo nadzwyczajną to mamy komisję sejmową... To najśmieszniejszy serial Telewizji Polskiej. Nareszcie mogę spokojnie umierać... bo mam następczynie... te dwie posłanki inteligentne inaczej... To jest podobno parlamentarna młodzieżówka... No jeżeli tak wygląda młodzieżówka, to ja już wolę być starówka... Zwłaszcza że jestem już od paru lat w wieku silnie poemerytalnym... z widokiem na przeszłość... i jako młoda inaczej mogę sobie pozwolić na podsumowanie...

Bo chociaż pamięci mi starcza, to jednak pamięć starcza... i nie zawsze wystarcza... Więc, żeby nie być posądzoną o matactwo, odczytam moje mataczenie... to jest chciałam powiedzieć oświadczenie pożegnalne...

(wyjmuje kartkę i czyta)

Niniejszym oświadczam, że zanim mnie opatrzność podsumuje oficjalnie słowami: „Pani już dziękujemy, pani Hanko!", powołując mnie do wiecznego kabaretu Nad Chmurką... gdzie chóry anielskie śpiewają na najwyższym poziomie, ale monologów im trochę brakuje... tu, na ziemi, mam już niewiele do zrobienia... Do Unii Europejskiej pewnie już nie wejdę, bo coraz częściej mnie nogi bolą... i chodzenia nie zaliczam do największych rozkoszy... Chociaż jestem na ogół lubiana, to na rękach mnie nie noszą... Nigdy nie byłam zbyt łatwa ani zbyt... lekka... więc mało przyjemna do noszenia... zwłaszcza...

Chociaż się dwoję i troję, to i tak nie jestem Ich Troje... więc do reality szoł mnie nie wezmą... Bo teraz, żeby być w takim reality, trzeba należeć do elity... towarzyskiej zwłaszcza... A u mnie nigdy nie było dobrze ani z towarzystwem, ani z towarzyszami... Bo to trzeba towarzyszyć, bywać i przyjmować wizyty... Postawić kolację i... magnetofon za książkami... Kiedyś się pytało: „Gdzie pan ostatnio bywał?"... A teraz: „Kto pana ostatnio nagrywał?"... Szkoda gadania bez nagrania... Dlatego oficjalnie dementuję wiadomość, jakoby te siedemnaście i pół miliona dolarów, które chciał Rywin od Agory, przeznaczone były na mój pomnik czy Fundację imienia Dziuni Pietrusińskiej... i że w związku z tym chłopów wyrzucili z gabinetu... i że dzięki Rywinowi, Michnikowi i Urbanowi powstał rząd mniejszości narodowej z premierem Leszkiem Millerem na czele, którego obrady będą wspólnie nagrywać minister Jakubowska i Jan Maria Rokita... na zlecenie braci Kaczyńskich... których matką jest podobno marszałek Nałęcz!... Więc chociaż wiem, że „Balcerowicz musi odejść", to nie ja wznosiłam okrzyki:

„Lepper na prezydenta"!... Na szczęście żyjemy w wolnym kraju... o czym dowiedziałam się z telewizji... i za tę wypowiedź Kołodko mi z głowy nie spadnie... bo nasze łapówkodawstwo i łapówkobiorstwo tego nie przewiduje... Zeznaję więc uroczyście, że w sprawie tej wypowiedzi nie byłam ani molestowana, ani korumpowana... politycznie zwłaszcza... Dlatego żegnam was zupełnie bezinteresownie i zapewniam, że jeżeli do naszego następnego spotkania nie doszłoby ze względów od nas niezależnych, to w obecnej sytuacji naszego kraju odejdę z ulgą... W razie czego, bawcie się beze mnie, bo chociaż żyjemy w niezbyt szczęśliwych czasach, to pośmiać się jest z czego!!!

Bo nie wiem, czy to wina
Lwa Rywina.
Czy z tego wynika
wina Michnika?
Czy afera nagrana
przez Jerzego Urbana?
Więc choć jestem stara
i bolą mnie kości,
jeżeli umrę, to
głównie z ciekawości!

Zaczęły się kłopoty ze wzrokiem. Pod koniec swojej kariery prawie nie widziała, czego publiczność dzięki jej wspaniałemu aktorstwu nie zauważyła. Ona, jak mówiła, rozpoznawała publiczność po śmiechu i oklaskach albo po śpiewie... Bo zawsze na wejście i na zakończenia występu śpiewali mi *Sto lat*.

Poniższy monolog był wykonany w programie telewizyjnym – jubileuszowym, transmitowanym z Teatru Polskiego w Warszawie. Miałem poważne wątpliwości, czy pożegnać Państwa przemówieniem wygłoszonym przeze mnie nad grobem artystki na warszawskich Powązkach, czy jednym z ostatnich jej monologów wygłoszonych przez artystkę w jubileuszowym programie telewizyjnym. Doszedłem do wniosku, że będzie lepiej jeżeli pożegna was osobiście jednym z ostatnich napisanych dla niej przeze mnie monologów.

Otwarcie eurosceptyczne

(schodzi po schodach)

Kochani! Witam państwa serdecznie i na otwarcie mówię otwarcie, że to jest zamknięcie... pewnego etapu mojej kariery. Pożegnanie z rewią, piórami i schodami... Dzisiaj jeszcze zeszłam, ale na drugi raz mogłabym zlecieć z tych schodów... Jak się ma moje lata, to się po schodach nie lata... a co najwyżej spada... ale na mój spadek nie liczcie, bo ja spadam do Europy... zjednoczonej oczywiście... W tej Europie to, o ile mnie skleroza nie myli, byliśmy zawsze... Ja się tylko boję tej zjednoczonej, bo do tej nigdy nie mieliśmy szczęścia...

Pierwszy raz, jak nas zjednoczyli, to mieliśmy trzy makroregiony – austriacki, ruski i pruski... przez prawie dwieście lat... Za drugim razem to mieliśmy okupację i ludową demokrację... Tym razem mamy się zjednoczyć ochotniczo – na równych prawach... Oni nam zostawią oscypki, Małysza i dwadzieścia procent bezrobotnych, a my zamienimy ziemie odzyskane na ziemie wyprzedane... za siedem lat... i dzięki temu będziemy mieli małą ojczyznę... Małą, ciasną i niezupełnie własną... Niemcy już teraz podobno śpiewają: „Wykupim ziemię, skąd nasz ród"...

Parlament Europejski dostanie od nas posłów Pęka, Leppera i Wrzodaka... może być niezła draka... No w końcu ktoś musi tych Francuzów, Niemców i innych Hiszpanów nauczyć porządnych manier parlamentarnych... Nareszcie te Europejczyki zatęsknią za... Azją... Nasze chłopy mają dostać od tych Europejczyków jakieś dopłaty bezpośrednie do dwudziestu pięciu... ale nasi nie chcą przyjąć... bo polski chłop przyzwyczajony do minimum czterdziestu pięciu... więc w tej Brukseli boją się, że nasze rolnictwo może ich zalać... i będą mieli zalany rynek i chwiejącą się gospodarkę...

Najgorzej będziemy miały my, kobity – żadnych dopłat. Będziemy gołe jak Szapołowska w polskim filmie... Chociaż teraz golizna w modzie... Dawniej eksponowana była talia, a teraz genitalia... Wszystko przez to, że modę damską dyktują projektanci męscy... inaczej... oczywiście... Biust zupełnie wyszedł z mody... Piersi to już tylko nosi Kasia Figura... ale za to jakie... można śmiało powiedzieć, że to są piersi wszystkich Polaków... więc dzięki nim i *Zemście* Wajdy będziemy znowu piersi w Europie... W Unii Europejskiej Samoobrona przestanie blokować drogi... wyjdzie na autostrady... to będą blokady dwupasmowe... oczywiście płatne... taka zrzutka na naszą armię... żeby miała za co wyjechać do Afganistanu...

W tej sytuacji nie wiem, jak panie, ale ja się przenoszę do internetu... Będę artystką wirtualną... Lat nikt mi nie będzie liczył, bo tam się wyłącznie liczą megabajty... więc będę artystką nowej generacji... po regeneracji... A jak zatęsknicie za mną, to kliknijcie – Wu Wu Wu kropka małpa Bielicka zero siedem zgłoś się!... Czekam na propozycje. Buźka! Kropka! Małpa! Całuję!...

Odeszła w wieku dziewięćdziesięciu jeden lat. Zasłabła tak, jak zawsze chciała, w czasie występu, w Strykowie. Przewieziono ją natychmiast do Warszawy i tu, w swoim ukochanym mieście, mimo wysiłków lekarzy odeszła na zawsze. Na Cmentarzu Powązkowskim, gdzie leży wśród kolegów i swojej publiczności, stawiło się kilka tysięcy mieszkańców Warszawy. W ich imieniu pożegnałem ją nad grobem. Żegnano artystkę uroczyście, z kwiatami, w pogodnym smutku. Przez całe swoje długie, pracowite, pełne artystycznych satysfakcji życie dostarczała radości innym, zawsze pogodna, życzliwa i uśmiechnięta. Jestem przekonany, że na Sądzie Ostatecznym może śmiało wyznać: „Umarłam ze śmiechu".

PS ...i jeszcze jedno zapamiętajcie – ona nigdy nie krzyczała, ona tylko głośno mówiła.

Epilog
czyli życie po życiu...

Od śmierci artystki minęło w tym roku pięć lat. Jak wygląda jej życie po życiu? Co po niej zostało? Kto ją jeszcze pamięta?

Z moich obserwacji wynika, że pamięć o niej jest ciągle żywa. Publiczność pamięta jeszcze doskonale jej kapelusze, głos, a nawet całe fragmenty jej monologów. Ślady odtwarzanego przez nią repertuaru można znaleźć w tekstach kilku współczesnych kabaretów. Jej powiedzenia, dowcipy i puenty monologów krążą w tekstach młodych autorów, zamieszczane być może w dobrej wierze jako zasłyszane.

Część jej repertuaru znalazła nowe wykonawczynie, chociaż jako autor znacznej części tych utworów stwierdzam uczciwie, że nowe wykonawczynie tylko w niewielkim stopniu dorównują Hance Bielickiej. Jej unikatowy głos, sylwetka i niepowtarzalny wielki talent aktorski słabo się nadają do sklonowania...

Co do materialnych śladów czy pamiątek po artystce, to część kostiumów i kapeluszy została zdeponowana w stołecznym Muzeum Teatralnym i najprawdopodobniej w teatrze Syrena w Warszawie. Tam też znajduje się sporo dokumentacji teatralnej i fotograficznej. Dokumentacja dotycząca okresu wileńskiego znajduje się w Instytucie Sztuki PAN, w zbiorach pośmiertnych dyrektora Kielanowskiego.

W 2008 roku, z okazji jubileuszu Warszawskiego Kuriera Telewizyjnego, została umieszczona i uroczyście odsłonięta tablica pamiątkowa poświęcona zmarłej artystce, która wiele lat mieszkała w kamiennicy przy ulicy Śniadeckich 18.

Była to niezwykle wzruszająca uroczystość, w której osobiście miałem zaszczyt uczestniczyć wraz z prezesem ZASP-u Krzysztofem Kumorem, przedstawicielami Telewizji Polskiej i tłumem mieszkańców tej ulicy. Panie z własnej inicjatywy szyły całą noc ogromny kapelusz, który przykrywał tablicę do chwili odsłonięcia. Były przemówienia, kamery telewizyjne i mikrofony radiowe, ale przede wszystkim ludzie, którzy kochali swoją ulubioną aktorkę.

W związku z przypadającą w tym roku piątą rocznicą jej śmierci dzięki życzliwości dyrektora teatru Syrena odbędzie się tam wieczór poświęcony artystce i otwarta zostanie okolicznościowa wystawa. Wszystko to organizuje się przy współpracy Zarządu ZAIKS-u (czyli Związku Autorów i Kompozytorów w Warszawie).

Już za życia pani Hani w jej rodzinnej Łomży powstała izba pamięci! Z właściwym sobie poczuciem humoru żartowała, że jest jedyną na świecie artystką, która już za życia ma izbę pamięci. Ta początkowo skromna inicjatywa nabrała rozmachu po śmierci Hanki Bielickiej. Zasilona pozostałymi po artystce pamiątkami ma podobno w przyszłości stać się częścią łomżyńskiego muzeum.

Oprócz tego władze miasta nazwały jej imieniem i nazwiskiem dwa ronda. Od kilku lat, w marcu, odbywa się konkurs-festiwal dla młodzieży imienia Hanki Bielickiej. Ma też pani Hania pomnik w swoim rodzinnym mieście. Jest to ławeczka, na której siedzi – oczywiście w kapeluszu. Podobno miejscowi bezdomni przy pomocy innych mieszkańców Łomży w okresie zbliżającej się zimy ubierają postać siedzącą na ławeczce w różne dodatkowe szaliki, swetry i naciągają wełniane ocieplacze na jej kolana. „Żeby nasza Hania nam nie zamarzła".

Łomża jest prawdziwie unikatowym na mapie Polski miastem, które z takim entuzjazmem i twórczą radością czci swoją słynną krajankę. Zaraz, zaraz, czy aby na pewno krajankę? Przecież, jak jasno wynika z powyższych wspomnień, Hanka Bielicka największą część życia spędziła w Warszawie, występowała prawie na całym świecie i z całą pewnością w Łomży się nie urodziła... Więc skąd ta miłość i przywiązanie? A może to po prostu ostatni, pośmiertny żart Hanki Bielickiej?

Uwierzcie mi – ona naprawdę miała ogromne poczucie humoru na swój temat... A teraz z całą pewnością jest to humor nie z tej ziemi!

Indeks nazwisk

BIBLIOGRAFIA

1. Zbigniew Adriański, *Kalejdoskop estradowy*, Dom Wydawniczy „Bellona", Warszawa 2002.
2. Hanka Bielicka , *Uśmiech w kapeluszu*. Opracowała Maria Sondej, Akapit Press, Łódź 2000.
3. Edward Dziewoński, *W życiu jak w teatrze*, Czytelnik, Warszawa 1989.
4. Roman Dziewoński, *Dodek Dymsza*, LTW, Łomianki 2010.
5. Witold Filler, *Teatr Syrena: gwiazdy, premiery, kulisy*, Rewers, Białystok 1991.
6. Witold Filler, *Lech Piotrowski* [w:] *Poczet aktorów polskich*, Philip Wilson, Warszawa 1998.
7. Witold Filler, *Gwiazdozbiór estrady polskiej*, Philip Wilson, Warszawa 1999.
8. Ryszard Marek Groński, *Od „Siedmiu kotów" do „Owcy": Kabaret 1946–1968*, WAiF, Warszawa 1971.
9. Ryszard Marek Groński, *Jak w przedwojennym kabarecie*, WAiF, Warszawa 1987.
10. Jerzy Gruza, *40 lat minęło jak jeden dzień*, Czytelnik, Warszawa 1998.
11. Barbara Kazimierczyk, *Urodzona na wozie, czyli Pamiętnik Hanki Bielickiej*, Oficyna Wydawnicza „Stopka", Łomża 1990.
12. Kazimierz Krukowski, *Moja Warszawka*, Filmowa Agencja Wydawnicza, Warszawa 1957.
13. *Kto jest kim w Polsce. Informator biograficzny*, Interpress, Warszawa 1989.
14. Lucjan Kydryński, *Znajomi z estrady*, PMW, Kraków 1966.

15. Jerzy Ofierski, *Świadek koronny,* Czytelnik, Warszawa 2002.
16. Jeremi Przybora, *Autoportret z piosenką,* Tenten, Warszawa 1992.
17. Jeremi Przybora, *Przymknięte oko opatrzności,* Tenten, Warszawa 1994.
18. Witold Sadowy, *Ludzie teatru. Mijają lata, zostają wspomnienia,* Oficyna Wydawnicza „RYTM", Warszawa 2000.
19. Ludwik Sempoliński, *Druga połowa życia,* Czytelnik, Warszawa 1990.
20. *Z Syreną na ty. Z programów warszawskiego teatru Syrena 1945–1953,* Czytelnik, Warszawa 1956.
21. Mira Zimińska-Sygietyńska, *Nie żyłam samotnie,* WAiF, Warszawa 1988.

Podziękowania

Serdecznie dziękuję

Panu Dyrektorowi Wojciechowi Malajkatowi za udostępnienie archiwum
Teatru Syrena w Warszawie,
mojemu bratu Andrzejowi Korpolewskiemu,
Pani Joannie Manianin,
Panu Januszowi Sentowi,
Państwu Barbarze i Stanisławowi Wudarskim za udostępnienie wspomnień
i zdjęć z archiwum rodzinnego.

Zbigniew Korpolewski